알아주지 않은 삶

조선조 후기 傳과 記事 모음집

진재교 편역

태학사

태학산문선
기획위원: 정민·안대회

태학산문선 111
알아주지 않은 삶
- 조선후기 傳과 記事 모음

초판 1쇄 발행 2005년 2월 28일
초판 3쇄 발행 2013년 8월 12일

편 역 자 진재교
펴 낸 이 지현구
펴 낸 곳 태학사
등   록 제406-2006-00008호
주   소 경기도 파주시 교하읍 문발리 파주출판도시 498-8
전   화 마케팅부 (031)955-7580~2 / 편집부 (031)955-7585~9
전   송 (031)955-0910
전자우편 thaehak4@chol.com
홈페이지 www.thaehaksa.com

ⓒ 진재교, 2005
값은 뒤표지에 있습니다.
ISBN   89-7626-974-8 04810
        89-7626-530-0 (세트)

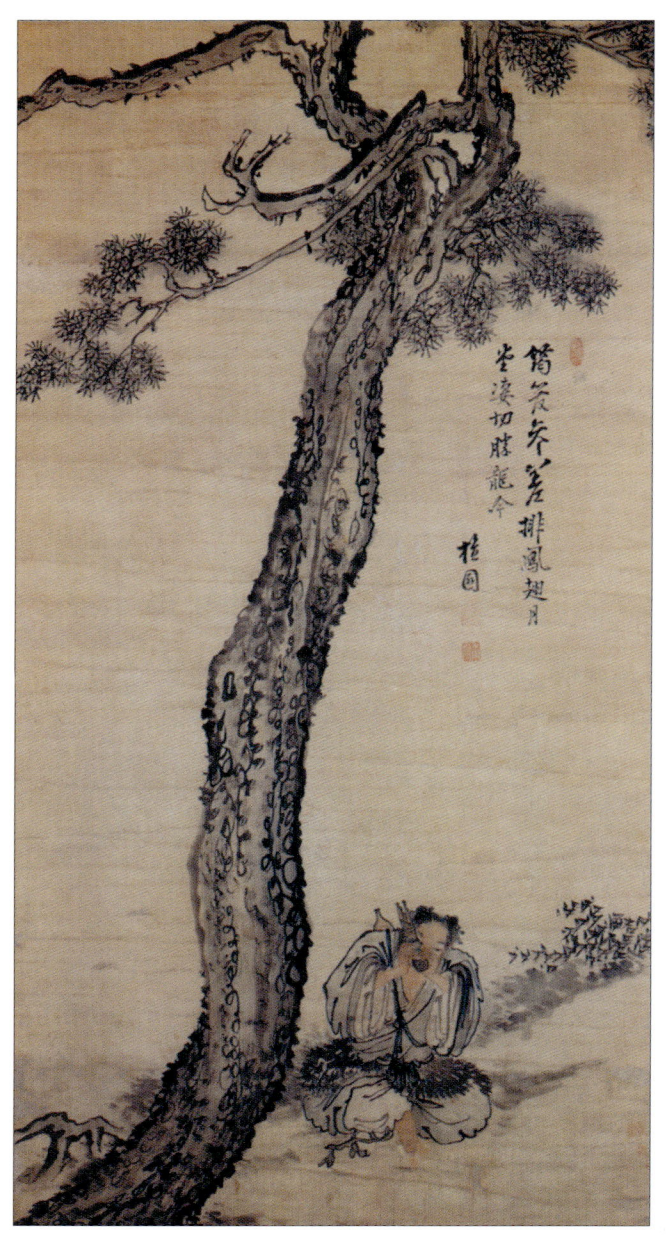

김홍도(金弘道), 송하취생도(松下吹笙圖)
109.0 × 55.0, 고려대박물관 소장.

태학산문선을 발간하며

현대의 인간은 물질의 풍요 속에서 오히려 극심한 정신의 황폐를 느낀다. 새 천년의 시작을 말하고는 있지만 미래에 대한 전망은 여전히 불투명하다. 심심찮게 들리는 인문정신의 위기론에서도 우리는 좌표 잃은 시대의 불안한 징표를 읽는다. 모든 것이 불확실하고 혼란스러운 현실이다. 지향해야 할 정신의 주소를 찾는 일이 그리 쉬워 보이지 않는다. 밀려드는 외국의 담론이 대안이 될 것 같지도 않다. 그렇다고 그것을 대신할 우리 것을 찾아보기란 더욱 쉽지가 않다.

옛 사람들은 무슨 생각을 하며 살았을까? 그때 그들이 했던 고민은 지금 우리와 무관한 것일까? 혹 그들의 글쓰기에서 지금 우리의 문제에 접근하는 실마리를 열 수는 없을까? 좁은 시야에 갇히지 않고, 총체적 삶의 자세를 견지했던 옛 작가들의 글에는 타성에 젖고 지적 편식에 길들여진 우리의 일상을 따끔하게 일깨우는 청정한 울림이 있다. '태학산문선'은 그 맑은 울림에 귀를 기울이고자 한다.

세상은 변해도 삶의 본질은 조금도 변한 것이 없다. 그들이 일상에서 길어올린 삶의 의미들은 지금 우리에게도 여전히 뜻깊게 읽힌다. 몇 백 년 또는 몇 십 년 전 옛 사람의 글인데도 낯설지 않고 생경하지 않다. 이런 글들이 단지 한문이나 외국말, 또는 지금과는 다른 문체로 쓰여졌다는 이유 때문에 일반 독자들과 만날 수 없는 것은 참으로 안타까운 일이다. 좋은 글에는 향기가 있다. 좋은 글에는 글쓴이의 체취가 있다. 그 시대의 풍경이 배경에서 떠오른다. 글은 시간과 공간의 제약을 뛰어넘는다.

1930년대 중국에서는 임어당 등의 작가들이 명청明淸 시기 소품산문의 가치를 재발견하여 소품문학 운동을 전개한 바 있다. 낡은 옛것이 이러한 과정을 거쳐 다시 의미를 얻고 생생한 빛을 발하게 되었다. 이제 본 산문선은 까맣게 존재조차 잊혀졌던 옛 선인들의 글 위에 켜켜이 앉은 먼지를 털어내어 새롭게 선뵈려 한다. 진정한 의미의 '옛날'이란 언제나 살아 있는 '지금'일 뿐이다. 옛글과의 만남이 우리의 나태해진 정신과 무뎌진 감수성을 일깨우는 가슴 설레는 만남의 자리가 되었으면 한다.

정 민·안대회

차 례

- 태학산문선을 발간하며 5
- 역사에 묻힌 참된 삶의 보고서 11

■ 제1부 인생의 의미 27

알아주지 않은 삶 29
천주교의 서민 지도자 50
인정받은 기술자의 행복 64
과학자로 살아가기란 74
지식을 유통 시킨 책장수 93

100 조선에서의 새로운 인생

113 ■ 제2부 바둑 인생

115 조선 최고의 국수
122 바둑 인생
132 뒤집기의 고수

■ 제3부 지식인의 풍경 139   215 ■ 제5부 내 삶의 주체

글을 팔아 세상을 속이다 *141*   *217* 더불어 사는 세상
유랑지식인의 존재방식 *149*   *224* 여성 경학가
산수에 미친 사람 *155*   *230* 여협의 미덕
기이한 천민 지식인 *164*
유랑시인 김삿갓 *172*   239 ■ 제6부 거침없는 삶

■ 제4부 참다운 의원의 길 185   *241* 여항인의 후원자
  250 참다운 관리란
참된 의원의 길 *187*   *257* 불세출의 조선 무사
몸 안에 약이 있다 *197*   *267* 거침없는 삶
명의의 처방전 *205*   *274* 참다운 인생이란

■ 제7부 예인으로 살아가기 283

시골의 무명 악사 285
악사의 내면 엿보기 292
다시 못 볼 신필 302
단원기 우일본 309
그림에 미친 화가 318

■ 제1부 원문 327

安龍福傳 329
崔必恭傳 335
崔天若傳 339
金引儀泳家傳 342
鬻書曺生傳 348

351 金將軍忠善傳

357 ■ 제2부 원문

359 碁者傳
361 某客小傳
365 金鍾貴傳

367 ■ 제3부 원문

369 柳光億傳
371 賈秀才傳
373 記滄海翁遊山事
375 朴突夢傳
378 記金籉笠事

■ 제4부 원문 381
　針隱趙生光一傳 *383*
　　　　　李同傳 *386*
　　　　老學究傳 *388*

■ 제5부 원문 391
　　　　　萬德傳 *393*
　　　　任允摯堂 *396*
　　　　　茶母傳 *398*

■ 제6부 원문 401
　　　　林俊元傳 *403*
　　　　金壽彭傳 *406*
　書白永叔東修事 *408*

410　張五福傳
412　任自强傳

415 ■ 제7부 원문
417　閔得亮傳
419　記樂工金聖基事
422　檀園記
424　檀園記 又一本
426　崔七七傳

역사에 묻힌 참된 삶의 보고서

1.

'전傳'과 '기사記事(紀事라고도 한다)'는 인물이나 사건을 사실대로 기술하는 장르다. 이때 인물과 사건은 역사적으로 기릴 만한 것을 말하기 때문에 역사와 관련성이 깊다. 전은 사관史官이 기록한 공적인 역사여서 역사서에서 중요한 부분을 차지한다. 그래서 '전'을 '사전史傳'이라고 부른다.

반면에 기사는 사관이 역사서에서 놓친 것을 문인과 학사들이 기록한 것이다. 이 점에서 기사는 야사野史의 범주에 들 수 있지만, 역사적 사건을 사실대로 기록한 점에서 역사와 통한다.

전의 경우, 후대로 오면서 사관은 물론 문인들도 창작하는 경우가 많아진다. 문인이 사적으로 특정 인물의 생애를 포착한 점에서 '사전私傳'이라고 하며, 인물의 생애를 입전했기 때문에 '인물전人物傳'이라고도 한다.

전 역시 기사와 마찬가지로 문인들이 창작한 것인데 시간이 지나면서 역사와의 관련성은 점차 줄어 들고, 한문학의 산문 분야로 정착된다. 그리하여 조선조 후기에 오면 전과 기사는 역사적 인물과 사건의 인멸을 보충하는 본래의 구실에서 벗어나기 시작한다. 특히 이 시기 전과 기사는 문인들이 인물의 행적과 사건의 전말을 서술하면서 자신들의 상상력을 동원하거나 허구를 작품에 배치하는 등 새로운 변모를 보여준다.

뿐만 아니라 작품의 대상이 되는 인물과 사건도 전 시기의 그것과 성격이 사뭇 다르게 전개된다. 본래 전이나 기사는 당시 사회가 지키고자 했던 이념과 규범을 실천하거나, 역사적으로 추숭 받을 만한 인물과 사건을 담는다. 하지만 이념과 규범은 시대와 함께 변하기 마련이다. 사회체제가 흔들리면 그 사회를 지탱했던 이념과 규범 역시 다른 양상을 보여준다. 조선조 후기 사회 역시 그러하였다.

이 시기 사대부와 여항의 일부 작가들은 세상에 칭송받을 만한 업적과 행동을 남겼지만, 공식적인 역사서와 서책에 실리지 못하고 인멸되어 버린 인물과 사건을 적극 포착하였다. 심지어 그들이 창작한 전과 기사는 당대 사회가 기릴 만한 인물과 사건이 아니라 오히려 그것과 엇나가는 경우마저 있었다.

특히 이러한 작품은 전 시기 같으면 관심을 끌기는커녕, 배척하고 알아줄 필요가 없던 인물이요 역사에서 묻혀야만 했던 사건들이다. 전과 기사에 등장하는 주인공 역시 재자가인의 사대부도 아니며 충신·열녀·효자도 아니었다. 곧 당대 역사의 시공간에서 흔히 대면할 수 있는 평범한 인물들이었다.

2.

『알아주지 않는 삶』은 조선조 후기 문인이 인물의 특이한 삶과 사건에 흥미를 가지고 그려낸 것을 우리말로 옮긴 것이다. 개인 문집에 수록된 '전'과 '기사' 중, 특히 시대상을 잘 포착한 인물과 사건들을 가려 뽑았다. 그래서 이 책에 등장하는 다양한 인물의 행적과 사건의 전말은 그야말로 조선조 후기 사회의 내면 풍경이며 자화상이다.

『알아주지 않는 삶』에 나오는 주인공들은 자신의 주체를 굳게 세워 세속적 현실과 타협하지 않고 꿋꿋하게 인생의 길을 걸었던 인물이 대부분이다. 현실에서 그들의 참다운 삶을 아무도 알아주지 않았지만, 그들은 자신만의 인생관을 설정하여 이를 주저 없이 실현시켜 나갔다. 현실에서 그들의 삶은 고단하고 참으로 지난하였지만, 작가들은 애정 어린 시각으로 이들의 삶의 삶의 행적과 사건의 의미를 새롭게 되새겼다.

 아무도 알아주지 않았으나, 오직 자신의 신념에 따라 국가를 위해 헌신하다가 쓸쓸하게 생을 마친 인물. 당대 사회의 여성상과 달리 새롭게 자아를 인식하고 개성적 행동과 미덕을 보여주는 여성. 예술적 자아를 지키기 위해 세속적 삶과 타협하지 않고 자신 만의 예술세계를 걸어간 예인藝人. 당대 사회가 천대하고 무시하였지만 기술자와 과학자의 길을 굳게 걸었던 인물. 직업이 분화되지 않은 시대에 평생 바둑 전문 기사로 살았던 국수. 책에 대해 남다른 지식을 소유하며 한평생 책장수로 살았던 전문가. 당대 사회의 이념과 질서의 도덕적 교화에 반하는 삶을 추구했던 반도덕적 인물. 출세와 경제적 부를 버리고 오직 민중에게 참된 인술을 베푼 민중의 民衆醫. 천민으로 지식을 습득하였으나 지식을 사용할 데 없어 좌절하고 만 천민지식인. 독특한 인생관을 추구하며 규범 밖에서 호쾌한 인간기질로 거침없는 삶을 살았던 유협遊俠.

 이들 모두 성리학적 규범과 이념에 짜여진 틀을 거부하는 인간형이다. 이들의 삶은 비록 고단하지만 세속적 현실에 맞서며 이를 넘어서 자신들의 존재를 확인하고자 했다. 이처럼 자신을 삶의 주체로 인식하고 삶을 개척한 인물들은 이전 시기에 볼 수 없었던 인간형이거니와 지금도 쉽사리 만날 수 없을 터이다.

3.

안용복이 보여주는 행적이 그러하다. 그는 일본이 울릉도와 독도를 자국의 영토에 편입하려 한 음모를 혼자의 힘으로 밝혀내고, 이를 해결하는 데 결정적 공로를 세운 탁월한 민간 외교가였다. 하지만 그는 국가로부터의 보답은커녕 겨우 목숨만을 부지하며 유배지에서 쓸쓸하게 생을 마감했다. 유배지 생을 마친 그의 죽음은 그야말로 역사적 아이러니다.

비록 그의 삶은 고단했지만, 작자는 작품에서 이를 의미 있는 삶으로 부각시킨다.

> "저 안용복은 강공책과 유화책을 스스로 조화시키고 지략과 용맹을 적절하게 번갈아 사용하여, 대마도 사람들의 사악한 행동을 일본 본토에까지 알렸다. …… 한 번의 행동으로 우리나라의 위신을 떨쳤으니, 저 옛날 인상여藺相如와 감연수甘延壽와 같은 늠름한 풍모가 엿보인다. 아! 또 그는 걸출한 사람이로다."
>
> (「알아주지 않은 삶安龍福傳」)

하층의 무명소졸無名小卒에서 떨쳐 일어나 국가적 난제를 푼 안용복. 아무도 알아주지 않은 삶이었지만, 작자는 예리한 필치로 살아 숨쉬는 모습으로 역사의 공간에 부활시켰다. 이는 역사의 이면에 묻혀 버린 한 애국 인물의 영웅적인 삶을 인정하고 그의 행동에 참다운 가치를 부여한 의식의 소산물이다.

이와 달리 과학자 김영의 삶은 한 지식인의 슬픈 자화상이다. 그는 누구도 인정해 주지 않고, 당시 아무도 선뜻 가고자 아니한 과학자의 길을 홀로 외롭게 걸었다. 김영은 과학의 효용성과 학문적 의미를 알아주지 않았던 시대를 정면으로 맞서 싸웠다. 그런 점에서 그는 근대 지식인의 유형에 닿아 있다. 유랑지식인에서 과학자로 나아간 특이한 이력의 소유자 김영. 그는 특이한 존재였던 만큼 인간기질 또한 남달랐다.

김영은 "세상에서 아첨하고 시세에 따라 오르내리는 세태에 대해서는 일체 신경을 쓰지 않았던" 개성적인 삶의 자세를 소유하였다. 작자 역시 이러한 인간적 면모를 우선 주목하고, 이러한 개성적 인간 기질 위에 수학과 천문학으로 일가를 이룬 김영의 삶을 강조하고 있다. 사실 십수 년 동안 독학으로 천문天文・기하幾何・율려律呂 등의 저작을 남긴 김영의 인생 행보는 참으로 지난한 과정의 연속이었다. 그럼에도 불구하고 오직 자신이 정한 삶의 목표를 위해 생활마저 희생하고, 과학의 세계에 침잠한 김영의 인생행로는 참으로 남다르다.

자신이 정한 학문세계를 평생 추구한 김영의 학문관 역시 남다르다. 그는 학문의 의미를 다음과 같이 규정한다.

> 옛날 사람들은 책을 저술할 적에 위로는 세상의 가르침을 세울 수 있으면 쓰고, 아래로 백성의 생활에 도움을 줄 수 있으면 썼습니다. 그렇지 않으면 모두 구차한 짓입니다.
> (「과학자로 살아가기란金引儀泳家傳」)

그야말로 실사구시의 학문자세다. 여기서 우리는 오직 한 길만을 걸으며 신세계로 걸어간 한 인간의 의지와 역사를 움직일 수 있는 거인巨人으로서의 가능성을 엿볼 수 있다.

과학을 통해 삶의 목표와 자아를 찾으려 했던 김영의 삶은 당대 현실에서는 비록 일그러진 것처럼 보이지만, 그가 걸어간 과학의 길은 당대 공간의 질곡을 뛰어넘으려 한 점에서 정녕 의미 있는 인생의 진면목이다.

천주교 지도자 최필공의 삶 또한 매우 특이하다 그는 서민신분의 천주교 지도자였다. 달레는 『한국천주교회사』에서 최필공은 입교 후 길거리와 광장에서 신앙을 설교할 만큼 대담성과 적극성을 보인 인물로 주목한 바 있다. 그의 이러한 적극적인 전교활동 때문에 조정의 회유대상으로 우선 지목받았고, 작가는 작품에서 조정의 천주교도 회유정책과 최필공의 배교과정에서 벌어지는 내면세계를 면밀하게 추적하여 드러내었다. 작품에는 기술되지 않았지만 최필공은 동생 최필제와 함께 석방 이후에 재입교하여 천주교 전도에 힘을 쏟다가 마침내 1801년의 신유박해 때 체포되어 목숨을 잃고 만다.

최필공은 순교하면서 다음과 같이 최후 진술을 하였다.

> 대저 천주교는 유식한 사람들은 당연히 이를 행하고, 상한常漢 가운데 조금이라도 지각이 있는 사람 또한 천주교를 신봉한다.
>
> (『사학징의邪學懲義』)

여기서 천주교 교리를 통해 신분적 평등을 희구하려는 염원을 읽을 수 있다. 사실 천주 아래라면 누구나 평등을 체험할 수 있었던 바, 평등을 바라는 자들은 시공을 뛰어넘어 새로운 세상을 천주교에서 확인하였던 것이다.

그렇지만 최필공은 중세 서구사회에서 흔히 볼 수 있는 종교적 인간형은 결코 아니다. 오히려 시대를 넘어 새로운 세계를 호흡하려던 인물로 읽힌다. 이 지점에서 한 인간의 갈등과 시대를 대면하여 이를 넘어서고자 한 곤혹스러운 얼굴을 대면하게 된다.

반면, 서적상 조생의 삶과 인생관은 무척이나 흥미롭다. 서적상의 존재와 장서가의 출현은 18~9세기 문화사를 이해하는 유력한 코드다. 조생은 해만 뜨면 책을 팔기 위해 저자거리로 골목으로 서당으로 관청으로 달렸다. 그는 위로는 벼슬아치로부터 아래로는 아동에 이르기까지 오직 서적을 매매하였으며, 이를 유일한 생계의 수단으로 삼았다. 조생과 같은 서적상[서쾌書儈]의 존재는 서적과 지식의 유통에 한몫을 단단히 한다.

그런데 조생은 단순한 서적상이 아니다. 그는 책에 관한 한 당대 최고의 전문가다. 조생은 광달廣達한 인생관을 견지하였으며, 세속에서 추구하는 것을 초탈超脫하고 오직 책을 파는 것을 인생의 가치로 생각하였다. 그는 책을 통해 세상을 읽는 탁월한 안목도 가졌다. 부침이 심한 양반가문의 성쇠를 책의 집산集散을 통하여 설명하는 데 이르면, 인생사를 꿰뚫어 보는 그의 시각을 읽을 수 있다. 이러한 모습에서 우리는 시정인市井人의 새로운 인간상을 떠 올릴 수 있을 터이다.

만덕의 행동은 인생의 다른 의미를 일깨워 준다. 자신이 평생 모은 재산을 흩어서 제주도 민중을 구한 만덕. 만덕은 기생이다. 당시 기생은 천賤이다. 천한 기생이 생존하기 위해 필요한 것은 다름아닌 돈이다. 그래서 퇴기退妓가 되면 이재利財를 추구하게 마련이다. 만덕도 예외는 아니었다. 그녀는 누구보다 이재에 밝아 "돈을 버는 재주"를 가졌으며 "물가의 변동을 잘 알아 적절한 시기에 물품을 매매하여 수십 년 후에 이름이 날 정도"였다.

하지만 그의 참다운 삶은 부를 축적한 것이 아니라, 번 돈을 정승처럼 썼다는 데 있다. 퇴기 신분인 만덕이 평생 악착같이 모은 재산을 흩어 빈민을 구휼한 행위는 보기 드문 일이었다. 정승은 백성을 먹이고, 구휼하는 최고 행정책임자다. 제주민이 "우리를 살린 이는 만덕이다"라 칭송하였거니와, 사실 그녀는 제주도민의 정승이었다. 만덕의 행동에서 인간의 넉넉한 품성과 미덕을 엿볼 수 있다.

최북의 행동과 삶은 우리의 상상을 초월한다. 그는 평생 기행奇行과 유랑으로 일관하며, 그의 사고와 행동은 세속적인 가치와 기준에 엇나간다. 최북은 하루에 대여섯 되씩 술을 마시지 않고서는 화가의 삶을 지탱할 수 없었다. 사회가 그를 진정한 예인으로 인정해 주지 않고 그저 환쟁이로 대우했기 때문에 강열한 예술적 자의식을 지닌 최북으로서는 술을 마실 수밖에 없었다. 이런 그를 세인들은 '미친 사람[광생狂生]'으로 지목하였다. 하지만 어느 누구도 최북의 예술세계와 그의 내면을 이해할 수 없었다. 술을 매개로 자신의 예술세계를 펼치고, 예술적 충동을 기행으로 달래야만 한 그의 진정한 내면을 몰랐던 것이다.

불우한 천재화가 최북. 그는 오직 그림에 살고 그림에 죽었다. 그의 일화가 보여주는 기행적 삶과 예술활동은 화가로서의 삶을 보장받지 못한, 당시 예인藝人의 슬픈 자화상이다.

우리는 최북의 삶을 통해 새로운 예술세계를 추구하며 시대적 공간을 건너려고 한, 진정한 자유인을 만나게 된다.

오직 침 하나로 민중의 병을 치료하는 조광일 또한 보기 드문 인생관을 소유한 인물이다. 그의 인생관은 다음 대목에서 잘 나타난다.

> 대장부는 정승이 되지 못하면 차라리 의원이 되는 것이 낫지요. 정승은 도로써 백성을 구제하지만 의원은 의술로 사람을 살리지요. …… 더욱이 내가 의술에 힘쓰는 것은 이익을 구하려는 것이 아니라 내 뜻을 행하려는 것이므로 환자가 귀한 사람이건, 천한 사람이건 가리지 않는 것이지요.
> (「참된 의원의 길針隱趙生光一傳」)

조광일의 삶의 자세는 매우 통쾌하다. 진정한 의원의 모습이자 백성과 빈민에게 인술을 베푸는 민중의民衆醫로서의 참다운 모습에 다름아니다. 그의 품성과 미덕은 여기에 그치지 않는다. 작품에서 조광일은 인술을 베풀지 않은 당시 의원들의 행태를 여지없이 꼬집는 한편, 자신은 만여 명의 사람을 구하는 것을 삶의 목표로 설정한 사실을 피력한다. 이 부분,

조광일의 인술仁術이 가장 정채를 발하는 부분이다. 조광일 자신이 발 딛고 섰던 삶의 공간은 곧 민들이 사는 곳이었고, 인술을 베푸는 대상도 바로 민이었다. 그는 민을 위해 참다운 삶을 산, 민중의 영웅이었다.

작가는 시종 조광일의 삶을 인정하고 그 자체를 선입관 없이 그려낸다. 이러한 시선은 한 인간의 삶을 깊이 이해하고 통찰하지 않고는 나올 수 없을 터이다.

백동수의 인생행로는 진정한 쾌남자의 모습이다. 그는 호협하고 무예만 능한 것이 아니었다. 작가는 그의 이러한 인간 모습을 백동수의 언술을 빌어 이렇게 묘사한다.

> 예법을 중시하는 사람을 만나면 나 또한 예법에 맞게 그를 상대하고, 글을 짓거나 서화를 하는 선비를 만나면 나 또한 글을 쓰고 서화를 하는 법으로 그를 상대하였지요. 또 복서卜筮·의약醫藥·방기方技·술수術數에 밝은 선비를 만나면, 나 역시 모두 거기에 합당한 법도로 그들을 상대하지요. 그들이 예법을 좋아하면, 나 또한 겸손으로 상대하는 것이랍니다.
>
> (「불세출의 조선 무사書白永叔東脩事」)

스스로의 언급대로 그는 문무를 겸하고 예술세계에도 조예가 있었던 다시 볼 수 없는 조선의 쾌남아였다. 작가가 백동수의 기사문記事文을 지은 것도 이 때문이다.

작자는 작품의 말미에서 "그의 남다른 기상이 여전함을 소중하게 생각하였다"고 기술하고 있거니와, 사실 백동수는 한 번도 자신의 호협한 자세를 평생 꺾지 않았다. 권력도 돈도, 개인적 불운도 그의 진정한 기상을 꺾지 못했다. 여기서 평범한 세상에서 비범한 삶을 살다간 그의 개성적 삶을 재확인할 수 있다 "애석하도다! 기남자奇男子를 다시 볼 수 없음이여!"라고 안타까워한 작가의 언급은 진정으로 그를 이해한 발언이다. 그는 끝까지 조선의 쾌남아로 묵묵히 자신의 길만을 걸어갔던 것이다.

장오복 역시 동일한 인간상을 보여준다. 그는 당대 규범을 뛰어넘는 호방한 모습과 담대한 협객의 모습이 약여하다. 이러한 면모는 그가 이조의 아전으로 근무하면서 이조낭관에게 봉변을 준 기상천외한 행동, 포도대장의 첩을 칼로 찔러 위험에 처하자, 피하지 않고 당당하게 나가 자신의 입장을 스스로 변호하는 대담함, 기생을 짝사랑하는 바치의 소원을 성취시켜주는 기지 등의 사건을 통해 여실히 드러난다.

특히 첩 때문에 자신을 죽이려는 포도대장을 향해 당당하게 담판짓는 장오복의 모습은 호쾌하기까지 하다.

장군께서 윗자리에 계시니 도적들은 자취를 감추었고, 소인이 아래에 있으니 분쟁이 점점 사라집니다. 이 세상의 대장부는 오직 장군과 소인뿐이온데, 한낱 천한 계집 때문에 장부를 죽이고자 하시다니요. 제가 한 번 죽는 것은 두려울 것이 없지만 적이 장군께서 장부답지 않음을 웃는 것이옵니다.

(「거침없는 삶張五福傳」)

이 대목에 이르면, 호쾌함을 넘어 당당한 인간 주체의 면모까지 느끼게 한다. 작자 역시 시종 시정 뒷골목의 해결사이자 영웅으로 서술하였다. 기실 호협한 기개로 시정을 주름잡던 장오복과 같은 인물은 낡은 질서와 규범을 넘어서는 행동양식의 전형을 보여준다. 이러한 호쾌한 면모를 지녔기에 그는 시정간의 우상으로 자리 잡을 수 있었다. 영웅이 사라진 시대, 이러한 인간형들이 시정의 영웅으로 떠올랐던 것이다.

앞에 나온 다양한 인간상은 당시의 눈으로 보면 그야말로 '기인奇人'이요 '광인狂人'들이며, 이들의 행적은 '기행奇行'이며 '일탈'의 연속에 다름아니다. 그럼에도 여기에 남다른 애정을 가지고 기사로 전으로 포착한 작가의식은 매우 의미가 있다.

이들 작가들은 누구도 전혀 알아주지 않았던 이러한 인물들을 따뜻한 시선과 애정 어린 필치로 부활시켜 지금 우리 눈앞에 아름다운 모습으로 복원시켜 놓았다.

우리가 이 점을 이해한다면, 미칠 수밖에 없었던 한 인간, 시대에 안주할 수 없었던 지난 시대 인물들의 내면을 진정으로 이해하고, 이들의 참다운 삶을 그려낸 작품의 참다운 맛도 느낄 수 있을 터다. 더욱이 이들의 삶을 통해 우리의 인생을 찬찬히 되돌아볼 수 있다면 그 또한 좋은 일이 아니겠는가?

제1부

인생의 의미

알아주지 않은 삶
安龍福傳

　　안용복安龍福은 동래부東萊府[1] 어부의 아들이다. 자라서 전선戰船 타는 것을 익혀 노를 잘 젓는 능노군이 되었다. 그의 성품은 사나우나 영리하여 한문을 알았고 일본어도 이해하였다. 그는 어업을 부지런히 하여 입고 먹는 것을 풍족하게 마련하였다.

　　숙종 계유년(癸酉年, 1693) 여름, 안용복이 세 사람을 따라 작은 거룻배로 바다에서 고기를 낚다가 폭풍을 만나 표류하여 울릉도에 이르렀다. 당시 대마도對馬島[쓰시마] 의 왜구는 울릉도를 가리켜 죽도竹島라 하여 일본 산음도[2]의

---

1) 동래부. 지금의 부산광역시 동래를 이름.
2) 山陰道. 일본 고대에 일본 전국을 칠도七道로 나누었는데, 처음에는 북해도(北海道: 홋카이도)를 제외한 육도六道였다. 이후 서해

백기주3)에 속한다'고 우겼다. 그리고 왜구들은 백기주 태수를 꾀어 사람들을 번갈아 울릉도에 보내 물고기를 잡고 해산물을 캐가곤 하였다. 그러던 중 안용복을 보고 도리어 국경을 침범했다고 하여 그를 묶어서 대마도 관청으로 잡아갔다.

그러자 안용복은 대마도 태수를 보고 소리를 높여 말했다.

"조선 사람이 스스로 조선 땅을 가는데 일본이 무슨 상관이기에 우리를 구속하여 여기까지 데려왔단 말이오?"

대마도 태수가 말했다.

"네가 말하는 울릉도는 바로 우리 백기주의 죽도竹島[다케시마]다. 너희가 국경을 침범한 것이 아니고 무엇이더냐?"

안용복이 대답했다.

"우리나라가 울릉도를 소유한 것은 지도에 명백하게 나와 있소. 게다가 우리나라에서 울릉도까지는 하루 만에 도착하지만, 일본에서 울릉도까지는 닷새나 걸려야 도착하오. 그러니 옛 문헌을 인용할 필요도 없이 거리로 따져 보면

도서해도, 산음도山陰道, 산양도山陽道, 동해도東海道, 동산도東山道, 남해도南海道, 북륙도北陸道의 일곱 개의 도가 되었다. 칠도는 행정구역 단위지만 전국의 도로망을 표시하는 의미로도 쓴다.
3) 伯耆州. 일본 호키슈(伯耆州)를 말한다. 호키슈는 지금의 도근현島根縣(시마네현) 부근을 말한다.

비록 어린아이라도 말 한 마디로 분변할 수 있을 것이요."

태수가 안용복을 굴복시키지 못하자, 드디어 풀어주고 백기주로 보냈다.

안용복이 백기주 태수를 대면하자, 그는 울릉도에 관한 일을 지적하고 반복해서 상세하게 말하는 한편, 대마도 사람들이 속이고 모함한 정황도 설명하였다. 그러자 백기주 태수가 흔쾌히 그 말을 듣고 은과 폐물을 선물로 주었다. 안용복은 받지 않으면서 말했다.

"내가 은을 받지 않는 것은 단지 일본이 울릉도에 관한 일을 다시 거론하지 않기를 바라기 때문이오."

백기주 태수가 안용복을 의롭게 여겨 급히 관백[4]에게 보고하였다. 관백이 동래부에 서계[5]를 갖추어 전하는 한편 안용복에게 가서 예우하고 보내줄 것을 지시하였다.

안용복의 행차가 비전주[6]에 이르자 비전주 태수가 서계를 보여 달라고 요구하였다.

---

4) 關白. 일본 벼슬 이름. 천황을 보좌하여 정사를 집행하였다. 천황은 상징이며 관백이 실제 정치를 주관하던 주체였다.
5) 書契. 우리나라와 일본 정부 간에 주고받던 공식 문서.
6) 肥前州. 일본 서해도西海道에 속한 주州. 패가대覇家臺라고도 하는데, 신라 외교관 박제상이 죽은 곳이다.

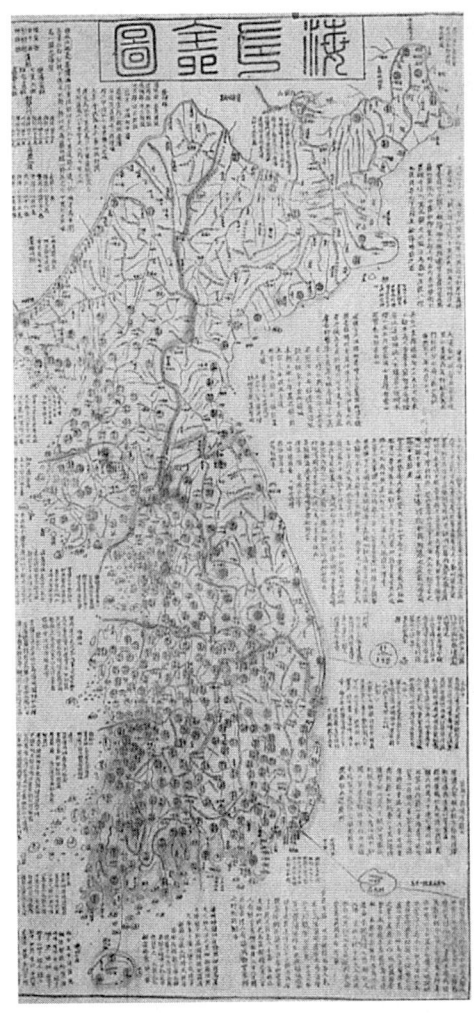

[해좌전도海左全圖] 1822년 경 제작. 우산도(독도)의 위치가 정확히 표기되어 있다.

태수는 서계를 보자 그 자리에서 빼앗아 돌려주지 않았다. 그리고 안용복을 여러 곳에 옮겼다가 대마도로 보냈다.

이 무렵, 대마도의 왜구가 연일 동래의 왜관7)에 가서 울릉도가 죽도라고 억지를 부렸다. 왜구들은 일이 이루어지면 마땅히 울릉도에서 생산되는 해산물과 대나무의 이익을 독차지할 수 있었고, 일이 이루어지지 않더라도 오히려 동래부의 제사에 제공되는 물품을 속여 팔아 취할 수 있었기 때문이었다.

하지만 관백과 일본 본토 사람들은 실제로 그러한 사실을 알지 못했다. 왜구들은 안용복이 돌아가면 저절로 그 사실과 정황의 의혹이 드러날 줄 알고, 90일 동안 안용복을 대마도에 구금하였다. 그리고 왜구는 차왜8)를 더 많이 보내어 장황하게 동래부를 조르고 위협하였다. 동래부도 그 날로 치계9)를 보내어 상황을 보고하니, 나라에서는 진실로 일본과 틈이 생길까 근심하였다.

안용복이 대마도에 잡혀 있다가 뇌물을 써서 자신의 집

---

7) 倭館. 조선조 때 일본 사람이 우리나라에 와서 거주하면서 통상을 한 곳.
8) 差倭. 일본 관백關白의 명령을 받아 대마도주가 우리나라에 보내는 사신.
9) 馳啓. 중앙 정부에 급하게 올리는 보고서.

에 소식을 전하였다. 동래부에서 다시 왜관의 차왜에게 말하여 안용복은 마침내 풀려 돌아오게 되었다.

안용복은 돌아와 동래부사에게 그 실상을 모두 말했다.

"백기주 태수의 편지는 비록 비전주에서 빼앗겼지만 저 나라의 사람들은 이미 대마도 왜구의 실상을 대략 알고 있습니다. 만약 서계를 갖추어 대마도 태수를 엄하게 문책하시고, 그들의 차왜가 바치는 일공[10]을 끊어버려야 합니다. 그리고 울릉도에 조사관을 뽑아 보내 그곳을 수색하여 다스리셔서, 물고기를 잡거나 수산물을 채집하는 대마도 사람을 잡아 대마도에 보낸다면, 울릉도와 관련한 분쟁은 저절로 사그라질 것입니다."

동래부사가 이를 믿지 않아 정부에 보고서도 올리지 않았다.

이듬해 접위관[11]이 왔을 때 안용복 스스로 접위관에게 호소하였으나 조정에서도 그의 말을 믿지 않았다. 이윽고 차왜가 마음대로 협박하는 것이 더욱 심해져 조만간에 큰 소동이 일어날 분위기였다.

그러자 안용복은 대마도의 왜구가 우리 조정을 우롱하는 것이 통탄스럽고 자신의 뜻이 이루어지지 않는 것이 분해

---

10) 日供. 각 지방에서 나는 특산물을 날마다 임금에게 바치는 것.
11) 接慰官. 일본 사신을 영접하고 위로하려고 임시로 임명하는 관직.

드디어 몸소 간단한 행장을 꾸려 울산으로 달려갔다. 마침 바닷가에서 장사하는 승려 뇌헌雷憲 등 열세 사람이 배를 가지고 해안 옆에 있었는데 안용복이 그들을 꾀어 말했다.

"울릉도에는 해산물이 풍부하고 진주조개와 보물도 많다오. 내 전에 한 번 갔다가 천금의 이득을 거머쥐었소. 댁들도 가고 싶다면 내 길을 안내하리다."

뇌헌 등이 따르니 안용복이 나침반을 잡고 방향을 잡았다. 깊은 바다 한가운데 도착하자 사방이 끝없는 수평선이었다. 안용복은 이어 배에 탄 사람들에게 약속하며 말했다.

"이곳에 왜인이 반드시 나타날 것이오. 배에 탄 사람들 중 내 말을 듣는 자는 살아서 장차 이익을 볼 것이고, 내 말을 듣지 않는 자는 반드시 죽을 것이오."

뇌헌 등이 크게 두려워하며 "예, 예" 하였다. 드디어 안용복은 행장 가운데서 깨끗한 옷을 꺼내어 스스로 군대 장교의 모습을 한 뒤 뱃사람들과 약속하였다. 자신이 턱으로 지시하면 기개 있게 달려가 오직 자신의 명령에 "예, 예" 복종하도록 다짐받았다.

울릉도에 이르니 왜인의 배 역시 동쪽으로부터 왔다. 안용복이 방향을 헤아려보고 그들이 백기주 사람들인 것을 알고 배에 있는 사람들에게 눈짓하여 포박하게 하였다.

배에 있던 사람들이 당황하고 겁먹어 손을 쓰지 못하자

안용복이 뱃머리에 서서 말했다.

"무슨 까닭으로 우리 국경을 침범하였느냐?"

왜인이 말했다.

"본래 송도松島를 향해 가는 길이었소. 당연히 떠날 것이오."

그들은 이윽고 돛을 올리고 동쪽으로 갔다.

안용복도 뒤쫓아 배를 띄워 함께 가서 송도에 배를 대고는, 다시 화가 난 음성으로 크게 꾸짖었다.

"여기는 우산도芋山島다. 네놈들은 우리나라에 우산도가 있단 말을 듣지 못했느냐?"

안용복은 몽둥이를 들어 그들의 작고 큰 가마솥을 부수며 잡아 묶는 척하였더니, 왜인이 크게 놀라 다시 돛을 올리고 동쪽으로 가 버렸다.

안용복이 돛을 올리고 하루 낮과 밤 동안 좇아가 백기주에 이르렀다. 스스로 울릉도의 세금을 감독하는 관리라 하면서 태수와 만나게 해달라고 하였다. 백기주 태수가 안용복을 맞아 당에 올라오게 하여 손님의 예로 접대하였다.

당시 안용복은 털로 만든 전립[12]이 모두 단정하고 전복[13]이 몸에 맞아 위풍당당하였다. 백기주 태수와 좌우의

---

12) 戰笠. 군대에서 의식 때 쓰는 벙거지.
13) 戰服. 군복의 하나로 뒷솔기가 째지고 소매가 없으며, 다른 옷

여러 사람이 모두 작년에 대마도에서 잡혀 온 안용복인 줄 몰랐으며, 자신도 말하지 않았다. 이윽고 안용복은 점잖게 백기주 태수에게 말했다.

"나는 대장의 명령을 받들어 세입稅入을 감독하는데, 당신네 백기주 사람들이 울릉도로 들어와 우리 국경을 침범하는 것을 내 눈으로 직접 보았소. 마땅히 잡아다 대장에게 올려 나라 법에 따라 형벌을 주어야 합니다. 그런데 우리 국경에서 귀국의 백기주 사람들이 먼저 스스로 도망가기에 뒤를 따라 여기까지 오게 되었소. 법대로 죄인을 포박해주시고, 내가 본국에 돌아가 보고할 수 있도록 도와줄 것을 부탁하오."

태수가 말했다.

"우리 주의 사람들이 귀국의 국경을 침범한 죄는 실로 죽어 마땅하니 우선 용서를 청합니다. 우리가 직접 형벌을 주어 두 나라의 번잡한 공무를 더는 것은 어떠한지요."

안용복이 몇 차례 곤란한 체하다가 나중에 가서야 허락하였다. 그리고 말을 이었다.

"대마도 사람들의 실제 사정을 귀국이 어찌 모두 알겠

· 위에 덧입는다.

소? 우리나라에서 공식적으로 무역하는 목화는 매 필 기준 서른일곱 척으로 양쪽 끝에 푸른 실로 두르는데, 대마도 사람들은 푸른 실을 잘라 내고 스무 척을 한 필이라고 합니다. 또 우리는 쌀은 열다섯 되를 한 곡斛으로 치는데, 대마도 사람들은 여섯 되를 한 곡으로 칩니다. 종이는 한 속束 세 절折을 세속이라고 속입니다. 그런데다 대마도 사람들은 오히려 수를 줄여 에도[강호江戶]의 막부에 보고할 뿐, 나머지는 농간을 부려 다 기록하지도 않습니다.

지금 또 겉으로 울릉도와 관계된 일을 핑계대어 일공日供을 비싸게 팔아먹으며 몇 해 동안 동래의 왜관에서 떼를 쓰고 못살게 굽니다. 우리나라는 이런 이유로 더욱 귀국이 정책이 없는 줄 알고 있습니다. 관백께서는 과연 이 사실을 알고 계시는지요?"

태수가 말했다.

"관백께서야 어찌 알 수 있겠습니까? 내가 마침 막부[14]에 참여하기 위해 에도에 들어가니 마땅히 관백께 사실을 상세히 아뢰겠습니다."

안용복이 말했다.

---

14) 幕府. 일본의 에도[강호江戶]시대에 정치를 다루던 곳. 곧 일본 정부를 말한다.

"참으로 그렇게 해주시면 좋겠습니다. 저는 장차 여기에 머물면서 기다릴 터이니, 바라건대 저를 위해 한 통의 편지를 에도에 전달해 주시면 다행이겠습니다."

태수가 그것을 허락하자 안용복은 편지에다 대마도 사람들이 울릉도를 빼앗으려는 일을 자세하게 적었다. 뿐만 아니라 대마도 사람들이 왜관에 머물면서 벌이는 작태와 공무역公貿易에서 속여 이득을 남기는 수법 등과 같은 사실도 모두 적었다. 그런 뒤 편지를 밀봉하고 이를 에도에 전해 줄 것을 부탁하였다.

백기주 태수가 편지를 가지고 에도에 가니, 마침 대마도 태수의 아버지가 머물고 있었다. 대마도 태수의 아버지는 안용복의 편지를 보고 매우 두려워하여 백기주 태수에게 간청하여 말했다.

"이 편지가 상부에 한 번 전달되면 우리 아들놈은 살아남지 못하오. 나를 봐서라도 편지를 전달하지 말아 주십시오."

백기주 태수가 그의 처지를 불쌍하게 여겨 마침내 관백에게 고하지 않았다. 백기주 태수가 돌아와 안용복에게 그 사실을 말하고 설명하였다.

"사실 나는 대마도 태수가 형벌 받는 것을 차마 볼 수가 없었소. 그대는 속히 대마도로 돌아가 보시오. 지금부터 대마도는 반드시 스스로의 잘못을 징계하고 두려워할 것입니다. 그대가 담당한 임무는 울릉도와 관련한 일인 줄 알고 있습니다. 만약 대마도 사람들이 다시 분쟁을 일으킨다면, 우리 백기주도 잘못이 있는 셈입니다. 혹시라도 다시 분쟁이 발생한다면 그대는 여기까지 올 필요는 없습니다. 사람을 보내 저에게 편지를 준다면, 제가 그 즉시 관백께 보고드리겠습니다."

마침내 백기주 태수는 안용복을 잘 대접하고 은과 폐물을 여비로 주었지만, 안용복은 모두 받지 않고 말하였다.

"내 비록 울릉도에 관한 일로 여기까지 왔으나 사사로이 은과 폐물을 받는 것은 예의가 아닙니다. 지금부터 귀국의 사람들이 다시 울릉도에 온다면 저는 마땅히 적으로 죄를 물어 바로 베어버리고 살려 보내지 않을 것입니다."

태수가 말하였다.

"잘 알겠습니다."

이윽고 안용복은 잠시 바람을 헤아려 나침반을 보고 바다에 배를 띄웠다. 닷새 만에 양양襄陽에 도착하여 그간의 일을 관아에 보고하였다. 또 백기주 태수가 미처 에도에 전달하지 못한 편지의 원본도 조정에 올렸다.

얼마 후 대마도 태수가 동래부에 편지를 부쳐 말하였다.

"감히 다시는 대마도 사람을 울릉도에 보내지 않겠습니다."

마침내 조정은 울릉도를 두고 일본과 국경을 다투는 근

심을 풀게 되었다.

얼마 뒤, 대마도의 왜구가 안용복에게 약속한 약조約條 중에 '대마도에서 부산으로 가는 하나의 항로 외에는 모두 통행을 금한다'는 문장을 깊이 후회하였다. 그래서 동래부에 편지를 보내어 그것을 비난하니, 그러한 사실이 조정에 들어갔다. 조정의 의론이 모두 '그 약조는 마땅히 믿을 만하지만, 안용복의 행동은 외교문제이므로 그의 목을 베지 않을 수 없다'고 하였다.

하지만 오직 영돈령부사領敦寧府事[15] 윤지완尹趾完, 영중추부사領中樞府事[16] 남구만南九萬, 훈련대장訓練大將[17] 신여철申汝哲 등은 '안용복을 죽이는 일은 그저 대마도주만 기쁘게 할 뿐이다'라고 의논하였다. 이어서 '그 사람됨이 걸출하고 영리하니 보통 사람이 아니다. 마땅히 살려두어 뒷날을 위해 쓰자'고 주장하여 안용복을 죽이지 않고 영동에 유배시켰다. 그리고 장수 장한상張漢相을 파견하여 울릉도를 살펴보게 하였다.

---

15) 領敦寧府事. 조선조 때, 돈령부의 으뜸 벼슬. 정1품으로 왕비의 아버지에게 시킴. 그 준말은 영돈령.
16) 領中樞府事. 조선조 때, 중추부의 으뜸 벼슬인 영사. 정 1품의 무관 벼슬임. 준말 영부사.
17) 訓練大將. 삼군문三軍門의 하나인 훈련도감의 우두머리. 종2품.

이후 조정에서 법을 정하여 삼척영三陟營 영장營將18)과 월송越松 만호萬戶19)가 5년 간격으로 번갈아 가며 울릉도에 가서 살피도록 하였다. 뒤에는 10년을 관례로 정했다. 마침내 안용복은 노를 젓는 훌륭한 군사[能櫓軍]로 유배지에서 죽었다.

나는 일찍이 일본의 산음도山陰道는 우리나라 영동과 마주하고 있으니, 지금 안용복이 오고간 일을 보면 과연 믿을 만하다고 생각하였다. 백기주에 미자성米子城이 있는데, 인번주因燔州20)의 도취島取 성주城主가 함께 관할하는 곳이다. 성주 송평씨松平氏는 곧 일본 관백 도구까와 이예야스[德川家康]의 양손養孫인 원충계源忠繼의 후손이다. 광중과 강청, 길태와 종태를 거쳐 지금은 중규가 계승하고 있다. 아마도 안용복이 만난 사람은 반드시 이 가운데 있을 것이다.

백기주 태수가 안용복을 위하여 주선한 것을 보면, 그는

---

18) 營將. 조선조 때, 지방의 각 진鎭과 영營의 우두머리.
19) 萬戶. 무관직武官職으로 각 도道의 진鎭에 딸린 종4품의 군직.
20) 因燔州. 일본의 산음도山陰道의 여덟 주州의 하나. 인주因州라고도 한다. 지금의 도취현島取縣에 속한다.

충직하고 믿음직한 인물로 대마도 태수와는 같지 않다. 그러나 일본의 본토에 있는 사람들은 실제 모두 이와 비슷하다. 우리나라 사람들은 대마도 사람만을 늘 보았기 때문에 '왜인의 풍속은 의례 그렇다'고 생각한다. 그러므로 일본의 변방에 있으면서 자기 나라에 추악한 해를 끼치는 것은 오직 대마도만 그럴 것이다.

저 안용복이라는 사람은 보잘것없는 사람인데도 일본의 본토 사람과 변방 사람의 인품이 다른 것을 환하게 알았다. 또한 나라 일을 짊어진 것을 자신의 임무로 삼았고, 울릉도를 지키기 위해 크게 외치며 바다를 열고 배를 띄워 대마도까지 갔다. 그는 강공책과 유화책을 스스로 조화시키고 지략과 용맹을 적절하게 번갈아 사용하여, 대마도 사람들의 사악한 행동을 일본 본토에까지 알렸다.

한 번의 행동으로 우리나라의 위신을 떨쳤으니, 저 옛날 인상여藺相如[21]와 감연수甘延壽[22]와 같은 늠름한 풍모가 엿보인다. 아! 역시 그는 걸출한 사람이로다.

---

21) 藺相如. 전국시대戰國時代의 명신名臣. 염파廉頗 장군과 함께 조나라의 부흥을 꾀한 인물.
22) 甘延壽. 한漢나라의 명신名臣. 말을 잘 타고 활을 잘 쏘았다. 원제元帝 때, 서역西域으로 사신을 가서 선우單于를 목 베어 그 이름을 널리 이역異域에 떨쳤다.

그래서 나는 말한다.

"대마도의 왜구가 여태껏 제멋대로 행동하지 못하는 것은 우리나라에 다시 안용복 같은 사람이 또 있을까 두렵기 때문일 것이다."

이 글의 저자 원중거(元重擧, 1719~1790)는 본관은 원성原城, 호는 현천玄川이다. 그는 무반 가문의 중인으로 문장을 잘 지었고 박제가 등이 선배 학자로 존경하였던 인물이다. 원중거는 1763년 계미통신사癸未通信使에 참여하였고, 귀국 후 『화국지和國志』와 『승사록乘槎錄』 등을 저술하여 일본 문화를 서울 학계에 적극 소개하였고, 자신의 일본 체험을 식자층에게 두루 제공하여 신선한 충격을 주었다.

「안용복전」은 『화국지』에 실려 있다. 이 작품은 일반적인 '인물전人物傳'처럼 한 인물의 전체 삶을 조명한 것이 아니라, 울릉도와 독도문제를 둘러싸고 벌어진 조선, 일본 양국간의 영토문제를 중심으로 서술되어 있다.

하지만 원중거는 에도막부와 대마도주가 울릉도와 독도를 자국의 영토로 편입하려는 음모를 끈질기게 추적하여 해결하는 안용복의 활약상과 구체적인 과정을 결부시켜 묘사하고 있거니와, 사건의 진행과정과 안용복의 외교술로 사건이 해결되는 모습은 마치 한편의 감동적인 드라마와 같은 쾌감을 보여준다.

그의 활약상은 청성靑城 성대중(成大中, 1732~1812)도 특기하여 『청성잡기靑城雜記』에 기술한 바 있으나, 원중거의 서술에 비해 비교적 소략하고 구성과 그 인물형상이 비교적 평이한 편이다. 더욱이 「안용복전」은 독도문제와 관련하여 역사적 자료로서도 가치가 높은 귀중한 작품이다.

작품에서의 안용복은 당시 국가도 선뜻 할 수 없었던 일본의 음모를 정확하게 꿰뚫고 이를 탁월한 민간외교로 해결하는 영웅적 모습을 여실히 보여준다. 그는 당시 동래수군의 능로군能櫓軍의 신분에 불과하였지만, 왜관倭館에서 익힌 일본말을 적절하게 구사하면서 국제적 난제를 해결할 정도의 안목과 국제정세를 소상하게 파악한 외교적 능력을 갖추고 있었다.

그런데 작품에서 울릉도와 독도를 둘러싸고 벌어진 더 구체적인 사건의 개요는 이렇다. 안용복이 1693년 울릉도에서 고기잡이를 하던 중 일본어민이 울릉도에 침입하자 이를 막다가 일본으로 끌려갔다. 이에 굴하지 않고 안용복은 단신으로 울릉도가 조선 땅임을 막부에 적극 주장하여 자신의 의견을 관철시켰다. 이에 막부는 안용복에게 울릉도와 독도가 조선영토임을 확인하는 서계書啓를 주었다.

안용복은 귀국 도중 나가사키[長崎]에서 쓰시마도주[對馬島主]에게 서계를 빼앗기고 구속당한다. 게다가 대마도주는 조선 조정에 거꾸로 거짓 서계를 꾸며 오히려 울릉도[일본이름은 다케시마(竹島)]에서 조선어민의 고기잡이를 금지시킬 것을 요청했다.

그러자 조선 조정은 사건 초기의 불분명한 태도를 바꾸어 울릉도와 독도가 조선의 영토임을 분명히 밝히고, 조선이 외딴 섬에 왕래를 금지하는 공도정책空島政策을 대마도주와 에도막부가 적극 협조할 것을 요청하였다. 이어 조선 조정은 공식문서를 만들어 대마도에 강력한 입장을 전달하였다. 이러한 입장을 이끌어내는 데 안용복의 활동이 결정적이었음은 물론이다.

하지만, 이후 사건은 이에 그치지 않았고 대마도주의 끈질긴 음모는 계속되었다. 안용복은 다시 1696년에 울릉도에서 고기잡이를 하던 중 다시 일본어선을 발견하고 마쓰시마[松島]까지 추격하여 영토 침입을 처벌해 달라고 일본에 요구하였다. 그 과정에서 그는 스스로 울릉우산양도감세관鬱陵于山兩島監稅官이라 칭하고 백기주 태수로부터 영토 침입에 대한 사과를 받고 귀국했다.

귀국 후 안용복은 정부의 허락 없이 월경하여 국제문제

를 야기하였다는 죄목으로 사형당할 위험에 처했으나 영의정 남구만南九萬 등의 도움으로 유배형에 처해지는 데 그친다. 하지만 안용복의 끈질긴 노력으로 1697년 대마도주가 울릉도는 조선 땅임을 확인하는 서계를 보냄으로써 조선과 일본 양국간의 울릉도와 독도문제를 둘러싼 분쟁은 종결된다.

작품을 보면 영웅의 삶이 순탄하지 않듯이 안용복의 삶 역시 그러하였다. 조선 정부조차 일본의 영토 편입 음모를 몰랐던 사실을 안용복은 뛰어난 안목으로 혼자의 힘으로 밝혀내고, 해결하기 어려웠던 국가적 난제를 해결하는 데 결정적 공로를 세웠다. 그럼에도 불구하고 그는 보상은커녕 겨우 목숨을 부지하며 유배지에서 쓸쓸하게 생을 마감하고 만다. 유배지에서 생을 마친 그의 죽음은 그야말로 역사적 아이러니로, 읽는 사람의 분노와 서글픔을 자아낸다.

안용복의 애국적 활약에 대해 성호星湖 이익李瀷은 『성호사설』에서 '울산어부 안용복이 일본의 백기주伯耆州 및 인번주因幡州로 들어가서 울릉도의 영토 귀속문제가 일어나자, 울릉, 우산 두 섬의 귀속문제를 분명히 하였고, 그 결과 일본 측에서 울릉 우산 두 섬이 조선의 영토임을 확인하는 서한을 작성해 주었다'고 서술하고 있다.

작가 또한 "저 안용복이라는 사람은 보잘것없는 사람인

데도 일본의 본토 사람과 변방 사람의 인품이 다른 것을 환하게 알았다"고 부각시켜 그의 국제적 안목과 상황을 꿰뚫는 능력을 극찬하는 한편 "강공책과 유화책을 스스로 조화시키고 지략과 용맹을 적절하게 번갈아 사용하여, 대마도 사람들의 사악한 행동을 일본 본토에까지 알렸다"고 그의 능력과 활약을 한껏 추켜세웠다.

뿐만 아니라, 말미에서 작자는 안용복의 애국적 외교활동을 "한 번의 행동으로 우리나라의 위신을 떨쳤으니, 저 옛날 인상여藺相如와 감연수甘延壽와 같은 늠름한 풍모가 엿보인다. 아! 또 그는 걸출한 사람이로다"라고 다시 부각시켰다. 실제 그는 조선의 인상여였고, 조선의 감연수였다.

작자인 원중거가 작품의 끝에서 "대마도의 왜구가 여태껏 제멋대로 행동하지 못하는 것은 우리나라에 다시 안용복 같은 사람이 또 있을까 두렵기 때문일 것이다"라 언급한 대목은 깊이 음미할 만하다.

하층의 무명소졸無名小卒에서 떨쳐 일어나 국가적 난제를 푼 안용복. 아무도 알아주지 않은 삶이었지만, 작자는 예리한 필치로 살아 숨쉬는 모습으로 역사의 공간에 부활시켜 놓았다. 이는 역사의 이면에 묻혀 버린 한 애국 인물의 영웅적인 삶을 인정하고 그의 행동에 참다운 가치를 부여한 작가의식의 소산물이라 해야 옳을 것이다. 원중거의 인식과 안목이 돋보이는 부분이다.

"해외에 나가면 애국자가 된다"고 했던가. 통신사에 참여하면서 느낀 원중거의 마음 또한 이와 같았으리라. 작자 원중거 역시 안에서 중인신분으로 느낀 신분 모순, 밖으로는 시대의 흐름에 무지한 집권자들. 그는 자연히 안용복의 행동과 삶에 시선이 갔을 터이다. 지금도 끊임없이 제기되는 일본의 독도 영유권 주장, 여기에 중국마저 동북공정을 통해 중화중심을 부활시키려 요즈음, 오늘날의 안용복과 그의 혜안과 식견은 과연 어디 있는지 반문해 본다.

천주교의 서민 지도자
崔必恭傳

　신해년(辛亥年, 1781) 가을, 정조正祖의 어명을 받들어 이 작품을 짓는다. 최필공崔必恭은 처음 형조刑曹에 압송되었을 때, 천주교天主敎를 믿는 신앙을 바꾸겠다는 마음을 먹고 대답했다. 그래서 주상께서 특별히 교지를 내려 평안도 심약관1)에 제수하였다. 하지만 그는 임기를 마치고 서울로 온 뒤, 다시 천주교를 믿었다.

　신유년(辛酉年, 1801)에 천주교 믿는 것을 금지하고 교인을 잡아들이는 일이 생기자 그는 끝내 법에 따라 죄를 받았다. 그러자 내가 지은 전기傳記와 논한 글이 부질없게 되

---

1) 審藥官. 중방에서 궁중에 들이는 약재藥材를 심사 감독하기 위하여 각 도에 배치한 관원.

었다. 하지만 내가 이 작품을 남겨두고 버리지 않은 것은 우리 임금께서 형벌刑罰을 내려 죄인을 다스리는 것보다 은덕恩德을 내려 죄인을 교화敎化시키신 성대한 뜻을 보이기 위해서다.

맹자께서 "군자가 지나가는 곳에는 교화가 있어 그 교화에 감화를 받으며, 군자가 마음에 두고 있어도 그 뜻은 신묘神妙해진다"고 하였다. 그런데 지금 교화의 자취를 찾을 수는 있으나, 군자가 마음에 둔 그 신묘한 뜻은 헤아릴 수 없는 것은 최필공의 경우에서 볼 수 있다.

최필공은 서울의 여항인이다. 그의 집안은 대대로 의약醫藥을 맡은 관사에 속해 있었다. 그는 사람이 꾸밈이 없었으나 남보다 특별한 능력도 없었다. 어려서 고아가 되어 집안이 가난하였지만, 생업에 종사하지는 않았다.

최필공은 서양의 천주학이 중국에서 들어오자 이를 받들고 믿는 무리가 많다는 것을 듣고는 크게 기뻐하였다. 드디어 그는 마음을 다하여 천주의 교리를 외우고 학습하였다. 그는 아내가 죽었는데도 다시 장가들지 않고 '온 세상에 천주학과 바꿀 만한 것이 없다'고 스스로 생각하였다.

그 무렵에 서학西學이 세상에 성행하자 유학儒學을 배우면서 머리에 유관儒冠을 쓴 사람조차도 서학에 깊이 빠져 유학의 윤리를 어그러뜨리고 유학의 떳떳한 도리를 어지럽

히는 변고變故도 종종 있었다.

정조 신해년(辛亥年, 1791)에 간언諫言하는 벼슬에 있는 사람들이 임금께 천주학을 다스려 주기를 청하자 임금이 듣고 놀라 어명을 내렸다.

"우두머리 몇 명을 죽이고 그 머리를 조리돌리라."

이에 천주교 옥사가 일어나 이에 걸려든 자가 많았다. 최필공도 여기에 연루되어 형조의 옥에 갇혔다. 임금은 사악한 천주학의 교리가 오랜 기간 사람들을 속이고 정신을 빼앗자 한결같이 법으로만 다스릴 수 없음을 걱정하였다. 이에 훈계로 사람들을 깨우칠 것을 생각하고 형벌 담당관에게 여러 죄수를 불러오게 한 다음 어명을 내렸다.

"각성하는 자는 살고 그렇지 않은 자는 죽을 것이다."

그러자 죄수들이 모두 두려워하면서 한편으로는 감동하고 뉘우쳐 모두 사악한 천주교를 버리고 유학儒學으로 돌아오기를 원하니 임금이 모두 풀어주도록 어명을 내렸다.

그러나 유독 최필공만 완강하게 뉘우치지 않고 버티면서 말했다.

"사람은 곧게 살아가야 하오. 내 마음이 진실로 변하지 않았는데 어찌 거짓말로 죄를 면하고자 하겠소?"

형벌 담당관이 최필공을 묶어 뜰로 끌어내며 꾸짖었다.

"여러 죄수는 모두 깨우친다는 말 한 마디로 죽음에서

벗어났는데, 너만 거부하니 죽음이 두렵지 않느냐?"

그러고는 매에다 모진 고문을 가하였다. 살갗이 온전한 곳이 없었지만 최필공은 끝까지 마음을 바꾸지 않았다.

형벌 담당관이 이러한 사정을 임금께 보고하니 임금이 말씀하셨다.

"참으로 모질구나! 위협과 압력으로는 이런 자의 마음을 꺾을 수 없겠구나."

그러고는 담당 관리에게 글을 내려 천주교를 믿는 무리 가운데, 먼저 천주교에서 벗어나 천주학과 유학을 분별할 수 있는 자를 뽑아, 천주학이 올바르지 않으며 화가 되는 것과 유학이 올바르며 복이 되는 것 등을 비교하여 글을 짓도록 하였다.

마침내 온갖 수단을 동원하여 최필공을 회유하였지만, 그는 끝내 변하지 않았다. 여기에 집안사람과 친척들도 며칠 동안 최필공의 곁에서 눈물을 흘리며 천주학을 믿지 말도록 권하였으나, 그는 끝까지 천주교를 배반하지 않았다.

일이 이렇게 되자, 최필공의 사촌 동생은 어쩔 수 없다고 생각하고, 형의 조서를 대신 작성하여 '천주교를 믿지 않겠습니다'라 적고 형벌 담당관에게 바쳤다.

형벌 담당관은 크게 기뻐하면서 그 진위를 물었다.

최필공은 놀라면서 대답했다.

"소인은 참으로 모르는 일이오. 어리석은 사촌 동생이 거짓으로 지은 것입니다. 어찌 감히 하늘을 속일 수 있겠소?"

형벌 담당관이 이러한 사실을 임금께 보고하니 임금께서는

"내가 임금이 되어 끝내 저 최필공 한 사람을 교화시킬 수 없다는 게 말이 되느냐?"

하시고 최필공을 형틀에서 풀어 주고 옥에 가두어 추위와 굶주림을 면하게 한 다음 그의 행동을 잘 살피도록 하였다. 닷새가 지나자 최필공은 갑자기 무엇인가 깨달은 듯 눈물을 흘리면서 옥지기에게 말했다.

"금일에야 비로소 마음을 고쳐먹었소. 나를 위하여 관리에게 보고해 주시오."

옥지기가 형벌 담당관에게 달려가 고하니, 형벌 담당관이 최필공을 즉시 불러 다그쳤다.

"네가 진실로 깨우쳤느냐? 어찌 지난번에는 어렵게 여기더니만 지금에는 쉽게 마음을 고쳐먹었느냐?"

최필공이 머리를 조아리고 눈물을 흘리면서 말했다.

"소인의 잘못은 죽어 마땅합니다. 지난밤에 골똘하게 생각해 보니 비록 죽음은 두렵지 않았소. 다만 임금께서 오직 열 번 죽어 마땅할 저에게 너그럽게 대해 주셨고, 개미처럼 미천하기 짝이 없는 저에게 과분한 은혜를 내려 주셨소. 그런데도 미련하게 마음을 고칠 줄 모른다면 짐승만도 못한

것 아니겠소. 이대로 죽어 버린다면 임금의 은혜에 보답할 수 없기에 지금부터 천주교에 물든 것을 모두 씻어 버리고자 마음먹고 임금님의 가르침만을 생각하게 된 것이오."

형벌 담당관이 마음에서 우러나온 말인 것을 알고 마침내 사실대로 임금께 보고하니 임금께서 말씀하셨다.

"옳은지고! 양심을 속일 수는 없는 법, 이 사람은 천주교를 버리고 유학으로 돌아온 것이 충분하구나."

즉시 최필공의 죄를 사면하여 의원의 자격을 회복시켜주고 봉급을 후하게 주라고 명하였다.

마침 관서關西 지방에 심약審藥의 임기가 다 되었다는 보고가 있자, 담당 관리에게 최필공을 뽑아 그곳에 쓰도록 어명을 내렸다. 이미 최필공은 죽음을 면하고 봉급도 후하게 받게 되었다. 이에 날을 받아 장가를 들고 집안 식구를 이끌고 그곳으로 부임하였다.

관찰사인 나는 사건의 전말을 듣고 기특하게 여겨 최필공을 불러 이야기하면서 넌지시 물었다.

"네가 천주학에 정신을 뺏겨 죽기로 작정하고 고치지 않더니 하루아침에 뉘우치고 깨우친 것은 무슨 이유였느냐?"

그러자 최필공이 말했다.

"소인은 유학儒學을 업으로 삼지는 않았지만 『소학小學』 정도는 읽은 적이 있습지요. 『소학』에 '사람이 태어나서 한결같이 섬겨야 할 대상 셋(임금, 스승, 부모)이 있다'고 하였습니다. 그런데 지금 우리 임금께서 반드시 죽어 마땅한 저를 살려 주셨으니, 이는 나를 낳아 준 부모요, 봉급을 후하게 주셔서 곤궁한 홀아비인 저에게 가정을 이루어 주셨으니 이는 나를 기르고 먹여 주신 임금이요, 천주학을 버리고 바른 도로 돌아오게 하였으니 이는 나를 가르쳐 준 스승입니다. 그러므로 임금님은 소인의 부모요 스승입니다.

소인이 비록 목석처럼 완고한 놈이오나, 저도 모르게 저절로 감동하여 깨우치게 되었사오니, 마치 잠에서 한 번 깨면 꿈속의 일을 알지 못하는 것과 같았습니다. 저도 항상 사람들에게 마음을 속이지 않아야 천당에 갈 수 있다고 가르치는 천주의 말씀을 잘 알고 있습니다. 지금 만약 임금님을 저 버리고 은혜를 잊는다면 그 죄가 클 것입니다. 설령 천주학의 말과 같이 하더라도 제가 어찌 천당에 갈 수 있겠습니까? 이 때문에 바른 길로 돌아올 수 있었습니다."

이 말을 듣고 나는 속으로 감탄하였다.

"훌륭하구나! 성인聖人의 가르침이여! 천둥과 비가 만물을 자라게 하면 사나운 새도 변하고 돼지와 물고기도 그 가르침을 믿는다"고 하는데, 하물며 동식물과 다른 사람의 경우야 두말할 필요가 있겠는가? 이제 저 최필공이 교화되었으니 온 나라의 천주학도 자연히 없어질 것이다.

이는 맹자孟子께서 이른바 "정치와 교화를 잘하는 왕이 백성을 죽여도 원망하지 않고, 이롭게 하여도 공으로 여기지 않으며, 자신이 날마다 선으로 옮겨가면서도 누가 한 것인지 알지 못한다는 격이다."

　이에 글로 기록해 후세에 전할 수 있을 만하기에 마침내 나는 「최필공전」을 짓는다.

　사신史臣은 논한다.

　이단이라는 말은 양주와 묵적에서 시작되었다. 맹자가 이단을 홍수와 맹수에 비유해 글로서 물리치자 이단의 학문이 마침내 끊어지게 되었다. 그 뒤로 노자와 부처의 말이 나와 세상에 크게 성행하여 우리 유가와 나란히 삼교三敎라 일컬어졌다. 그 당시에 맹자와 같은 인물이 없어 끝내 노자와 부처의 말을 물리쳐 끊어버리지 못하였다.

　저 서양 사람은 명나라 만력萬曆의 말엽에 처음 중국에 들어왔다. 명나라에서 당초 그들이 천체의 운행을 잘 관측하였기 때문에 서양의 학문을 번역하여 사용하기도 하였다. 그 후로 서양의 문자가 유입되는 것이 점점 많아지자, 마침내 천주학의 이름도 생기게 되었다.

　그러나 중국의 사대부들이 그 학문에 대하여 말하는 것을 들어본 적이 없다. 나도 일찍이 그 책을 보았는데, 큰 줄거리는 살아서 천주를 섬기고 죽으면 천당에 올라가는 것에 불과하였다. 하느님을 믿는다는 설은 대개 우리 유학의 '밝게 하늘을 섬긴다 [昭事上帝]'2)는 말을 훔친 것이고, 천당의 설은 부처의 '인과에 따라 잘한 일과 잘못한 일이 생긴다[功罪因果]'라는 말을 도용한 것이다. 그 말은 더욱 공교할수록 그 이치는 참으로 천박하다. 이른바 천당이란 반드시 죽기를 기다려 올라가는 것이니, 과연 누가 그것을 보았으며 누가 전해 줄 것인가? 그 괴이하고 망령됨은 굳이 지혜로운 자를 기다리지 않아도 분명한 것이다.

다만 천체의 운행을 관측하는 기술은 가장 정밀하여 사람들이 기이하게 여기지만, 하늘을 도는 빈도는 희화羲和3)의 범위에서 벗어나지 않고, 천체의 운행을 관측하여 역법을 만드는 기술 역시 실제로는 황제黃帝의 구장九章4)의 법에 근거를 하였으니 모두 우리 유학에서 있는 것이다. 저들

---

2) 소사상제昭事上帝. 『시경』 「대아大雅」의 「대명大明」에 나오는 말.
3) 희화. 요堯임금 때 역법을 관장하던 희씨羲氏와 화씨和氏.
4) 구장·구수九數라고도 하는데, 중국 최고의 산법算法을 말한다. 곧 방전(方田: 논밭 측량법)·속미(粟米교역과 매매계산법)·쇠분(衰分: 귀천 혼합법)·소광(少廣: 평방과 입방법)·상공(商功: 공력과 공전법)·균수(均輸: 배와 수레 운임 계산법)·영육(盈朒: 안분비례법)·방전(方程: 방정식)·구고(句股: 삼각법) 등 아홉 가지를 말한다.

이 전력으로 공부하여 단지 한 가지 기예技藝에 공교한 것뿐이다. 저들이 말한 구천九天5)의 설은, 굴원屈原6)과 손무孫武7)가 또한 일찍이 말한 적이 있으니 어찌 예전 사람이 얘기하지 않은 것을 말했다고 할 수 있겠는가?

우리나라 사람은 견문이 좁고 새로운 것을 매우 좋아하여, 천주학에 맹목적으로 빠져들어 심지어 천륜天倫을 버리고 죽음을 가벼이 여기니 그 화가 홍수나 맹수보다도 더 심한데도 사람들은 물리치지 않는다. 우리 임금께서 세상의 도를 위하여 깊이 근심하시고 백성을 위하여 가르침을 세우셔서 형벌의 위엄을 빌리지 않으시고도 사람들을 저절로 교화시키니, 저 최필공과 같이 매우 완고한 자도 깊이 깨닫게 되었던 것이다.

이는 비유하자면 허항許行8)이 굴복함에 양주의 도가 폐

---

5) 구천. 하늘을 아홉 가지 방위로 나누는 것.
6) 굴원. 중국 전국시대 초楚나라 사람. 이름은 평平, 자는 원原. 호는 영균靈均. 그는 간언諫言이 통하지 않자 멱라수에 빠져 죽었다. 저서로는 『이소離騷』 『구가九歌』 『천문天問』 『구장九章』 등 25편이 있다.
7) 손무. 중국 춘추시대 제齊나라 사람. 손자병법孫子兵法으로 유명하여 당시에 크게 이름을 떨쳤다. 병법 13편을 저술하였다.
8) 허항. 초楚나라 사람. 전국시대의 농가農家. 맹자를 통해 양주의 학문이 잘못된 것을 깨달았다. 『맹자』 「등문공장」에 나온다.

해지고 이지夷之[9]가 복종함에 묵자의 말을 따르는 사람들이 흩어진 것과 같다. 그래서 한유韓愈는 "대성인이 하신 일은 보통 사람보다 뛰어남이 만 배나 된다"고 하였으니 어찌 믿을 만하지 않겠는가?

이 작품은 홍양호洪良浩의 『이계집耳溪集』에 실려 있다. 문집을 간행하기 위해 만든 정고본에 실려 있으나, 뒤에 정식으로 간행된 문집본에는 빠져 있다. 주인공 최필공崔必恭이 커다란 정치적 파장을 몰고 온 인물이었기 때문에 문집을 간행하는 후손들이 정식 문집으로 간행할 적에 일부러 빠뜨린 것이 아닌가 한다. 작자는 평안도 관찰사 재직 시에 직접 최필공의 개인사를 견문하고 이 작품을 지었다. 천주교도의 삶을 작품으로 남긴 자체가 문제적이다.

홍양호가 이 작품을 창작한 1791년은 호남의 윤지충尹持忠이 훼사폐사毀祠廢祀한 진산사건珍山事件이 일어난 해로,

---

9) 이지. 전국시대의 인물, 처음 묵자墨子의 학문을 배우다가 맹자의 제자 여벽徐辟을 통해 맹자를 만나본 뒤, 묵자의 잘못을 깨닫게 되었다. 『맹자』 「등문공장」에 나온다.

천주교 문제로 정치권이 극도로 긴장된 시기와 맞물려 있다. 작자가 천주교의 지도자의 전기를 쓴 것도 흥미롭지만, 객관적 시각으로 천주교도의 실상을 서술한 것은 중요한 의미를 지닌다. 다만 작품의 앞과 뒤에 임금의 교화를 말한 부분이 나오는데, 이는 '전傳'에서 흔히 보이는 형식적 언술이라는 점에서 다분히 상투적 장치다. 이를 제하면, 전체적 내용은 객관적 진술로 일관되어 있다.

이 작품의 주인공 최필공은 어떤 인물인가? 당시 종교지도자로 활약한 사람들은 양반층에 속하던 인물이 대부분이다. 남필용南必容·이국승李國昇·박취인朴就仁 등이 그들이다. 그들은 양반신분으로 천주교에 입교하여, 초기 천주교를 이끈 지도자들이다.

하지만 최필공은 18세기 후반 천주교 지도자로 양반신분이 아닌 서민이었다. 그는 1790년 입교한 직후 천주교의 지도자로 부상한 인물이다. 『한국천주교회사』를 저술한 달레의 기록에 의하면, 그는 입교 후 길거리와 광장에서 신앙을 설교할 만큼 대담성과 적극성을 보였다. 당시 최필공의 전도는 대단하였다. 이러한 적극적 활동 때문에 조정에서는 배교대상으로 그를 우선 지목하였고, 그의 배교과정을 배경으로 「최필공전」이 창작되었다.

「최필공전」은 최필공의 삶의 전 과정을 포착한 것은 아니다. 홍양호는 주로 최필공이 천주교를 배교한 시기를 중심으로 서술하고 최필공의 내면갈등을 집중적으로 포착하였다. 이 작품에 나오지 않지만, 배교를 선언하고 석방한 뒤의 최필공의 행적으로 보면, 그의 배교는 일시적이었다. 그는 사촌동생 최필제와 함께 석방 이후에 재입교하여 천주교 전도에 힘을 쏟다가 마침내 1801년의 신유박해 때 체포되어 순교한다.

『사학징의邪學懲義』를 보면, 그의 순교 과정이 자세하게 나온다. 1801년 최필공은 순교하면서 "대저 천주교는 유식한 사람들은 당연히 이를 행하고, 상한常漢 가운데 조금이라도 지각이 있는 사람 또한 천주교를 신봉한다"라고 당당하게 최후 진술을 한 바 있다. 그의 이러한 발언 이면에는 천주교의 교리를 통해 신분적 평등을 바랐던 당대 일부 계층의 염원이 짙게 깔려 있다. 당시 천주 아래서라면 누구나 평등을 체험할 수 있었다. 아마도 평등을 바라는 자들은 시공을 뛰어넘어 새로운 세상을 꿈꿀 수 있는 매력을 천주교에서 확인하였던 것은 아닐까?

그렇지만 최필공은 중세 서구사회에서 흔히 볼 수 있는 종교적 인간형은 결코 아니다. 종교를 통해서이긴 하지만, 최필공은 당대 사회를 넘어 새로운 공간을 희구하였던 인물로 보아야 하지 않을까? 우리는 여기서 18세기를 살았던 한 인간의 갈등과 곤혹스러운 얼굴을 대면하게 된다.

인정받은 기술자의 행복
崔天若傳

최천약崔天若은 동래東萊 사람인데, 얼굴이 괴걸스럽고 수염이 많으며 키가 크다. 그는 쇠붙이와 돌, 나무 등에 조각을 잘하는 것으로 세상에 이름이 났는데, 어떤 사람은 "그는 환술幻術을 할 줄도 안다"고도 한다. 나라의 일에 공로가 많은 것으로 여러 번 은혜를 입어 무공武功 2품직에 발탁되었다.

나는 어려서 입동笠洞[1] 이판서 댁에서 최천약을 만난 적이 있었다. 그는 자신에 대해 이런 저런 이야기를 다음과 같이 들려주었다.

---

1) 입동. 지금의 서울 종로 2가, 3가, 관철동, 관수동에 걸쳐 있던 마을. 갓전이 있었던 데에서 갓전골이라고 함.

나는 본래 동래東萊에서 민가의 자식으로 태어났는데, 어려서 둔하여 재주가 없었다. 열 살 무렵에 들판에 나갔다가 보니, 사람들이 논에 쌓인 복사를 제거하는데, 모래를 등에 지고는 밖으로 져내는 일이 힘은 많이 드는데 공은 적었다. 내가 긴 막대 두 개를 빈 섬에 묶게 하여 두 사람이 그것을 들고 모래를 운반하게 하니, 한 번에 거의 너 댓 짐을 나를 수 있었다. 어른들께서 모두 나를 칭찬하였다.

내가 스무 살 무렵에 서울에 올라와 무과에 응시했지만 합격하지 못했다. 마침 신해년(辛亥年, 1731)의 큰 흉년을 만나서 노자는 떨어지고 오갈 데가 없이 곤란해서 어느 약국에서 쉬고 있었다. 약국 사람이 마침 좀 먹은 천궁2)을 버렸다. 나는 무심코 패도를 꺼내어 큰 천궁 하나에 산과 꽃, 새를 조각하는데 천궁 생김새대로 새겨 손이 가는 데 따라 모양이 이루어졌다. 또 다른 천궁에다가는 용 모양을 조각하였는데 진짜 용과 다름이 없었다. 나 자신도 마음속으로 놀랍고 이상하게 생각되었다.

약국 사람이 보고서 혀를 내두르면서 말하였다.

"당신 여기 좀 앉아 있으시오. 제가 서평군西平君3) 대감

---

2) 川芎. 미나리과에 딸린 여러해살이풀로, 그 뿌리는 중요한 한약재로 사용된다.

께 가서 알리겠소."

약국 사람이 간 지 얼마 있다가 서평군이 불러서 가 보니, 부채에다가 천궁 두 개를 달아 놓고 부치면서 말하였다.

"내가 중국의 조각품을 보았지만, 천연 그대로 새긴 것은 자네가 처음인 것 같네."

곧바로 호박琥珀을 꺼내어 사자를 새기도록 하면서 사자 그림 화본을 보여주는 것이었다. 나는 칼을 놀려 하나하나 꼭 같이 새기니, 서평군이 무릎을 치면서 말하였다.

"이 사람이야말로 공수반公輸般[4]이로구나."

그를 집에 머물러 두고 등燈을 만들게 하였다. 그때는 4월 초파일 현등절懸燈節이 가까웠다. 내가 그 전에 있던 등들을 보고 본떠서 만드는데 그 솜씨가 절묘하였다. 서평군은 가장 잘된 것을 골라 대궐로 들여보냈다. 등을 다 만들자 서평군은 상으로 50냥을 주면서 집에 내려갔다가 곧바로 다시 서울로 돌아오라고 했다.

나는 그 분부대로 이내 올라왔다. 내가 돌아오기를 벌써

---

3) 서평군. 이름은 李橈. 종실로 영조 때 외교에 공로가 컸던 사람. 특히 음악을 애호하여 그 주변에 많은 사람들이 출입하였으며, 이세춘 그룹을 후원했다.
4) 공수반. 춘추시대 魯나라의 匠人. 나무를 깎아서 까치를 만들었는데 너무나 잘 만들어서 그 까치가 날아갔다고 한다.

기다리면서 즉시 대궐에 나가 차비문에 대령하였다. 영조가 편전便殿[5])으로 들어오게 하고 자명종을 꺼내는데, 바늘이 하나 떨어진 것이었다.

"서울의 장인들이 아무도 손을 쓰지 못하는데, 네가 이것을 고칠 수 있겠느냐?"

나는 그것을 한 번 보자 방안이 떠올라 바로 은을 다듬어 바늘을 만들어 꽂으니 부절符節을 맞춘 것 같았다. 영조가 찬찬히 보고서 말하였다.

"천하의 뛰어나고 교묘한 솜씨로다."

다시 하교하였다.

"너는 이 종을 본떠서 만들 수 있겠느냐?"

나는 자명종의 생김새를 두루 살펴보고 생각이 또한 잘 떠올라서 즉시 엎드려 아뢰었다.

"평생 처음 당해 보는 일이지만 구조를 훤히 알겠습니다."

"숯이 얼마나 들겠느냐?"

"20섬이면 족하겠습니다."

임금이 웃으며 40섬을 더해 주었다. 자명종을 다 만들자 숯은 과연 거의 다 들었다."

---

5) 편전. 임금이 평상시에 거처하며 사물도 보는 건물. 차비문은 편전으로 들어가는 입구에 있는 문.

이에 임금께서는 참으로 타고난 예지를 지닌 줄 알 수 있었다고 한다.

자명종이 우리나라에서 만들어진 것은 최천약으로부터 비롯되었다. 그는 그 후로 나무와 돌에 칼을 잡고 새기면 물이 콸콸 흐르듯 이루어졌다. 여러 번 북경 사행을 따라가 중국 사람의 솜씨를 보았지만 자기보다 더 나은 솜씨는 보지 못했다 한다.

개성부開城府에서 포은圃隱 정몽주鄭夢周의 비를 세우는데, 이때 최천약이 각자刻字를 하였다. 영조가 그 탁본을 보고 말하였다.

"천약이 새긴 것이로구나."

최천약이 일찍이 산릉山陵의 역사役事에 가는데 폭우가 내려 냇물이 막히니, 그는 지게를 타고 건넜다. 지게[支架]란 나무꾼이 등에 지는 나무로 만든 기구를 가리키는 것이다. 그가 일찍이 조관朝官을 따라 입대入待하였는데, 영조가 방판方板의 음식을 주라고 명하고 말하였다.

"천약이 만약 한 사람의 손으로 음식을 들어 나갈 수 있다면, 방판의 그릇들을 모두 상으로 주겠다."

방판이란 장방형의 널판으로 만든 것의 속명인데, 음식물을 올려놓으면 무거워서 여러 사람이 들어야 한다. 최천약은 금방 의사를 내어 먼저 그릇 몇 개를 가지고서 술을 마시고 종종걸음으로 나가 밖에다 두고, 또 종종걸음으로 들어와 그릇 몇 개를 가지고 나갔다. 이러하기를 두세 차례 하니 방판의 그릇이 반이나 비었다. 임금이 크게 웃으며 말하였다.

"지혜가 보통 사람을 능가하는구나."

즉시 방판의 그릇을 내려주었는데, 은그릇 약간에다 나머지는 모두 유기그릇이었다고 한다.

또한 최천약이 다음과 같이 말한 적이 있다.

"내가 금석과 나무를 대하면, 의장意匠이 먼저 서고 비로소 손이 따라 내려간다. 붓을 잡으면 그림으로는 그려내지 못하지만, 칼을 잡으면 무슨 물건이든지 그대로 새기지 못하는 것이 없으니, 어떻게 해서 그러한지를 알지 못한다. 내가 능히 할 수 없는 것은 오직 송광사의 능견난사能見難思[6]를 본뜰 수 없는 것이니, 이는 목우유마木牛流馬[7]를 움직일 수 없는 것과 같다."

능견난사란 나무 바리때 다섯을 5층으로 쌓아 둔 것이

---

6) 능견난사. 불기佛器의 일종. 중국 원나라에서 보조국사에게 선물로 주었다는 전설이 있다. 지금도 송광사에 보존되어 있으며, 전남 유형문화재 제 19호로 지정되어 있음.
7) 목우유마. 군량을 운반하기 위한 도구로, 제갈량이 제작한 것임.

다. 무릇 그릇을 층층이 포갤 때 위로 놓인 것은 아래로 놓이지 못하고, 아래로 놓인 것은 위로 놓이지 못하는 법이다. 그런데 이 능견난사는 위아래로 놓이는 층을 바꾸어도 모두 들어갈 수 있다고 한다.

이 글은 이규상(李奎象, 1727~1799)의 『병세재언록幷世才彦錄』에 실려 있다. 『병세재언록』은 18세기 다양한 분야의 개성을 지닌 인물의 전기를 담은 책이다. 작자는 위에서 최천약을 당대 최고의 기술을 가진 인물로 그렸다. 이규상은 전해들은 것을 근거로 기술자 최천약의 삶을 조명하고 있는데, 몇 가지 일화를 통해 최천약의 전기를 재구성하는 방식을 취하였다.

당시 민간에서 발신하여 오직 기술로 벼슬에 오른 사례는 흔한 일은 아니었다.

최천약이 기술자로 활약한 무렵의 조선 사회는 기술문명의 낙후성을 여실히 드러내고 있었다. 실사구시의 학문을 주장한 실학자의 문제제기도 있었지만, 사회 분위기는 여전히 기술자를 홀대하고, 다가오는 과학과 기술의 시대에 민감하게 대응하지 못하였다. 기술을 중시하지 않은 것이 당시의 현주소였다.

동아시아 삼국 중, 조선만 기술문명에 어두웠다. 청나라는 강희제와 옹정제가 직접 서구 기술문명의 옹호자로 자처하면서 이들의 기술을 전향적으로 받아들였다. 일본의 경우, 이미 인체를 해부한 『해체신서解體新書』를 통해 과학의 경이로움과 가치를 새롭게 이식하였다. 그들은 이른바 '난학蘭學'과 '난화蘭畵' 등으로 규정하면서 네덜란드(사실은 서구를 의미한다)의 기술문명을 적극 유입하였다.

하지만, 이 시기 조선은 기술문명을 도외시하였다. 국가의 시책이 그랬고 사회적 인식 역시 그러했다. 이러한 사회 분위기는 결국 기술자를 홀대하고 기술문명을 매우 제한적으로 받아들이는 결과로 나아갔다.

박제가가 기술자를 부당하게 대우하는 풍토를 비판하면서 '기술자는 단순한 장인이 아니라 선비라는 점'을 역설한 것도 바로 이러한 기술을 무시하는 풍토에 대한 강한 경고였다. 그는 자신의 벗 이길대李吉大를 기술자로 천거하면서 "그 사람을 마땅히 선비로 대우해야지 기술자로 대우해서는 안됩니다. …… 저 사람을 쓰고자 한다면 우선 그의 마음부터 감복시키고 그가 가진 기술은 요구하시지 마십시오. 그가 마음으로 감복한다면 선비는 본래 자기를 인정해 준 지기知己를 위해 목숨까지 바칠 마음의 준비가 되어 있는 법이니, 기술은 말해 무엇 하겠습니까? 그러므로 만약 기술만을 가지고 저 사람을 부리려고 한다면 기술마저 얻기 어려울 것입니다."
라고 강력하게 기술자를 우대해 줄 것을 행정 책임자에게 요구하였다. 박제가는 한갓 기술자로만 대우하려는 사회풍토와 정부시책의 전환을 촉구하였던 것이다. 사실 이 발언에는 사·농·공·상士農工商의 수직적 신분질서를 해체하려는 발상이 숨어 있다.

기술을 중시하는 사회. 그것은 조선조 사회가 나아갈 방향이었다. 이 점에서 이규상이 최천약이라는 기술자의 삶을 입전立傳한 것은 그 시각이 썩 참신하다. 작품은 시종 기술자로 성장한 일화를 통해 최천약의 인생역정을 제시하였다.

최천약의 빼어난 손재주와 사물을 파악하는 남다른 안목, 그의 기술을 알아보고 인정해 준 서평군과 국왕 영조의 배려. 그는 기술을 인정한 인물들과의 행복한 만남을 통해 벼슬에 오르고 자신의 기술을 마음껏 펼칠 수 있었다.

사실 최천약의 경우는 특수한 사례다. 18세기 조선 사회는 최천약과 같이 기술을 가진 인물이 자신의 능력을 펼 수도 사회적 대우도 받을 수 없는 공간이었다. 일부 개명한 지식인들이 뛰어난 기술을 지닌 이들 인물들을 존중하였을 뿐, 기술자들은 여전히 천대받고, 그들의 빼어난 기술은 여전히 방치되고 있었다. 그런 점에서 기술자 최천약의 삶을 조명한 작자의 인식은 정녕 남다르다.

더욱이 박제가가 언급한 기술자를 선비로 대우하라는 문제제기는 조선조가 끝날 때까지 현실화되지 못하였다. 이 문제는 그때만 그런 것이 아니라, 지금도 우리가 해결하지 못하는 난제 중의 하나임은 현실이 대변해 준다.

과학자로 살아가기란
金引儀泳家傳

 군은 이름이 영이고 자는 계함으로 김해 사람이다. 아버지는 아무개이고 조부는 아무개인데 대대로 농사를 지었다.
 그는 어려서 고아가 되어 가난해 의지할 곳이 없게 되자, 이리저리 떠돌다가 서울로 이사를 왔다. 사람됨이 소탈하며 고집이 세고 성질이 있었으며, 키는 크고 얼굴은 야위었으나 두 눈동자는 번뜩였다. 세상에서 아첨하고 시세에 따라 오르내리는 세태에 대해서는 일체 신경을 쓰지 않았다.
 그는 독서를 좋아하였고 어디에 골똘히 생각하면 문구를 굳이 끌어오지 않아도 저절로 법도에 맞았다. 우연히 서양의 『기하원본幾何原本』[1]을 보고는 매우 기뻐하며 수개월

---

1) 『기하원본』. 1605년 北京에서 6권으로 출판되었다. 원서는 C.클

동안 읽어 그 뜻을 전부 이해하였고, 마침내 역상학(曆象學, 천문현상에 대한 학문)도 전공하였다.

김영은 힘써 탐색하고 각고의 노력을 스스로 견지하여, 겨울에는 난로조차 피우지 않고 여름에는 부채질마저 하지 않을 정도로 노력하여 거의 십오륙 년 만에 학문에 큰 진전을 이루었다. 그러나 사람들은 그를 알지 못했고 그도 남들에게 알려지기를 바라지 않았다.

하루는 김영이 공부한 것을 가지고 돌아가신 나의 아버지 문민공 서호수徐浩修를 찾아뵈었다. 문민공이 그와 함께 이야기하고 매우 기특하게 여기고 다른 사람들에게 자주 칭찬을 하니, 이때부터 김영이 점점 두각을 나타내게 되었다.

정조 임금 기유년(己酉年, 1789), 나라에서 사도세자의 능을 이장하는 일이 있었는데 관상감觀象監의 영사領事 김익(公燧)이 임금께 아뢰었다.

라비우스가 교정校訂한 『Euclidis elementorum libri』 15권이다. 이탈리아의 선교사 마테오 리치의 번역본을 명나라의 서광계徐光啓가 정리한 것이다. 이 책은 중국에서 여러 차례 간행하였으며, 청淸나라의 강희제康熙帝는 만주어滿洲語로 번역하여 간행하기도 하였다. 나머지 9권도 후에 영국의 선교사인 A. 와일리와 이선란(李善蘭: 청조 말의 수학자)의 협력으로 전부 번역되었다. 지오메트리(geometry)에 기하幾何라는 한자어를 붙인 것은 이 책이 최초다.

[관상감관천대觀象監觀天臺] 조선시대 한성부漢城府 북부北部 광화방廣化坊 소재, 관상감觀象監이 있던 자리에 설치된 관천대觀天臺.

"사도세자의 관을 내릴 시각을 정하였는데 한밤중이옵니다. 신 관상감 영사의 직분으로 물시계를 교정해야 마땅하옵니다. 그런데 물시계를 교정하려면 먼저 각 절기에 사용한 중성(中星, 해가 질 때나 해가 뜰 때 정남쪽에 보이는 별)의 위치를 제대로 측정해야 당연하옵니다만 항성恒星이 해마다 이미 차이 난 것이 많습니다. 지금 관측하여 바로잡은 뒤에야 길한 때를 살펴 찾을 수 있을 듯 합니다. 서울에 김영이라는 자가 있는데, 역상에 조예가 아주 밝으니, 의기를 만들어 천체의 운행을 관측하게 하옵소서."

임금이 이 말을 옳게 여겼다. 이에 김영이 왕명을 받들어 경도와 위도를 알 수 있는 '적도경위의赤道經緯儀'와 해

시계인 '지평일구地平日晷' 각 두 개를 만들었다. 또 그는 『신법중성기新法中星紀』와 『누주통의漏籌通義』 각 한 권씩 편찬하여 올리고, 그가 만든 '적도경위의'와 '지평일구'는 궁궐에 설치하였다.

이장하는 날에 김영과 감관 등이 이장할 장소에 나가 새로 만든 의기儀器로 중성을 관측하여 그 시각을 보고하였다. 이장의 예가 끝나자 상이 일을 주관한 여러 신하들에게 은혜를 베풀었는데, 김영을 관상감의 삼역관三曆官으로 특차하였다. 이전 관례에 관상감의 과거시험을 통하지 않고 절차를 뛰어넘어 그 직위에 제수된 일이 없었기 때문에 관상감의 신하들은 관례를 들어 곤란하다고 하였다. 임금이 판결하여 말하였다.

"우리나라는 과거를 중시하여 청직과 요직은 과거를 치르지 않고 그 자리에 있는 것을 허락하지 않지만, 오직 산림山林으로 오랫동안 명망이 있는 인사에게는 제한을 두지 않는다. 조정에 인재를 등용하는 것도 오히려 이와 같은데, 하물며 관상감이야 두말할 나위 있겠느냐? 오늘 여기 능묘를 옮기는 큰 예가 순조롭게 끝난 데에는 김영의 노력과 수고가 많았고 또 그 재주가 쓸 만하니, 어찌 일반 관례에 얽매이겠는가?"

이에 직위를 주도록 명을 재촉하여 마침내 김영은 평민

의 몸으로 벼슬길에 나아갔다. 그는 벼슬이 점점 올라 종6품의 사재감직장司宰監直長과 통례원인의通禮院引儀에 이르렀다. 하지만 그는 다른 벼슬 일에 있으면서도 역관曆官의 직함은 항상 겸하고 있었다.

김영은 관상감에서 매양 일식이나 혜성과 같은 성력星曆에 관한 큰 논의가 있을 때마다, 한결같이 도움을 주었다. 이보다 앞서 무신년(戊申年, 1788) 오월 초하루에 일식이 있었는데, 관상감의 관리 등이 『역상고성후편曆象考成後編』의 대진현(戴進賢, 서양 선교사인 I. Koegler를 말함)[2] 법칙에 근거하여 이지러졌다가 회복되는 시각을 측정하였다. 처음 이지러져 가장 많이 이지러지기까지 13분이 걸렸고, 가장 많이 이지러졌다가 다시 원이 되기까지 3시간 14분이 걸렸다. 그 두 거리는 같았으나, 시간은 매우 많이 차이가 났다.

이때 김영이 관상감에 들어가기 전이었는데, 관상감의 관리들이 김영에게 와서 질문해서 바로잡아 달라고 하였다.

---

[2] 『역상고성후편曆象考成後編』. 예수회 선교사 쾨글러(Igatius Koegler, 중국명은 戴進賢)가 옹정제雍正帝의 칙명을 받아 케플러(Johannes Kepler)의 타원궤도설과 카시니(Cassini, 중국명은 噶西尼)의 관측치와 관측법을 도입해 1742년에 편찬한 역법서다. 보통 역상고성전편의 계산법을 신법新法 또는 매법梅法이라 부르며, 후편의 계산법을 구법舊法, 대법戴法 또는 갈법噶法이라 부른다.

김영은 오래도록 생각하여, 마침내 변화의 이치에 통달하여 이지러졌다가 회복되는 것과 가장 많이 이지러지는 시간의 거리가 모두 2시간 6분임을 측정해 내었다. 대개 대진현의 책에 실린 내용에 오류가 있었던 것이다. 관상감에서 두 개의 단자를 갖추어 연경에 올렸다. 청나라 예부禮部의 자문이 왔는데 김영이 계산한 것과 같았다.

순조임금 신미년(辛未年, 1811), 조정에서 역법에 중기中氣3)가 전 달에 들어가는 법은 없고 오는 계유년의 동지가 시월 그믐에 있다는 사안으로 특별히 역관曆官을 선발하여 빙사聘使를 따라가서 청나라에 질문하여 바로잡도록 하였다. 관상감에서 모두 김영을 천거하였다.

김영이 연경에 이르니 청나라 흠천감欽天監에서 이미 계유년(癸酉年, 1813) 8월 윤달에 책문을 올려 갑술년 중춘仲春이 윤2월이 되고 계유년의 동지가 11월 그믐에 있는 것으로 옮겨 놓았다. 김영이 이에 만세력萬年曆 몇 권을 사가지고 돌아와 귀국보고를 한 뒤 관상감에 보관하였다.

김영이 관상감에 있을 때, 편집한 책이 매우 많았다. 돌

---

3) 중기. 절월력節月曆에서 월의 중앙의 기氣를 이름. 예를 들면 월초의 기를 절기節氣라고 하듯이 월의 중앙을 말한다. 그러므로 동지冬至는 11월의 중기에 해당된다. 중기는 윤달과 관계가 깊다.

아가신 나의 아버님께서 관상감의 제거提擧로 있으면서, 『국조역상고國朝曆象考』4)와 『칠정보법七政步法』5)을 편찬하였는데, 김영은 모두 참여하여 범례를 들었다. 또 단원자丹元子의 「보천가步天歌」6)를 그림으로 밝혀 각각 그 거리와 도수 및 별자리가 옛날에 있었는데 지금 없어진 것에 관해 소疎를 올려 별자리의 현상을 관찰하는 데 편리하게 하였다. 모두 완성한 뒤에 간행하였다. 김영은 혹 하늘이 상을 드리워 경계함을 보이거나 해에 해무리가 있고 별에 혜성彗星과 어그러짐이 나타나면 반드시 관상감에서 숙직하며 관측하는 일을 도맡았다.

우리나라는 신라, 고려로부터 중국에서 받은 역법을 받들어 사용하였으나, 조선조 중엽 이후 여항의 선비 중에서

---

4) 『국조역상고』. 1795년(정조 19)에 역관曆官인 김영과 성주덕成周悳 등이 정조의 명을 받아 편찬한 천문서로 4권 2책의 활자본이다. 내용은 역법연혁曆法沿革·북극고도北極高度·동서편도東西偏度·경루更漏로 되어 있다.
5) 『칠정보법』. 1798년(정조 22)에 관상감에서 편찬한 필사본 1책. 대진현의 갈법喝法에 근거한 시헌력時憲曆으로 역曆을 계산하는 방법을 간략하게 기술하였다.
6) 단원자는 중국 수隋의 인물로 「보천가步天歌」를 지어 28개의 별자리를 7언의 한시로 서술하였다. 조선조 음양과陰陽科를 시행할 때 암송暗誦의 과제였다.

도 간혹 역법을 연구하여 알려지기도 하였다. 그러자 관상감에서 처음으로 이순지(李純之, 1406~1465)의 『교식추보법交食推步法』7)을 전해 받았지만, 근래의 인재들은 늘 수준이 떨어져 관상감에 종사하는 자들도 모두 못나고 옹졸한 부류들로 끈을 잡아 부탁하고 자리를 차지하여 녹봉을 훔쳐갈 뿐, 천도天度와 역법曆法에는 대개 무지하였다.

김영이 관상감에 들어가자 일이 있을 때, 이들은 김영을 추대하고 존중하지만 일이 끝나면 그의 능력을 질투하여 시끌벅적 떼거리로 일어나 그를 괴롭혔다. 혹 여러 사람이 있는 자리에서 면전에서 욕을 하고 손찌검까지 하였다. 관상감의 제거提擧가 이 사실을 듣고 뜰아래 이들을 불러 모아 엄하게 꾸짖었다. 그러나 김영은 평소의 뜻이 관상감에 오래 얽매이기를 원하지 않았고 또 이러한 무리들과 서로 경쟁하고자 하지도 않았다.

---

7) 『교식추보법』. 세조 3년(1457)에 이순지와 김석재가 함께 만든 천문학 저술. 2권 1책. 이 책은 세종 때에 정리되었던 일월식日月蝕 계산법을 알기 쉽게 편찬하라는 세조의 왕명을 받고 그 법칙을 외우기 쉽게 산법가시算法歌詩를 짓고 사용법 등을 덧붙인 것이다. 시와 노래는 원래 세종이 만들었고, 이순지와 김석재는 가사와 시구에 포함된 뜻을 좀더 자세하게 설명했다. 이 책은 뒤에 천문 분야 관리채용의 1차 시험인 음양과 초시의 시험 교재로 쓰일 만큼 일반화되었다.

마침내 김영은 자리에서 물러나기를 비니 도제조都提調는 그가 떠나는 것을 애석하게 여겼으나 어찌할 수 없었다. 처자들이 보잘것없는 녹봉만을 바라보며 연명하였지만 김영 또한 돌아보지 않았다.

김영은 젊었을 때, 머리로 생각하는 공부에 힘을 쓰다가 변하여 기질氣疾이 되었는데, 나이 들어서는 더욱 심해졌다. 이에 예전에 했던 일을 버리고 오로지 주역에 대한 공부에 전념하면서 말하였다.

"나는 마음을 다스리고 심성心性을 기르는 데는 주역보다 좋은 것이 없다고 들었다. 나는 대역大易 한 책으로 노년의 살림살이로 삼겠다."

또 말하였다.

"율律은 수로 근본을 삼는데, 진나라 한나라 이후 도수(度數: 통계)가 명확하지 않았기 때문에 율律이 끝내 올바를 수 없었다."

이에 김영은 마음을 침잠하고 깊이 생각하여 이기理氣와 법상法象의 오묘함과 율려律呂의 배반(倍半: 하나는 많고 하나는 적어 차이가 큼)의 기술을 추론하니 모두 자세하고 깊으며 오묘한 것을 이해하였고, 그 경지가 우뚝 솟아 볼 만하였다.

얼마 뒤 탄식하며 말하였다.

"인생이란 오래 살면 백 살인데, 지금 나에게 삼십 년의 시간을 빌려준다면, 오히려 마음껏 오묘한 이치를 찾고 물리物理의 학문을 크게 드러내어 이 세상에 하나의 사업을 갖출 수 있을 텐데."

스스로 책임을 느끼는 무거움이 이와 같았다.

김영은 평소에 약하여 병에 잘 걸렸는데, 적은 녹봉마저 끊기고 나니, 굶주림과 곤궁함이 그 위에 덮쳤다. 이따금 호숫가로 나를 찾아왔는데, 고개를 숙이고 기운을 잃어 마치 조는 사람처럼 피곤해 하였다.

내가 시험삼아 상수象數의 요결로 슬쩍 건드리면, 곧장 눈을 부릅뜨고 손바닥을 치며 정채가 환하게 사람을 움직였다. 나의 시종이 넌지시 "김공의 수학은 마치 신이 돕는 듯합니다"라 칭송하였다.

김영은 일찍이 나에게 『기하원본』을 읽기를 권하며 말하였다.

"이것은 그대 집안의 가학이 아닌지요? 이 책은 구수(九數: 수학상의 아홉 가지 방법)의 깊고 큰 것과 만상의 범위가 말은 간략하면서도 이치가 구비되어 있으니 아마도 하·은·주 삼대에 빠진 서적일 듯싶소. 그대는 어째서 이 일에 힘쓰지 않습니까?"

내가 공부를 마치자 김영이 또 때때로 와서 물어보고 감탄하여 말했다.

"내가 본 것이 많지만, 그대처럼 이 책을 정밀하고 깊게 읽은 사람은 드물었소."

매양 나를 방문하면 며칠씩 묵으면서 경전의 수법數法에서 혹 훈고가 틀린 것이 있으면 반드시 나와 토론하여 바로 잡았다.

지금까지 십여 년 지나오도록 서로 마음을 터놓고 막역한 관계가 되었다. 하지만, 나는 벗을 잃고 뒤로는 마치 길을 잃은 듯 한 데다 벗이 나를 계발해주는 유익함도 없어져 버렸다. 매양 수리數理에 관한 책을 읽을 때마다 벗을 잃은 슬픔을 이길 수가 없었다.

김영은 기사년 모월 모일에 태어나 정축년 모월 모일 육십구 세에 세상을 떠났다. 아들 명과 딸 둘을 두었는데 모두 어리다.

내가 한번은 김영에게 말하였다.

"그대는 지금 늙었소. 사십 년 간이나 힘들여 해온 일을 어째서 하나의 말로 기록하여 스스로 한 일을 표현하지 않는 게요?"

김영이 말했다.

"옛날 사람들은 책을 저술할 적에 위로는 세상의 가르침을 세울 수 있으면 쓰고, 아래로 백성의 생활에 도움을 줄 수 있으면 썼습니다. 그렇지 않으면 모두 구차한 짓입니다.

상수학은 서양인이 크게 완비해 놓아서 조금도 유감이 없으니 또 어찌 군더더기 같은 설명을 덧붙일 필요가 있겠소? 다만 내가 아직 이루지 못한 조그만 뜻이 있지요. 점·선·면·체 이 네 가지는 곧 기하를 일으킨 끈이지만, 수법數法은 끝내 양법量法만 못합니다. 지금 수리의 정밀한 이치가 쌓인 것으로 선부線部가 변한 것이 면부面部가 되었으니, 한결같이 양법으로 모든 일을 한다면, 간결하여 쉽고 명확해집니다. 차고 줄어드는 계산과 더하고 나누는 계산은 주판을 두지 않아도 명료하기가 마치 손바닥을 가리키는 것과 같을 것입니다.

  그리고 서양인의 시학視學 기술이 중국에 전해지지 않았기 때문에 사물을 관찰하고 모양을 재는 데 자주 그 실체를 잃게 되었습니다. 지금 시학을 미루어 분명하게 하면 천문을 보고 지세를 살피기에 편하며, 입원立圓·입방체立方體를 살피고 평면平面과 요돌坳突의 형체를 그리는 데 모두 실제 형태를 얻을 수 있을 것입니다.

  또한 물체가 자신의 실체를 숨기지 못하고 온갖 기술자의 기술과 재주가 각기 그 정밀함을 지극히 한다면, 실용에 도움을 줄 수 있을 것입니다. 지금 사람들이 수차水車를 이야기할 때, 오로지 용미거[龍尾車: 관개灌漑에 쓰이는 기구로, 원통의 중심에 둥근 나무 축이 있어 이것을 돌려 물을 길어 올린

다를 좋아하는데, 실제 용미거는 용골거[龍骨車: 발을 밟아 돌려서 물을 길어 올린다]의 편리함에 매우 못 미칩니다. 지금 그림을 그리고 해설하여 기아(機牙: 고리), 수레바퀴 등의 제도에 모두 작은 단위를 분명하게 하였으니, 법에 의거해서 차를 만들면 수리사업을 일으키며 농공에 도움을 줄 수 있을 것입니다.

게다가 자명종과 같은 시간을 알리는 종류는 톱니바퀴가 쉽게 뻑뻑해져 조금 오래되면 반드시 고쳐주어야 하니, 끝내는 험시의(驗時儀: 정조 때 만들어진 자명종시계)의 추가 왕래하면서 자연스럽게 시간이 어긋나지 않는 방식보다는 못할 것입니다만, 이 또한 그림과 설명을 갖추고 자세하게 밝혀 놓았습니다. 그 제도가 간단하고 빠르며 완전하고 오래가 자명종의 시계의 여러 의례보다는 훨씬 나아, 길흉吉凶과 대례大禮에도 이에 근거하여 시간을 고찰할 수 있을 것입니다.

이 네 가지 조목은 내가 일찍부터 힘썼던 것입니다. 지금 열심히 책을 쓰는 것을 멈추지 않고 있는데 하늘의 힘을 입어 다행히 일을 마치게 된다면 민생의 하루하루 생활하는 데 조금이나마 보탬이 될 것입니다. 그러나 일은 크고 힘은 미약하니, 다만 세월이 나에게 넉넉하지 않을까 두렵습니다."

결국 탈고하지 못하였고 김영은 병이 심해져서 죽게 되자, 김영은 아들에게 이렇게 말했다.

"내가 초고로 쓴 어지러운 원고가 상자에 가득하다. 내 반드시 책을 완성한 뒤에 꺼내려 하였는데 지금은 이미 끝나버렸구나. 내 죽은 뒤에 삼가 남에게 주지 말고 삼호에 사시는 아무개(서호수를 말함)에게 가서 전해주는 것이 좋을 것이야."

김영이 죽자 그의 아들이 와서 아버지의 죽음을 알리고 그의 유지를 울며 전하였다. 나는 그를 위해 실성하도록 통곡하며 애통해 하였다. 사람을 보내어 책 상자를 가져오게 하였는데, 이미 관상감 생도 모군이 훔쳐 가 구하려고 해도 얻을 수 없었다. 아! 애석하도다.

논찬하여 말한다.

"주周나라 말엽에 수리에 능한 자의 자제들이 해외로 흩어져 상수학象數學이 전해지지 않은 지 오래되었다. 명나라 말엽에 서양 사람들은 특히 역학曆學을 잘하는 것으로 천하에 소문이 났다. 설명하는 자들은 '사해 안에 오직 서양과 중국이 길이 통하였기 때문에 기술이 분산되어 서양에 자주 이름이 났다. 그러나 서양의 방법이 중국에 들어온 뒤로 중국의 학사와 대부들 중에는 기술에 능통한 이들이 드물다'라고 한다.

이에 김영이 멀리 떨어진 조선 땅에서 분기하여 오래된 책을 연구하고 실마리를 찾아 이어서 온 나라의 사람들이 모두 그를 역학의 으뜸으로 추대하였으니, 이것은 매우 기이한 일이다. 게다가 정조임금의 성대한 시대를 만나 평민의 신분에서 조정에 등용되어, 천문을 관측하는 기구를 만들고 도전圖典을 밝혀 천문관측과 시간을 알리는 일들에 도움을 주었으니, 또한 배운 바를 저버리지 않았다고 할 수 있다. 이것은 모두 전할 만한 일이다. 내가 이 때문에 문장을 지어 태사씨의 채록을 기다린다.

이 글은 좌소산인左蘇山人 서유본(徐有本, 1762~1822)의 『좌소산인문집左蘇山人文集』에 실려 있다. 서유본의 부인 빙허각이씨憑虛閣李氏는 『규합총서閨閤叢書』의 저자로서 유명하다.

이 작품은 조선조 후기 한 과학자의 삶을 감명 깊게 기술하고 있다. 김영에 관한 전기는 항해沆瀣 홍길주(洪吉周, 1786~1841)가 지은 「김영전金泳傳」과 유재건(劉在建, 1793~1880)의 『이항견문록』에도 나와 있다. 그런데 홍길주의 기하학 가정교사가 바로 김영이다.

김영(金泳, 1749~1815)은 서유본과도 인간적으로 가까웠다. 서유본이 김영에게 보낸 「답김생영서答金生泳書」의 편지를 보면 매우 절친한 관계였음을 알 수 있다. 서유본은 김영의 내면과 인간적 폭을 알고 그의 삶을 진솔하게 포착할 수 있었던 것도 그와의 깊은 사귐이 있었기에 가능하였다.

위에 나오는 김영의 삶은 당시 보기 드문 모습이었다. 누구도 선뜻 인정하지 않고, 가기 힘들었던 과학자의 길을 김영은 홀로 외롭게 걸었다. 그는 고뇌의 과학의 효용과 학문적 위상을 거부하던 상황을 정면에서 안고 나아갔다. 그런 점에서 김영은 당대가 몰랐던 새로운 지식인 유형인 셈이다.

이 시기 지식인의 새로운 삶의 방식에는 몇 가지 방향이 있었다. 그 중의 하나가 지식이 유통되는 공간에서 살아가는 방식이다. 이러한 방식은 조선조 후기에 존재한 특이한 모습이다. '왈짜', 예인藝人, 과학자, 천주교도 등이 그러한 존재방식의 하나다.

이 글의 주인공 김영은 과학자로 살았다. 그는 유랑지식인에서 과학자로 나아간 이력의 소유자다. 그는 특이한 존재였던 만큼 인간기질 또한 남달랐다. "세상에서 아첨하고 시세에 따라 오르내리는 세태에 대해서는 일체 신경을 쓰지 않았던" 김영은 개성적인 인간 자세를 지녔다. 작자는 이러한 인간적 면모를 우선 주목하고, 이러한 인간 기질 위에 수학과 천문학으로 일가를 이룬 사실을 덧붙여 강조하고 있다. 오직 십수 년 동안 독학으로 천문天文・기하幾何・율려律呂 등의 저작을 남긴 김영의 인생 행보는 참으로 지난한 과정의 연속이었다. 서유본은 이를 특별히 포착하였다. 작자는 여기에 그치지 않고 오직 자신이 정한 삶의 목표를 위해 사생활을 포기하고, 오직 과학의 세계에 침잠한 사실도 아울러 묘사하였다.

세속적 인간관계와 세상살이에 무관심했던 김영. 이러한 인생관은 관상감의 직책에 특채되지만, 관직조차 연연해하지 않은 모습에서 잘 드러난다. 이러한 그의 삶과 인생 역정에 대해 서유본은 여러 가지 사건을 통해 부각시켰다.

당시 김영은 신분조차 불확실한 처지였으니, 관상감에 재직하는 것이야말로 큰 영광임은 두말할 나위가 없지 않겠는가? 하지만, 김영은 이 조차도 관심 밖에 두며 오직 자신이 추구한 학문세계에만 오로지 침잠하는 자세를 시종 견지하였다. 여기서 우리는 오직 한 길만을 걸으며 신세계로 걸어간 한 인간의 의지와 역사를 움직일 수 있는 거인巨人으로서의 가능성을 엿볼 수 있다.

김영의 이러한 삶에 대해 현실은 냉담했다. 당대 사회와 구조는 그가 추구한 세계로의 몰입조차 결코 용납하지 않았고, 오히려 시기와 질시만이 난무했다. 작자는 이러한 현실이 그를 더욱 곤란한 처지로 몰아갔음을 작품 곳곳에서 적출하고 있다.

이에 대해 유재건은 『이향견문록』에서 결국 김영이 "곤궁하게 굶주리다가 굶어 죽었다(窮飢而死)"는 기막힌 언급을 해 놓았다. 다소 과장된 표현이기는 하겠으나 이는 결국 가지 않은 새로운 세계를 걷다가 굶주려 죽은 한 과학자의 어두운 자화상을 무엇보다 선명하게 보여준다.

하지만 서유본은 시종 당대 터부시하던 과학의 세계에 몰두한 한 인간의 내면을 긍정하고, 그의 의지를 객관적으로 읽어내는 것으로 일관한다. 우리 역시 작자의 시선을 따라 읽노라면 오로지 과학자로 살려 했던 한 인간의 고뇌와 삶의 깊이에서 무한한 인간적 연민을 느낀다.

비록 과학을 통해 삶의 목표와 자아를 찾으려 했던 김영의 삶은 일그러진 것처럼 보이지만, 그가 걸어간 과학科學의 길은 당대 공간의 질곡을 뛰어넘으려 한 점에서 정녕 일그러진 모습은 아닐 터이리라.

김영이 "인생이란 오래 살면 백 살인데, 지금 나에게 삼십 년의 시간을 빌려준다면, 오히려 마음껏 오묘한 이치를 찾고 물리物理의 학문을 크게 드러내어 이 세상에 하나의 사업을 갖출 수 있을 텐데"라고 발언한 대목에 이르면, 스스로 정한 삶의 목표를 향해 나아가는 자부심에 존경의 염마저 느낀다.

　더욱이 "옛날 사람들은 책을 저술할 적에 위로는 세상의 가르침을 세울 수 있으면 쓰고, 아래로 백성의 생활에 도움을 줄 수 있으면 썼습니다. 그렇지 않으면 모두 구차한 짓입니다"라는 대목 또한 우리에게 무겁게 다가온다. 곧 이는 김영이 추구했던 학문관의 일단으로, 실사구시로 나아가지 못한 당대의 학문태도에 대한 질타다. 김영의 이러한 문제 인식과 제기야말로 지금 이 땅에서 학문을 업으로 살아가는 사람들은 과연 어떻게 받아들일 것인지 되새겨야 할 것이다.

지식을 유통 시킨 책장수
鬻書曺生傳

 조생이 어떠한 사람인지 아무도 모른다. 다만 책장수로 세상에 뛰어다닌 지 오래됐기에 귀하고 천하고 어질고 어리석은 사람을 막론하고 그를 보면 누구나 조생인 줄 알았다.

 조생은 해가 뜨면 나와서 시장으로, 골목으로, 서당으로, 관청으로 달려갔다. 위로 벼슬을 하는 대부에서 밑으로 어린 동자에 이르기까지 만나지 않는 사람이 없었는데, 조생은 달리는 것이 마치 나는 듯하다.

 그는 가슴이나 소매에 잔뜩 책을 담고 다니며, 책을 팔아서 남은 돈을 가지고는 술집으로 달려갔다. 술을 사 마셔 취하고 날이 저물면 달려서 돌아갔다. 그러나 아무도 그가 사는 집을 모르며 또 그가 밥을 먹는 것을 보지 못하였다. 그는 베옷 한 벌에 짚신 한 켤레로 다니는데, 철이 가고 해가 바뀌어도 변함없었다.

영조 신묘년(辛卯年, 1771) 때의 일이다. 중국 청나라 사람 주린朱璘이 지은 「명기집략明紀輯略」에 우리나라 태조太祖와 인조仁祖를 모독하는 문구가 있었다. 중국에 잘못된 것을 바로잡으라고 요청하는 한편 세상에 전하는 그 책을 거둬들여 불태우고 책을 팔았던 자들을 모두 잡아 죽였다.[1] 당시에 나라 안 책장수들이 모두 죽었으나 조생만은 미리 알고 멀리 달아나 죽음을 면했다.

한 해 남짓 뒤에 조생은 다시 나타나 책을 들고 달렸다. 사람들이 이상해서 혹 물어보면 조생은 웃으면서 말했다.

"지금 내가 여기 있지 않소! 내 어디로 달아났단 말이요?"

누군가 나이를 물으면 웃으며

"잊었소"

라고 대답하였다.

후에 또 누가 물으면 서른다섯이라고도 했다. 올해 물어본 사람이 다음해에 다시 따져서

"어찌하여 또 서른다섯이라고 말하오?"

---

1) 영조 31년 5월에 전 교리校理 박필순朴弼淳의 상소로 청淸의 주린朱璘이 지은 『명기집략明紀輯略』에 잘못된 내용이 있어 크게 물의를 일으켰고, 이때 서울의 책장수들이 처벌을 받았다.

라고 하면,

"허허, 사람 나이 서른다섯이 좋은 때라고 하기에, 서른다섯으로 내 나이를 마칠까 싶어서 나이를 더하지 않았거든"
이라 말하였다.

또 말하기 좋아하는 자가 조생을 보고 말했다.

"조생은 나이가 수백 살이야!"

그러자 조생이 눈을 둥그렇게 뜨고 말했다.

"당신은 어떻게 수백 년 일까지 아우?"

이러는 그를 사람들이 비난할 수가 없었다. 그런데 술김에 이따금 자신이 듣고 본 바를 이야기하는 것을 듣고 가만히 생각해 보면 대개 백수십 년 전 옛날 일들이었다.

"괴롭게 다니며 책을 팔아서 무엇 하겠소?"
라고 하면

"책을 팔아서 술을 마시지."

"책들이 다 당신 책이우? 책에 담긴 뜻은 이해나 하시오?"
라고 하면 다음과 같이 말했다.

"내 비록 책은 없지만 예를 들면 아무개가 어떠어떠한 책들을 몇 해 동안 수장하고 있었는데 그 책의 몇 권은 내가 판 것이지. 난 글의 뜻은 모르지만 어떤 책은 누가 지었으며, 누가 주석註釋을 내었고, 몇 질 몇 책인지는 횅하다오. 그러니 천하의 책은 다 내 것이지요. 천하에 책을 아는 사람도 나만한 사람이 없을 것이야. 만약 천하에 책이 없어진다면 나는 책을 팔러 달리지 않을 것이라오. 또 천하의 사람들이 책을 사지 않는다면 나는 날마다 마시고 취할 것이오. 이는 하늘이 천하의 책으로써 나에게 명한 셈이니, 나는 내 인생을 천하의 책으로 마칠까 하오.

옛날 모씨의 할아버지와 아버지가 책을 사들이고 몸도 출세하고 이름을 날리더니 이제 그 자손이 책을 팔아먹고 집이 가난한 것을 보기까지 했지. 나는 지금까지 책으로 많은 사람을 경험하였소. 세상에는 슬기롭고 어리석고 어질고 불초한 사람이 서로 비슷한 사람끼리 무리지어 다니는 것을 그만두지 아니 하더라오. 내 어찌 다만 천하의 책을 아는 것에 그치겠소. 장차 천하의 인간사도 자연스럽게 통할 수 있을 것이라오."

경원자[2]는 말한다.

"내가 일고여덟 살 때에 제법 글을 엮을 줄 알았다. 돌아가신 아버님께서 어느 날 조생으로부터 『팔가문八家文』[3]

---

2) 經畹子. 작자인 조수삼趙秀三의 별호
3) 『팔가문』. 당송唐宋을 대표하여 고문古文으로 손꼽히는 8인의 문장. 여기서는 그들의 문장을 수록한 책을 가리킨다.

한 질을 사서 어린 나에게 주시며 말씀하셨다.

"저 사람이 책장수 조생이란다. 집에 가지고 있는 서책은 모두 조생에게서 사들인 것이다."

겉모양으로 보면 조생은 마흔 살처럼 보였는데, 그때가 벌써 40년 전 일이다. 그런데 조생은 아직도 늙지 않았으니 정말 보통 사람과 다른 것 같다.

나는 조생을 따랐으며 조생 역시 나를 매우 사랑해서 자주 나에게 들렀다. 이제 두발이 희끗희끗해졌고 손자 놈을 안은 것도 벌써 몇 년 된다. 그러나 조생은 장대한 체구에 불그레한 뺨, 푸른 눈동자, 검은 수염이 옛날 그대로다. 신기한 일이다. 내가 한번은 조생에게 왜 밥을 먹지 않느냐고 물었다.

"불결한 것이 싫어서……."

그러고는 다시 나에게 말했다.

"사람들은 목숨을 늘리고 싶어 하나 약물로 되는 것이 아닐세. 효도하며 우애하는 것을 두텁게 하고 그것을 행하는 것이 양기를 돋우는 덕德이라네. 자네, 나를 위해서 세상 사람들이 나에게 귀찮게 묻지 않도록 좀 깨우쳐 주시게."

아! 조생은 참으로 도道를 지니고 숨어서 세상을 내려다보는 사람이 아닐까. 그가 내게 들려 준 말은 일찍이 노자老子, 장자莊子로부터도 듣지 못했다.

조수삼(趙秀三, 1762~1849)의 『추재집秋齋集』에 실려 있다. 『이향견문록里鄕見聞錄』도 같은 주인공을 기술하고 있다.

조선조 사회는 국가기관이 책의 출판을 독점하여 지식과 정보의 유통을 차단하였다. 당시 서적을 통해 지식과 정보를 얻을 수 있는 계층은 한정되어 있었으며, 서적의 출판이 활발하지 못하고, 서점 또한 형성되지 못하였다. 서적상이 없었음은 물론이다. 이러한 사정은 18~9세기에는 사뭇 다르게 나타난다.

국왕 정조가 당시 최고의 서적 수집가였고, 컬렉션의 소장가였다. 또한 경화세족을 위시한 일부 계층도 중국으로부터 서적을 대량 수집하고 이를 유통시켰다. 이러한 신서적의 유통으로 지식과 정보가 새롭게 생성되었다.

이 점에서 서적상의 존재와 장서가의 출현은 18~9세기 문화사를 이해하는 유력한 코드다. 이러한 시대 배경을 감안하면 책장수 조생의 존재는 무척이나 흥미롭다. 그는 해만 뜨면 책을 팔기 위해 저자 거리로 골목으로 서당으로 관청으로 달린다. 위로는 벼슬아치로부터 아래로는 아동에 이르기까지, 오직 서적을 매매하였으며, 이를 유일한 생계의 수단으로 삼았다.

조생과 같은 서적상[서쾌書儈]의 존재는 서적과 지식의 유통에 한몫을 단단히 한 셈이다. 그런데 조생은 단순한 서적상이 아니었다. 말하기 좋아하는 사람이 "책에 담긴 뜻은 이해나 하시오"라는 질문에 "난 글의 뜻은 모르지만 어떤 책은 누가 지었으며, 누가 주석註釋을 내었고, 몇 질 몇 책인지는 휑하다오. 그러니 천하의 책은 다 내 것이지요. 천하에 책을 아는 사람도 나만한 사람이 없을 것이오"라는 조생의 대답에서, 책 파는 것을 소명으로 삼고 특이한 삶을 산 한 사람의 강한 자부심을 읽을 수 있다. 그는 책에 관한 한 당대 최고의 전문가였다. 한 부분의 전문가로 자부한 조생의 삶은 지금의 사서들도 경청할 대목이다.

여기에 그치지 않고 그는 광달廣達한 인생관을 견지하였으며, 세속에서 추구하는 것을 초탈超脫하고 오직 책을 파는 것을 인생의 가치로 생각하였다. 그는 책을 통해 세상을 읽는 안목도 탁월하였다. 부침이 심한 양반 가문의 성쇠를 책의 집산集散을 통하여 설명하는 데 이르면, 책을 매개로 인생사를 꿰뚫는 조생의 안목과 통찰력마저 읽을 수 있다. 다른 데 눈을 돌리지 않고 오직 책만 파는 생활 방식, 세상을 달관한 것처럼 행동하는 장면, 책과 술을 벗삼아 자유롭게 사는 모습 등에서 우리는 이 시기 한 인간의 새로운 상을 떠올릴 수 있다.

조선에서의 새로운 인생
金將軍忠善傳

    장군은 일본인이다. 본래의 성은 사씨沙氏이고, 이름은 야가(也可, 沙也可는 스나야가)로 임진년에 우리 조정에 귀순하였다. 선조임금께서 그에게 김씨 성과 충선忠善이라는 이름, 그리고 김해金海의 본관을 내려주셨으니, 대체로 특별하게 대우하신 것이다.

    장군은 나이가 어릴 때부터 이미 귀화의 뜻이 있었다. 일찍이 탄식하며 말했다.

    "사람으로 태어나 남자가 된 것은 다행이다. 하지만 불행하게도 중화中華에서 태어나지 못하고, 이런 변방의 땅에 태어났으니, 어찌 지사志士의 한이 아니겠는가!"

    그리고 원통하고 슬퍼서 눈물을 흘린 적이 여러 번이었다.

    가등청정加藤淸正이 왜적을 우리나라에 들여보낼 때, 장군을 우선봉장을 삼았는데, 이때 장군의 나이 22세였다. 그는 마음으로 명분도 없이 군사를 일으킨 것을 비난하였으며, 평소 조선을 소중화小中華라 부른 것을 듣고 생각하였다.

'지금 비록 북학北學을 할 수 없으나, 만약 이번 일을 계기로 마침 소중화의 땅을 한번 볼 수 있다면, 이 역시 크게 다행한 일이 아니겠는가?'

그리고 기쁘게 부하 삼천 명을 이끌었다.

선조 임금 임진년 4월 13일에 바다를 건너니, 비록 어지러운 난리임에도, 조선의 의관衣冠과 문물文物이 조화를 이루어 하나라·은나라·주나라 삼대三代의 남아있는 모습을 보고 마음으로 기뻐하며 당일로 글[曉諭文]을 써서, 백성들을 안심시켰다. 이어 우리나라의 좌도병사(左道兵使, 경상좌도병마절도사) 박진朴晉에게 귀화하였다. 이후로 훌륭한 공을 여러 번 세우자, 병사兵使 박진이 예를 갖추어서 임금께 알렸다. 임금께서 거둥한 곳에서 그를 불러서 보시고, 재주를 시험하시고 말하였다.

"능히 등급을 뛰어넘어서 종2품인 가선嘉善의 품계品階를 받을 만하다."

그리고 조선의 군사를 이끌고, 남쪽 변경을 막도록 하셨다.

이때 왜적이 바다와 육지로 함께 진격하였는데, 장군은 이견대利見臺 앞 바다 및 봉길리鳳吉里 소봉대小峰臺의 전투에 참여하여, 적 삼백여 목을 베었다. 도원수都元帥 권율(權慄, 1537~1599)과 어사御使 한준겸(韓俊謙, 1557~1627)이 함께 장계를 올리자, 임금께서 특별히 지금의 성과 이름을 내려주셨다. 그리고 자헌資憲의 품계品階로 승진시키고, 우리나라의 갓과 면류관, 청포 3,000필을 포상하셨다.

그 후에 명나라 군대가 왜적을 좇아 남하하여, 울산에 이르렀는데, 왜적의 우두머리는 이미 서생포성西生浦城[1]에 근거지를 삼아 성벽을 견고히 다지고 나오지 않았다. 명나라 장수 마귀(麻貴, 명나라 장군의 이름) 제독이 우리나라의 경상좌도병마사 김응서金應瑞를 전위부대로 삼고, 자신은 뒤에서 지원하였다. 좌병마사 김응서는 장군을 선봉으로 삼아 연속으로 적진을 격파하였다. 적은 전세가 매우 다급해지자, 재화와 보물을 성 밖으로 던지니 여러 군사들이 다투어 그것을 주우려다 대오를 잃게 되었다. 이때 적이 누대에 올라가, 탄환을 발사하여, 명나라 군사 중에 사망한 병사가 아주 많았다. 제독이 노하여, 김응서를 참수하고자 하였는

---

1) 서생포성. 경상남도 양산시 서생면 서생리에 있는 조선시대의 왜성倭城. 일명 봉화성烽火城이라고도 한다. 이 성은 1593년(선조 26) 왜군이 남해안까지 쫓겨 와서 이곳의 자연지형을 이용하여 지구전을 펴기 위하여 왜장 가토(加藤淸正) 등이 축성한 것이다.

데, 장군이 증서[軍令狀]를 써서 말하였다.

"원컨대 적장의 목을 베어, 김응서의 잘못을 속죄하고자 합니다."

제독이 허락하였다. 이날 밤 이경二更 무렵에, 장군은 병사 백여 명을 이끌고, 성을 뛰어 넘어 몰래 들어가 불로 공격하였다. 적들이 어지러이 도망치자, 장군은 적을 추격하여 수천여 명의 목을 베어, 제독에게 바쳤다. 제독은 매우 장하게 여겨서, 이에 김응서를 사면해 주었다.

이에 앞서, 우리나라는 본래 조총이 없었다. 때문에 염초를 달구는 방법과, 화약을 빻는 방법을 알지 못하였다. 장군이 귀화한 후 즉시 절도사에게 말하여, 처음으로 그 제조법을 가르쳤다.

다음 해 계사년(癸巳年, 1593)에 조정에서 별도로 훈련청을 설치하고, 벽동(碧潼, 평안북도) 땅에 투항한 왜병 삼백여 명을 모집하여, 화약을 만들고, 화포를 주조하였다.

장군은 또한 군관 김계수와 김계충 등에게 그것을 가르치고 훈련시키게 하였으니, 장차 국경지대의 각 군진에 두루 보급하고자 한 것이었다.

그러나 당시 총 만드는 철을 구하기 매우 어려웠다. 마침 깨진 종이 종가鍾街의 흙 속에 묻혀 있었는데, 장군이 그 얘기를 듣고 체찰사體察使에게 보고하여, 이것으로 총포를 주조하였다. 각 군진에서도 제조법을 익히니, 수개월 만에 사격술이 모두 정예가 되었고, 발사하면 적중하지 않음이 없을 정도였다. 칠 년 동안 어느 전투든 무적이었고 완전한 공을 얻을 수 있었다. 마침내 그는 우리나라 만세萬世 동안의 훌륭한 기물을 만들었으니, 이를 말하자면 장군의 공적이 어찌 적다고 하겠는가!

인조임금 계묘년에, 북쪽 변방에 소요가 자주 일어나자, 장군은 자원하여, 십 년 동안 연이어 방어하니, 북쪽 변방이 마침내 편안해졌다. 임금께서 특별히 정헌正憲의 품계品階를 주시고, 임금이 손수 여덟 자[自願仍防 其心可嘉: 자원하여 계속 지켰으니, 그 마음 가상하구나]를 써서 표창하였다.

갑자년에 역적 이괄(李适, 1587~1624)이 제멋대로 어명을 거스르고 편지를 장군에게 보냈는데, 장군이 크게 노하여 그 편지를 좍 찢어버리고는, 이괄의 심부름꾼을 쫓아버렸다. 이괄이 또 사람을 시켜 위협하니, 장군은 바로 그 사람을 베어버렸다.

이윽고 이괄이 죽음을 받았지만, 이괄의 부장副將 서아지徐牙之는 평소 '비왜(飛倭, 날개 돋친 왜장)'라고 불렸던 자였다. 그는 동쪽으로 서쪽으로 도망을 다녔지만, 날랜 용맹 때문에, 우리나라 병사들이 모두 두려워 피하기만 하였다. 임금께서 환도還都하신 후에, 영남의 두 영營에 절도사를 파견하여 서아지를 잡도록 명하였으나, 끝내 잡지 못하였다. 그러자 임금께서 장군에게 잡을 것을 명하니, 장군은 서아지가 일본으로 돌아가고자 하는 생각을 짐작하고 객관客館에 사람을 보내 각 객관마다 술과 안주를 성대히 베풀어서 대접하였다.

마침내 장군은 서아지의 뒤를 밟아 밀양密陽의 영남루嶺南樓에 이르러 서로 만났게 되었다. 서아지가 도망할 뜻이 있는 듯하자, 장군은 따뜻한 말로 그를 유인하고, 머물며 함께 술을 마셨다. 장군은 면솜을 옷깃 속에 넣어두고 마시는 척하면서 몰래 솜에다 술을 부었기 때문에 종일토록 취하지 않았다. 서아지가 만취하여 쓰러져 코를 우레처럼 골자, 장군은 가만히 서아지의 두 보검을 뽑아버리고는, 즉시 부하들에게 포박하여 잡아오도록 명령을 내렸다.

해가 뜨자 크게 군율의 위엄을 떨쳐서 그의 죄를 하나하나 헤아리고, 아울러 서아지의 휘하에 있던 무용武勇이 뛰어난 군사 십여 인의 목을 베어, 그것을 조정에 바쳤다. 임금이 크게 기특하게 여겨, 서아지에게 몰수한 전장과 재물을 내렸다. 장군은 글을 올려 굳이 사양하고, 수어청守禦廳의 둔전屯田으로 귀속시켜 줄 것을 청하였는데, 지금도 수어청에서 세금을 걷고 있다.

병자호란이 일어났을 때, 장군의 나이는 거의 70세로 녹리鹿里의 집에 있었다. (어명이 있기도 전에) 장군은 밤새 쉬지 않고 급히 달려와 서울에 이르자, 비로소 왕이 부르는 어명이 내려왔다. 그러나 왕의 피난 거동이 이미 남한산성으로 옮겼으므로 장군은 말에서 내리지 않고, 곧장 쌍령[2]으로 달려갔다.

한밤중에 천지를 뒤흔드는 소리가 멀리 들리다가 점차로 가까워졌다. 해가 뜰 무렵에 살펴보니, 청나라의 철기군鐵騎軍이 구름처럼 진을 치고 있어서, 평야에 온통 가득하였다. 장군은 거느리는 병사 150명으로, 엄정嚴正하게 대오를 정비하고, 백 보의 밖에 깃발을 꽂고서 명령을 내렸다.

"오랑캐의 기마병이 만약 백 보 안으로 들어오지 않았는데도 탄환을 발사하는 자는 목을 베겠노라!"

얼마 안 있어 적의 전위 기마가 전진하면서 핍박해왔다. 장군은 몸소 북채를 잡고서 북을 치니, 군사들의 사기가 저절로 격앙되었다. 진시辰時에 이르렀을 때에는, 적의 철기군이 탄환에 맞아 말에서 떨어진 자가, 그 수를 헤아릴 수 없을 지경이었다. 오랑캐들은 맞닥뜨려 대적하지 못하고,

---

2) 雙嶺. 쌍령의 전투를 말함. 1636년(인조 14) 병자호란 때 조선이 쌍령에서 청나라 군대와 전투를 벌였다. 쌍령은 지금의 경기도 광주군 동쪽 16km 거리에 있는 두 개의 고개를 가리킨다.

병사들을 이끌고서 퇴각하였다. 장군은 후미에서 화포를 발사하며, 추격하여 경안교慶安橋에 이르렀는데, 15리의 사이에 널 부러진 시체가 땅을 뒤덮었다. 적의 코를 베어내니 주머니에 가득하였다.

장군은 남한산성에 들어가서 왕을 호위하고자 하였는데, 화의和議가 이미 이루어지고 말았다. 장군은 크게 분노하여, 적의 코를 담은 전대를 땅에 내던지고, 검을 어루만지며 통곡하였다.

이윽고 시골의 집으로 돌아와서, '모하暮夏'라는 현판을 걸어, 자신의 뜻을 보였다. 그리고 가훈과 향약을 지어서, 그의 자손과 마을 사람을 깨우쳤다. 또 그가 이전과 그 후에 상소한 여러 글과 여러 벼슬을 하며 일을 맡아 주관할 때 쓴 글은 사려가 깊고 생각이 원대하며, 충애忠愛가 정성스러웠다. 이것으로 그가 의리와 용맹을 완전하게 갖추고 안과 밖이 모두 아름다운 사람임을 알 수 있다.

장군은 키가 9척이었고, 아름다운 수염에 걸음걸이가 나는 듯하였는데, 죽음에 임해서도 그 풍모가 쇠해지지 않았다. 융경隆慶 신묘년에 태어나서, 숭정崇禎 임오년에 돌아가셨으니, 향년 72세였다.

그는 목사牧使 장춘점張春點의 딸에게 장가들어, 5남 1녀를 낳았다. 김충선이 죽자, 삼도三道에서 배향할 것을 청하는 소가 여러 번 나왔지만, 임금에 도달하지는 못하였다. 6세손 김한조金漢祚에 이르러, 사람들이 사당을 건립하고 제사를 지냈다. 지금도 제사가 끊이지 않으니, 아 그 성대함이여!

외사씨는 말한다.

"양자운3)이 말하였다. '문과 담장에 있을 때에 그를 부르고, 오랑캐의 땅에 있을 때에는 나아오게 하라'고 하였다.4) 지금 장군은 오랑캐의 땅에서 태어났으면서도, 한결같은 마음으로 중화문물의 지역을 향해 가고자 하였으니, 만약 신령한 마음과 총명한 성질을 하늘로부터 자득한 자가 아니라면, 과연 어찌 이와 같을 수 있겠는가! 장군은 귀화한 후에도 나라의 일을 위해 자기 자신을 잊고, 십 년 동안

---

3) 양웅(揚雄, B.C. 53~A.D. 18). 중국 한漢나라 유학자·문인. 자는 자운子雲. 쓰촨성[四川省] 촉군성도蜀郡成都 출신. 전한前漢·신신·후한後漢 3왕조를 섬겼다. 저서로는 『태현경太玄經』과 『법언法言』이 유명하다. 그는 사마상여司馬相如의 영향을 받아 부賦에도 뛰어났다.
4) 한유韓愈의 「송부도문창사서送浮屠文暢師序」, 『문장궤범文章軌範』을 보면 다음과 같은 구절이 나온다. "人固有儒名而墨行者, 問其名則是, 校其行則非, 可以與之遊乎. 如有墨名而儒行者(此是文暢), 問其名則非, 校其行則是, 可以與之遊乎. 揚子雲稱, 在門墻則麾之(喩儒名者), 在夷狄則進之(喩墨名者), 吾取以爲法焉" 이는 같은 사상을 가진 사람이든 다른 사상을 가진 사람이든 덕이 있으면 취한다는 의미.

변방을 방어할 것을 청하였다. 세 번의 국난에 모두 떨쳐 일어났으니, 그 충성스럽고 의로운 마음은 족히 후세의 신하된 자들에게 전할 만한 교훈이 될 것이다. 또한 장군의 많은 공적과 훌륭한 사적은 또한 기상[5])에 새기고 역사서에 드리울 만하다.

애석하구나! 장군을 오랑캐로 여김이여! 때문에 조정에서는 한 번이라도 등용하여 그 쌓아온 재주를 시험해보지 않았고, 마침내 장군을 시골에서 사그라지게 하였던 것이다. 그 또한 양자운이 말한 '나오게 한다'는 뜻에 부족함이 있으니, 지사의 한스러움은 어찌 다함이 있으랴!

나는 일찍이 장군이 서울에 왕래할 때, 그 당시 같은 일을 하던 여러 공들이 장군의 아들을 천거해서 발탁하고자 하여 장군에게 물어보았다. 그러자 장군은 당시 용감한 아들 다섯을 두었는데도 적당한 자식이 없다고 대답하였다는 이야기를 들었다.

이는 장군이 대개 공적을 자랑하여 보상을 구하는 계책을 행하여 자손에게 뒷날의 복을 남기지 않고자 한 것이다. 그 겸손한 덕은 더욱 숭상할 만하다."

---

5) 旂常. 왕후를 상징하는 旗. '旂'는 交龍을 '常'은 해와 달을 그린 기.

「김장군충선전金將軍忠善傳」은 여항문인인 김진항金鎭恒의 『미산전집麋山全集』에 나온다. 김진항의 본관은 김해金海, 자는 중산仲山, 호는 녹문鹿門이다. 여항시사 '금란사金蘭社'의 주인, 반포伴圃 김광익金光翼이 그의 조부며, 여항시인 김재명金載明이 그의 부친이다.

그는 18세기 유명한 여항시인 쌍백당雙栢堂 임광택林光澤의 손녀사위로, 유력한 여항가문의 후예다.

이 글의 주인공 모하당慕夏堂 김충선(金忠善, 1571~1642)은 귀화일본인이다. 그의 본명은 사야가沙也可로 임진왜란 시에 가등청정加藤淸正의 우선봉장으로 귀화하였다. 이후 그는 임란왜란, 이괄李适의 난亂, 병자호란丙子胡亂 등에 많은 공을 세웠고, 「모하당술회慕夏堂述懷」라는 국문가사를 창작하였다.

김충선의 기록은 『모하당집』에 실려있는 이의숙(李義肅, 1733~1807)의 「金忠善傳」과 이규상의 『병세재언록幷世才彦錄』에도 실려 있다. 모두 『모하당집』에 실려 있는 「행록行錄」 「행장行狀」 「연보年譜」의 사실과 대체로 일치하며, 앞의 세 작품 모두 대동소이하다. 그 중에서 김진항의 「김장군충선전」이 비교적 내용이 풍부하며 서사구조가 잘 짜

여져 있다.

　작품의 주인공은 일본 이름 사야가. 조선의 문화와 풍속에 감명을 받아 조선정부에 투항하여 김충선이 된 인물. 한 인간이 자신의 나라를 버리고, 자신의 나라에 칼끝을 돌린 사실은 비애감과 흥미를 함께 준다.

　전쟁 중에 포로가 되어 투항하는 것이야 고금에 흔히 있지만, 귀화 이후 많은 공을 세우고, 한 나라의 군사력을 높이는 데 막대한 도움을 준 인물은 드물다. 더욱이 자신의 공을 숨기고 그 공을 자식을 위해서도 내세우지 않은 넉넉한 품성은 당연히 기릴 만하다. 김진항이 귀화 인물의 삶에 가치를 부여한 것도 소중하지만, 드문 소재를 입전한 것 역시 주목을 요한다.

　작자는 시종 김충선의 행적을 높이는 방향에서 서술하였다. 작자는 조선을 위해 적지 않은 공헌을 하고, 조총 만드는 법, 염초를 달구는 방법, 화약을 빻는 정보 등을 처음으로 조선에 알려준 점, 이괄의 난을 진압하는 데 공헌한 점, 병자호란 시 청淸의 철기군을 격파한 공훈 등, 귀화 후의 애국적 활동을 특별히 주목하여 포착하였다.

　작자는 귀화한, 이방인의 애국적 삶을 생생하게 추적하면서도, 작품의 말미에 그의 역량이 제대로 쓰이지 못한 과거 경험을 자신이 처한 현실에 가만히 투영시킨다. "애석하구나! 그를 오랑캐로 여김이여! 때문에 한번이라도 등용하여 그 쌓아온 재주를 시험해보지 않았고, 마침내 시골에서 사그라지게 하였던 것이다"라는 대목에 이르면 과거의 문제가 아니라 자신의 문제임을 넌지시 보여준다. "쌓아온 재주를 한 번도 쓰지 못하는" 현실, 이는 어찌 보면 영원히 여항인으로 살 수밖에 없었던 자신의 자화상이기도 하였다. 이러한 작자의 마음이 지금 읽는 우리에게 당시 사회의 모순으로 다가온다.

흔히 과거사에서 드러내고 싶지 않은 것이 있다며 드러내고 싶은 것도 있다. 이것이 나라 간이면 더욱 그렇다. '사야가'는 일본이 숨기고 싶은 인물이라면, '김충선'은 우리가 드러내고 싶은 인물이다. 그야말로 역사적 아이러니다. 최근 일본은 김충선을 재인식해 평화를 사랑한 선조로 추켜 세우고 있다. 침략을 합리화하려는 의도가 짙게 깔려 있음이 분명한 듯하다. 하지만 '김충선'이 지금 되살아난다면 무엇이라고 말할까? 궁금할 따름이다.

제2부

바둑 인생

조선 최고의 국수
棊者傳

바둑은 작은 재주다. 그러나 오묘한 이치가 있다. 오묘한 이치가 있는 것에서 신묘한 경지에 통하려면, 비록 아무리 작은 것이라도 역시 어려운 법이다.

선조 때 종실宗室에 덕원령德原令이라는 분이 있었는데, 바둑을 잘 두었다. 덕원령은 벌써 일고여덟 살 때부터 바둑을 배웠다. 그는 바둑을 무척 좋아하여, 거처하는 사방 벽에다 온통 바둑판을 그려두고 날마다 그 방에 누워 벽에 그려진 바둑판을 손가락으로 짚어가면서 기세를 그려보곤 하였다. 이윽고 신묘한 경지를 터득하자, 밖으로 나와 대국하니, 적수가 없었다.

그는 항상 실컷 술을 마시고 대국을 하였다. 그럼에도 손길이 나는 듯하였고, 끊임없이 묘수를 내고서는 여유있

[조선시대 바둑판]
天板의 花點은 네 귀와 네 변의 16개의 점과 그 사이에 8개의 점, 중심의 천원점 1개를 합하여 모두 25개의 점으로 구성되었다.

게 돌아다보며 웃고 떠들고 자신만만하였다. 곤란한 곳을 만나면 비로소 정신을 집중해서 바둑판을 뚫어져라 쳐다보다가 수를 놓으면 반드시 상대의 가장 급소에다 딱 두었다. 대국하는 자는 마치 쇠못이 뼛골에 들어박힌 양 괴로워 편히 앉아 있을 수가 없었다. 매우 강자가 아니면 한 두 판도 그의 수를 견뎌낼 수가 없었고, 이 때문에 덕원령과 바둑 둘 자가 없었다. 덕원령은 장년이 된 이후로는 자신의 재능을 모두 펼쳐볼 곳이 없었다. 그래서 탄식하였다.

"맹렬한 기세로 두면 남들이 기꺼워하지 않고, 그렇다고 일부러 기세를 죽이고 두는 것은 내가 차마 못하겠다."

마침내 바둑을 버리고 다만 술을 마셔, 날마다 흠씬 취한 채로 지냈다.

만력 연간에 명나라에서 바둑을 잘 두는 자가 사신으로 와서 우리나라 최고수를 찾았는데, 덕원령이 선발되어 그와 대국을 하였다. 사람들이 그 상황을 다음과 같이 전한다.

> 덕원령은 명나라 사신과 바둑을 둘 때, 큰 사발로 가득 술을 마신 다음, 웅크리고 앉아 눈을 내리깔고 양어깨를 치켜올려 마치 노련한 매가 토끼를 노려보듯 하였다. 이윽고 딱! 하고 한 수를 두자 돌이 마치 살아 움직이듯 생동하여 그 돌빛깔이 흔들리면서 벌써 한 판의 대세를 차지하였다. 명나라 사신은 크게 놀라 바둑판을 밀어두고 절을 하고 물었다.
> "솜씨가 어쩌면 그렇게도 신묘하신지요?"
> 덕원령은 웃으면서 말했다.
> "용이란 지극히 부드러운 존재입니다만, 한번 불끈 성을 내어 용트림을 하면 큰 바위 위에다 못을 만들곤 하지요. 저 자신도 그 이유를 알지 못한답니다."

덕원령이 죽고 50년 뒤 여항의 유찬홍庾纘洪이 역시 국수로 이름났지만, 신묘한 솜씨는 덕원령에 훨씬 못 미쳤다.

나의 장인께서도 바둑을 잘 두시는데 일찍이 다음과 같이 말씀하셨다.

"기록을 남긴 자들의 말에 '요임금이 바둑을 만들어서

그 아들 단주丹朱를 가르쳐 그것으로 그가 지혜로운지를 관찰하였다'고 한다. 이것은 알 수가 없는 일이다. 그러나 요컨대 바둑이 삼대三代 시대에 생겼다는 것은 틀림없을 것이다. 그 법도는 하도河圖와 낙서洛書의 술수를 부연하고 천지를 본떠 곧고 바르게 펼쳐진다. 지극히 고요하면서도 지극히 동적으로 움직여, 더하는 생각이 깊고도 원대하고 온갖 변화가 끊임없이 일어나니, 이치가 깃들어 있는 도구이자 옛날 훌륭한 시대의 기품 있는 놀이다. 이는 전국시대 이후의 천박한 지혜로는 만들어질 수 없는 것이다."

어떤 사람은 "덕원령이 젊었을 때 이승異僧을 만나 바둑을 두었고, 그래서 신묘한 이치에 통하였다"고 한다. 그렇다면 그 이승이란 역시 '깊은 골짝에 살던 노파'[1] 같은 부류였을까?

---

[1] 왕적신王積薪의 고사를 말함. 그는 중국 당唐나라 사람으로 바둑을 잘 두었다. 『천중기天中記』에 이러한 일화가 있다. 왕적신이 촉蜀에 갔을 때 姑婦가 살고 있는 어떤 집에 머물렀는데, 며느리와 시어머니가 각각 동·서쪽의 방에 있으면서 말로써 대국對局하는 것을 들었다. 다음날 아침에 왕적신이 예를 갖추고 물으니 며느리가 공수攻守, 살탈殺奪, 구응救應, 방거防拒의 법을 가르쳐 주며 "이를 가지면 세상에 대적할 자가 없을 것입니다"라고 하였다는 대목이 있다.

춘주春洲 김도수(金道洙, 1699~1742)의 작품으로 『춘주유고春洲遺稿』에 실려 있다. 한 시대를 주름잡은 전문 바둑기사 덕원령의 삶과 바둑에 대한 전기다. 여기에 나오는 주인공 덕원령은 이서구와 이옥·홍세태·김려 등이 한결같이 조선 최고의 국수로 거론한 바로 그 인물이다. 특히 홍세태는 신의 경지에 오른 인물이라는 의미로 그를 '신혁神奕'이라 불렀다.

덕원령은 일고여덟 살 때부터 바둑을 배운 후, 각고의 노력 끝에 당대 최고의 고수가 되었다. 사방 벽을 바둑판으로 그려 놓고 연습할 정도로 바둑에 미쳤고, 부단한 노력 끝에 입신의 경지에 올랐다. 바둑에 대한 그의 집념과 노력은 대단한 것이었다. 당시 지식인들은 바둑을 여기로 배우고 즐겼으나 이를 전문으로 하는 것을 마뜩찮게 여기며 심지어 비난하기 일쑤였다.

『청장관전서』는 바둑과 관련하여 재미있는 내용을 전한다. 이덕무가 바둑은 "잠깐 사이에 번복이 있고, 웃고 말하면서도 살벌함이 있는" 것이어서 권장할 것이 못된다고 하자 "그대가 어찌 그 맛을 알겠소? 고기 맛도 바둑 맛보다 못하다오. 그대가 배우지 않는다면 모르지만, 만일 배운다면 반드시 침식을 잊을 것이오"라고 반박하는 상대방의 발언은 걸작이다.

이덕무의 발언이 바둑에 대한 보편적 인식이었음에도 불구하고 바둑은 이처럼 마력을 가졌다. 당구에 처음 빠지면 천장이 당구대로 보이고, 골프에 미치면 조그만 구멍도 홀로 보인다고 하였던가. 오락물에 빠지면 생각이 비슷하기는 예나 지금이나 마찬가진 듯하다. 덕원령 역시 사방 벽이 바둑판으로 보였던 것이다. 그 역시 침식을 잊고 수를 익혔다. 이 경지에 이르면 바둑은 단순한 오락이나 유희를 넘어선다.

작자는 서두에서 신묘한 경지에 이르면 바둑과 같은 작은 재주도 인정할 수 있다고 매우 조심스럽게 긍정하였지만, 당시 바둑을 두며 사는 삶을 누구도 긍정적으로 보지 않았다.

그런 점에서 바둑 기사를 입전한 작자의식은 남다르다. 특히 이 작품은 바둑기사를 입전한 것 중, 시대가 가장 앞선다는 점에서 더욱 의미가 있다.

작품의 주인공 덕원령은 바둑에 대한 당대 인식을 거부하며, 바둑을 통해 인생의 의미를 확인하고자 했다. "맹렬한 기세로 두면 남들이 기꺼워하지 않고, 그렇다고 일부러 기세를 죽이고 두는 것은 내가 차마 못하겠다"고 한 것은 인생의 중요한 의미로 바둑을 상정했기 때문에 나올 수 있는 발언이다. 그래서 그는 오락이나 여기餘技의 차원에서 대충대충 대국을 할 수가 없었다.

결국 그는 자신의 재능을 펼칠 상대를 찾지 못하자, 바둑돌을 놓았다. 술로 그 좌절을 달랬다. 자신의 재능을 접고 술로 세월을 보낸 그에게 애틋한 연민의 정을 느낄 수 있다.

끝으로 이 글을 지은 김도수가 서얼이라는 점을 상기할 필요가 있다. 서얼은 신분제 사회에서 모순을 느낄 수밖에 없는 존재다. 그런 그가 자신이 직접 만나지도 않고 누구도 주목하지 않았던 100년 전의 인물을 전기로 엮었다. 무엇 때문이었을까? 바둑을 하나의 전문적 재능으로 인정해 주지 않은 사회. 서얼이 아무리 재능이 있어도 그 능력을 인정해 주지 않는 현실. 이 두 가지는 그 거리가 매우 근접해 있다는 사실을 생각하면 그 이유를 알 수 있지 않을까?

바둑 인생
某客小傳

 정생은 보성군[1] 사람이다. 바둑 실력이 대단한 것으로 이름이 났다. 우리나라에서 바둑을 잘 두는 사람으로 사대부에서 시정의 하인배까지 모두 덕원군을 제일로 꼽았는데, 덕원군은 왕가의 자손이었다.

 정생은 먼 고을의 천한 선비였으나 하루아침에 덕원군보다 그 이름을 떨치게 되었다. 정생은 사촌형 아무개에게 처음 바둑을 배웠는데, 오륙 년 동안 문밖에 나가지도 않고 날마다 자고 먹는 것까지 자주 잊었다. 아무개 사촌 형이 그때마다 말했다.

 "아우야, 너무 힘들게 하지 말게. 그렇게까지 하지 않아

---

1) 寶城郡. 전라남도의 군郡을 말함. 지금은 녹차 밭으로 유명하다.

도 행세하기에는 오히려 족할 것이네."

그러나 정생은 오히려 더욱 힘써 노력해 마지않았다. 당시 덕원군이 죽은 지 백여 년이 지났는데, 김종기金鍾基는 양익분梁翊份2)과 같이 고수의 부류로 당시 서울에서 이름을 드날리고 있었다. 서울의 여러 공들도 모두 국수國手로 대접하고 감히 견주어 보려 하지 않았다. 정생도 궁벽한 시골에서는 그에게 상대할 만한 사람이 없다고 생각하고는, 발길을 한양으로 옮겨 평소 이름을 날리는 사람을 구하여 한번 겨루어 보고자 하였다.

서울에 이른 정생은 김종기가 국수國手로 누구도 그를 대적할 사람이 없다는 말을 들었다. 그러나 여러 공公 가운데 관서關西의 순찰사로 나간 사람이 때마침 종기를 불러 갔으므로 정생은 결국 만나지 못하였다. 오랫동안 서울에 머물렀지만 끝내 자신과 솜씨를 겨룰 만한 사람이 없었다.

당시 대장 이장오,3) 현령 정박4)도 바둑에 재능이 있다고 알려졌다. 정생이 이들을 만났으나 몇 수를 두자마자 곧 물

---

2) 김종기金鍾基와 양익분梁翊份은 모두 당대에 바둑으로 알려진 인물.
3) 李章吾. 본관은 전주全州이며, 자는 자명子明이다. 조선 후기의 무신이며, 용력이 뛰어나고 병서에 정통하며 사술射術에 능통하였다.
4) 鄭樸. 1715년에 태어난 인물로 본관은 영일이며, 정익하鄭益河의 아들이다.

리쳤고, 그들 모두 한 수도 서로 팽팽하게 맞서지 못하였다. 정생은 더욱 무료하게 지내면서 스스로 만족하지 못하고 마침내 김종기를 찾아 관서의 평양平壤에 이르렀다. 정생은 포정문 밖에서 삼 일을 머물렀는데 관리들이 들여보내 주지 않았다. 정생이 한탄하며 말했다.

"재능을 지닌 선비가 그것을 알아주는 사람을 만나지 못하는 불운이 오히려 이와 같단 말인가? 내 차마 걸음을 되돌릴 수가 없구나! 내가 떠나온 곳에서 평양까지는 거의 수천 리나 된다. 변경에서 망을 보는 험한 보루를 지나고, 타향에 머무르는 수고로움도 꺼리지 않고 여기까지 힘들게 온 것은 오직 한 가지 이유 때문이 아니던가? 오직 바둑을 잘 두는 사람과 대국을 하여 서로 자웅을 겨루면서 잠시 동안의 즐거움을 나누고자 함이었는데, 이제 끝내 만나지 못하고 돌아가니 어찌 처량하지 않은가?"

그러고는 삼 일 동안 떠나지 않았다. 순찰사가 듣고서 정생을 괴이하게 여겨 김종기에게 말했다.

"이 자는 어떤 사람인가? 아마도 반드시 기이한 인물일 것이니, 자네는 물러가서 내 명령을 기다리게."

순찰사는 문을 열어 정생을 안으로 불러들여, 그와 몇 마디를 나누었다. 순찰사가 물었다.

"듣자 하니, 자네는 남쪽에 살면서 지금 발에 물집이 생길 만큼 찾아다니며 김종기를 한 번 보고자 하는데, 자네는 김종기와 무슨 친분이 있는가?"

정생이 말했다.

"그렇지 않습니다."

그러자 순찰사가 말했다.

"그렇다면, 자네가 만나고자 하는 이유를 이미 알겠네. 그러나 종기가 여기에 있지 않으니 어찌하면 좋지? 혹시 자네 내 의견을 한 번 들어보겠는가? 이곳에 종기보다 비록 조금 뒤지기는 하지만 종기와 어슷비슷한 자가 있는데, 먼저 시험해 보려는가."

정생이 말했다.

"황공합니다. 삼가 명을 받들겠습니다."

순찰사가 김종기를 불러 말했다.

"저 사람이 종기와 기예를 겨뤄 보려는데 지금 종기가 없으니 장차 어찌하겠는가. 자네는 종기를 대신해서 바둑을 한 번 두어 보게."

곧 눈짓을 하니 종기가 공손하게 말했다.

"황공합니다. 삼가 명을 받들겠습니다."

좌우에서 바둑판을 펴고 바둑 상자를 내고는 양쪽이 모두 포진布陳하고 바둑의 길을 균등하게 하였다. 한 수 두 수 계속되자 종기는 갑자기 자유롭지 못했지만, 정생은 편안한 그대로였다. 순찰사가 성을 내면서 말했다.

"지난 날 저포樗蒲5)하는 놈과 대국할 때는 박수를 치고 기염을 토하면서 스스로 온 나라에 둘도 없다고 하더니, 이제는 움츠려들어 실의한 사람처럼 손놀림이 경쾌하지 못하니 어째서인가?"

한동안 이와 같이 두었는데, 종기는 점점 허약하고 혼란해져서 마침내 정생을 넘어설 수 없었다. 정생도 마음으로 이러한 상황을 이상하게 여겨 종기에게 말했다.

"우선 조금 쉽시다."

그러고는 말을 이었다.

"그대는 종기와 비교하면 실력이 어떠하오? 참, 종기는 지금 어디에 있소?"

종기는 아무 대꾸도 못하고 얼굴을 붉히며 잠자코 있었다. 순찰사는 더욱 화가 났으나, 어쩔 수 없었다. 순찰사는 사실대로 말하고 사례로 금 이십 냥을 정생에게 주라고 명했다.

얼마 지나서 순찰사는 파직되어 돌아가고, 정생은 종기와 함께 서울에서 매일 함께 노닐었다. 하루는 날씨가 춥고 눈이 많이 내렸는데 종기가 아내에게 부탁해서 술을 푸짐

---

5) 저포. 도박의 일종으로 쌍륙이라고도 한다. 저포로 주사위를 만들어 놀이를 하였다.

히 차려놓고 밤에 정생을 불러와 마셨다. 술이 취하여 종기가 직접 칼도마를 쥐고 고기를 잘라서 술을 올리며 말했다.

"선생은 진실로 현명하고 호탕하시니 혹시 이 잔의 의미를 아시겠소? 제자로서 한 마디 말을 하여 선생에게 누를 끼칠까 합니다."

정생은 자신이 높아지는 것을 사양하며 말했다.

"저 정운창은 공의 후의를 감당할 수 없소. 공의 명예가 온 세상에 자자하여, 지금의 공경대부들도 공을 깊이 사랑하지 않는 자가 없습니다. 그 덕에 저도 다행스럽게 공과 같이 다닐 수가 있었던 것입니다. 가만히 생각해 보니, 공께서 불초한 저에게 가르침을 줄 수 없을지 모르겠습니다만, 감히 제가 가르침을 청합니다."

종기가 말했다.

"그런가요. 저는 일찍부터 바둑을 배워 다만 이름을 떨치는 데 전념하였고, 여러 공들 사이를 출입한 지 이미 십여 년이 지났습니다. 선생께서 저와 사귄 뒤에도 여러 공들과 어른들이 모두 저를 일인자로 추켜세웠습니다. 저와 같은 자는 제자의 열에도 끼지 못할 것인데, 제자가 어찌 선생과 더불어 겨루겠습니까? 다만 저는 선생께서 조금만 양보하셔서 앞서 이룩한 저의 명성을 얻기를 바랄 뿐입니다?"

정생이 말했다.

"그리 하시지요."

그러고는 마침내 밤새 놀다가 갔다. 이때부터 매번 정생은 종기와 만났을 때, 만일 여러 사람이 자리에 있으면 문득 서로 뒷걸음질 쳐서 대적하지 않기로 약속하였다.

정생이 사십 살이 되자 그 솜씨는 더욱 정교해져서 정신을 가라앉히고 묵묵히 헤아려서 반드시 둘 수 있는 것을 본 뒤 바둑을 두었다. 비록 긴 여름날에도 바둑을 둔 것은 몇 번에 불과하였다. 혹 대국 중간에 바둑돌이 흩어졌는데도 다시 배열하면 처음과 전혀 다름이 없었다. 정생이 말했다.

"친척 아저씨는 나보다 몇 급이 높은데, 창평의 젊은이에게 배웠지요. 하지만 창평의 젊은이는 누구로부터 전수받았는지 모릅니다."

정생은 내 문하를 왕래한 적이 있었는데 성품이 교활하고 겉모습을 보면 재능이 없어 보였다. 그러나 나 역시 그가 평소에 바둑 잘 두는 것을 알아서 매번 그 묘한 모습을 한 번 보고 싶었다. 하지만 내가 평소 바둑을 알지 못하였고 문하의 빈객들도 모두 정생과 함께 할 기회가 없었다.

이 글은 강산薑山 이서구(李書九, 1754~1825)의 『자문시

하인언自問是何人言』(계명대 김윤조 교수가 소장하고 있다)이라는 저서 속에 실려 있다. 뒷부분이 떨어져 나가 완전한 형태가 아니다. 이서구는 이 글에서 신기에 가까운 바둑기사 정운창의 삶을 기술하였다. 같은 인물을 소재로 이옥李鈺도 「정운창전」을 짓고 있으며, 유본학도 「증선기자김석신서贈善棋者金錫信序」에서 정운창과 관련한 내용을 기록하고 있다. 당대의 여러 문인이 기록을 남길 정도였으니, 당시 바둑의 전문기사로 정운창의 명성이 얼마나 대단했는지 짐작할 수 있다.

이서구는 20대의 젊은 시절에 정운창을 직접 만난 뒤에 그의 전기를 썼다. 일반적인 전기 작품처럼 정운창의 삶의 궤적을 소상히 서술하는 것이 아니라, 김종기라는 인물과의 대국을 통해서 국수 정운창의 모습을 보여주고 있다.

일찍이 『논어』에서 공자가 바둑을 긍정적인 것으로 발언한 이래 많은 문인들이 사대부 문화의 고급 여기로 바둑을 즐겼다. 그래서인지 이색李穡과 김종직金宗直의 「기기記碁」를 비롯, 적지 않은 문인들이 바둑과 관련하여 적지 않은 기록을 남겼다. 그래서 국수國手로 불렸던 인물의 전기가 있을 법한데도 찾아보기 드문 편이다. 이는 사대부들은 바둑을 일종의 중요한 오락으로 즐기면서도 한편으로는 마음을 해치는 것으로 배척하는 등 이율배반적 모습을 보였기 때문일 것이다.

하지만 조선조 후기, 일부 문인들은 이들의 삶과 재능을 주목하여 전기를 쓰는 일이 빈번해졌다. 이 시기, 바둑과 국수에 대한 사회적 인식이 달라졌던 것이다. 국수 자리를 두고 바둑계 고수들이 벌인 대국은 여러 사람의 시선을 사로잡기에 충분하였다. 세력가들이 바둑의 애호가로 등장, 뛰어난 전문기사의 패트런을 자처하는 일도 종종 있었다. 위에 나오는 평안감사도 그러한 사례다.

이 글의 주인공 정운창은 보잘 것 없는 시골출신에 바둑계의 신출내기다. 작품은 일개 무명의 바둑 기사가 당대 최고의 국수 김종기를 물리치고 당대 최고의 자리에 오르는 장면과 그 이후의 활동을 보여준다. 정운창뿐 아니라 18세기 후반에 활약한 바둑계의 동향과 고수들의 구체적 활동까지 묘사하고 있어 자료로서의 가치도 있다.

흥미로운 사실은 정운창이 이긴 김종기는 보잘것없는 기사가 아니라는 사실이다. 이는 조희룡의 「김종기전」에 잘 나타나 있다. 정운창은 한 시대를 풍미한 국수로, 권세가를 비롯하여 많은 상층으로부터 상당한 대접을 받았던 당대의 고수였다. 이옥의 전에는 김종기金鍾基란 이름으로 등장하는데, 실제 그는 바둑과 관련하여 많은 일화를 남긴 국기國棋였다.

바둑의 고수를 주인공으로 한 이 「기객소전」은 대국을 중심으로 구성하는 수법과 인물의 내면세계까지 투사하는 방식이 일반 전의 서사방식과 사뭇 다르다. 하층의 특이한 인물에 애정 어린 눈길을 보내고 있던 시선도 그렇고, 주제 의식 또한 색다르다.

특히 정운창이 김종기와의 대국이 성사되지 못하자 "재능을 지닌 선비가 그것을 알아주는 사람을 만나지 못하는 불운이 오히려 이와 같단 말인가? 내 차마 걸음을 되돌릴 수가 없구나!"라고 말하는 대목은 독특한 그의 인생관이 돋보인다.

정운창은 오직 자신의 삶의 목표를 최고의 국수가 되는 데서 찾았다. 그래서 그는 국수가 되기 위해 천리 길을 멀다 않고 갔던 것이다. 바둑을 인생의 목표로, 자아를 성취하는 유일한 수단으로 삼은 정운창. 그는 바둑을 인생의 참다운 가치로 여긴 당대에 드문 인물이었다.

정운창은 새로운 인생관으로 무장하고, 전문기사로서의 자의식을 추구한 점에서 정녕 중세적 인간형은 아닌 셈이다.

뒤집기의 고수
金鍾貴傳

    김종귀金鍾貴는 바둑으로 이름이 나서, 세상 사람들이 그를 우리나라 제일의 고수高手라고 불렀다. 그는 구십여 세에 죽었다. 김종귀의 뒤에 고수 세 사람이 있었다. 김한홍金漢興, 고동高同, 이학술李學述인데, 이학술은 아직 살아 있다.

    김한홍은 김종귀와 더불어 나란히 이름이 났는데, 그때 나이가 한창 젊어서 스스로 적수가 없다고 여겼다. 일찍이 김한홍이 김종귀와 내기 바둑을 두자, 구경꾼이 빽빽이 모여들었다. 김한홍은 바둑판을 뚫을 듯 보면서 종횡으로 끊고 찌르기를 준마나 굶주린 매처럼 하였는데, 김종귀는 손이 늙고 병들어 바둑돌을 놓은 것조차 무게를 이기지 못하는 듯했다. 그 형세를 살펴보니 김종귀가 이미 반국半局을 지고 있었다.

구경꾼들이 귓속말로 속삭였다.

"오늘 한 판은 한홍의 독보獨步에 양보해야겠군."

김종귀가 바둑판을 밀어 놓으며 탄식했다.

"늙어서 눈이 침침하구나. 놓아두고 내일 아침에 정신이 조금 맑아질 때를 기다려야겠다."

여러 사람이 말했다.

"옛날부터 명수가 바둑 한 판을 이틀씩 둔다는 말은 듣지 못하였소."

김종귀가 손으로 눈을 비비며 다시 바둑판을 당겨 앉아 한참동안 똑바로 들여다보았다. 홀연히 기묘한 수를 내어 흐르는 물을 끊듯 관문을 무찌르듯 하였다. 결국 다 진 바둑으로 승리를 이루니 온 좌중이 놀라 감탄했다.

이것이 "그가 잘못 두지 않는 것을 두려워하지 말고, 그가 잘못 두었을 때 두려워할 줄 알아야 한다"는 것을 이른다.

호산거사壺山居士는 말한다.

"고금의 놀이 중에서 가장 오래 전해온 것으로 바둑만한 것이 없다. 그 개합開闔・조종操縱・진퇴進退・취사取捨・기정奇正・허실虛實의 기술은 참으로 병법의 높은 책략과 같다. 혁추奕秋[1]・두부자杜夫子[2]・왕항王抗[3]・왕적신王積薪[4]・활능滑能의 재주가 어떠했는지는 알 수 없다. 왕적신이 만난 고

부고婦의 이야기는 아직까지 전해지지만, 사실 같기도 하고 아닌 것 같기도 하여 그 황탄함은 믿을 수 없다.

지금까지 남아 있는 기보棋譜로 소위 「대소철망大小鐵網」 「권렴변捲簾邊」 「금정란金井欄」 등, 백으로 셀 만큼 많지만, 이는 모두 배워서 이룰 수 있는 것이 아니다. 육상산은 바둑판을 달아 놓고 쳐다보다가 '하도河圖의 수數'를 깨달았다고 한다. 총명하고 재주 있는 선비 중에 마음을 쏟아 연구하여도 깨닫지 못하는 사람도 있다.

엄창랑嚴滄浪⁵⁾이 "시에는 특별한 재주가 있어도 학문과는 관계가 없다"고 하였는데, 나는 바둑에 대하여 또한 그

---

1) 혁추. 춘추전국시대에 가장 바둑을 잘 두었던 인물. 이름은 秋.
2) 두부자. 춘추전국시대에 서강西江에 있으면서 천하제일의 고수로 이름난 인물.
3) 왕항. 중국 남제인南齊人으로 바둑을 잘 두었으며 강남의 최고 명수였다. 『위서魏書』에 보인다.
4) 왕적신. 중국 당唐나라 사람으로 바둑을 잘 두었다. 『천중기天中記』에 이러한 일화가 있다. 왕적신이 촉蜀에 갔을 때 姑婦가 살고 있는 어떤 집에 머물렀는데, 며느리와 시어머니가 각각 동·서쪽의 방에 있으면서 말로써 대국對局하는 것을 들었다. 다음날 아침에 왕적신이 예를 갖추고 물으니 며느리가 공수攻守, 살탈殺奪, 구응救應, 방거防拒의 법을 가르쳐 주며 "이를 가지면 세상에 대적할 자가 없을 것입니다" 라고 하였다는 대목이 있다.
5) 엄창장. 엄우嚴羽를 말함. 엄우는 중국 남송 시인으로 자는 의경儀卿, 창랑滄浪은 그의 호. 『창랑시화滄浪詩話』가 유명하다.

렇게 말한다.

『호산외기(壺山外記)』

이 글은 조희룡의 『호산외기』에서 뽑았다. 조선조 후기 사회는 전 시기와 달리 취미생활을 넘어 새로운 직업에 종사하는 다양한 인물들이 등장하였다. 기존의 삶의 방식을 벗어던지고 새로운 인생관으로 미지의 세계를 개척하는 사람들이 그들이다. 작품의 주인공 김종귀 또한 마찬가지다. 그는 바둑만을 두었던 전문 바둑기사다. 김종귀는 바둑을 단순 취미로가 아니라, 삶의 주요한 목표로 생각하였다. 그는 "당대 제일의 고수高手"로 불렸던 바둑의 귀재로 바둑으로 일생을 마친 인물이다.

작품의 구성은 다소 의외다. 일반 전에서 보여주는 개인사에 대한 어떤 정보도 없다. 서사도 김종귀의 일생을 기술한 것이 아니라, 한판의 대국을 통해 김종귀를 유추하도록 만들었다. 다 읽은 후 그의 삶과 형상은 독자가 알아서 판단하도록 김종귀 개인에 대한 정보는 독자에게 미루어 놓았다. 이는 전 형식의 파격이기도 하지만, 작자의 서사전략이기도 하다.

서두의 김한흥金漢興, 고동高同, 이학술李學述 등과 같은 한 시대를 풍미한 고수를 소개한 것은 자료로서 흥미롭지만, 서사의 핵심은 기묘한 수로 막판 뒤집기를 하는 장면을 제시하여, 고수의 면모를 보여주는 데 있다.

김종귀가 노안에다 늙어 다음 수를 두지 않고 미루자, 관객들이 '고수'의 자세가 아니라고 비난하니, 그는 곧 묘수를 내어 대국을 일거에 반전시킨 솜씨를 보여준다. 그야말로 뒤집기의 명수다운 대국장면이었다.

이러한 김종귀이지만 그 역시 세월과 함께 신예에게 패배한다. 그는 정운창이라는 무명의 보성 시골내기에게 여지없이 격파당하고 만다. 그 순간 그의 시대는 막을 내리며, 사람들의 시선과 찬사는 김종귀로부터 정운창에게로 쏠렸다. 이들의 이야기는 앞에 나온 이서구의 「기객소전」에 보이거니와, 그런 점에서 두 작품은 짝을 이룬다.

김종귀는 기록할 것조차 없는 낮은 신분이지만, 바둑으로서는 당대 최고의 고수였다. 그런데 이 작품의 작자 조희룡 역시 여항인으로 스스로 최고의 문인으로 자부한 인물이다. 그가 김종귀를 주목한 것도 김종귀의 바둑에서 자신의 모습을 읽었기 때문이 아닐까? 뿐만 아니라, 우리는 이들 두 작품에 등장하는 인물들의 부침과 대비를 통해 당시 국수들의 진퇴進退는 물론 인생사의 단면도 함께 엿볼 수 있어 흥미롭다.

제3부

지식인의 풍경

글을 팔아 세상을 속이다
柳光億傳

　천하가 버글거리며 온통 이익[1]을 위하여 오고 이끗을 위하여 간다. 세상에서 이익을 숭상하는 것이 이처럼 오래 되었다. 그러나 이끗을 위하여 사는 사람은 반드시 이끗 때문에 죽는다. 그렇기 때문에 군자는 이익을 말하지 않지만 소인은 이끗을 위하여 죽기까지 한다.

　서울은 장인바치와 장사치들이 모이는 곳이다. 뭇 거래할 수 있는 물품은 그 가게들이 별처럼 벌여 있고 바둑판처럼 펼쳐 있다. 남에게 손과 손가락을 파는 사람이 있고, 어깨와 등을 파는 사람도 있으며, 뒷간 치는 사람도 있고, 칼을 갈아서 소 잡는 사람도 있으며, 얼굴을 꾸며 몸 파는

---
1) 이끗. 재물의 이익이 되는 실마리.

사람도 있으니, 세상에서 사고파는 것이 이처럼 극도에 달하였다.

외사씨[2]는 말한다.

"벌거숭이 나라에는 실, 비단의 시장이 없고, 산 것을 잡아 날 것으로 먹던 시대에는 솥을 팔지 않았다. 수요가 있어야만 파는 사람이 생기는 법이다. 큰 대장장이의 문 앞에서는 칼이나 망치를 선전하지 못하고, 힘써 농사짓는 집에는 지나가는 쌀 행상도 소리치지 않는다. 자기가 없는 다음이라야 남에게 구하는 것이다."

류광억은 영남 합천군 사람이다. 시를 어느 정도 지을 줄 알았으며 과체[3]를 잘한다고 남쪽 지방에 소문이 났으나 그의 집은 가난하고 지체 또한 미천하였다. 과거 시골 풍속에 과거 글을 팔아 생계를 삼는 자가 많았는데, 류광억도 그것으로 이득을 취하였다.

일찍이 류광억이 영남의 향시[4]에 합격하여 장차 서울로

---

2) 전傳을 지을 때 작품의 끝이나 앞에서 작품의 내용을 평하는 사람을 말한다. 보통 작자 자신을 말하는 경우가 대부분이다.
3) 科體. 과거시험을 볼 때 사용하는 문체.
4) 鄕試. 지방에서 실시하는 과거시험의 하나로 각 도에서 유생儒生에게 실시하던 초시初試를 말한다.

과거를 보러 가는데, 웬 부인들이 타는 가마로 길에서 맞이하는 사람이 있었다. 도착해 보니 붉은 문이 여러 겹이고 화려한 집이 수십 채였다. 그곳에 얼굴이 희고 수염이 성긴 몇 사람이 바야흐로 종이를 펼쳐 놓고 팔 힘을 뽐내며 나가고 물러나는 것을 기다리고 있었다. 그 집에서 안채에 류광억의 숙소를 정해 두고 매일 다섯 번 진수성찬을 바치고 주인이 서너 번씩 뵈러 와서 공경히 대하는 것이 마치 아들이 부모를 잘 돌보듯이 하였다.

이윽고 과거를 치렀는데 주인의 아들이 과연 류광억의 글로 진사에 올랐다. 이에 짐을 꾸려 류광억을 보내는데 말 한 필과 종 한 사람의 부피가 되었다. 류광억이 자기 집에 돌아와 보니 이만 전을 가지고 온 사람도 있었고, 그가 빌렸던 고을 환자5)의 빚은 감사가 이미 갚은 터였다.

류광억의 문사文詞는 격이 별로 높지 않으나 다만 가볍게 잔재주를 부리는 것이 장기인데, 이는 과거 글에 잘 맞아떨어졌다. 류광억은 이미 늙었는데도 더욱 나라에 소문이 났다.

경시관6)이 영남의 감사를 만난 자리에서 말했다.

---

5) 還子. 조선시대에 각 고을에서 백성에게 꿔 주었던 곡식을 가을에 받아들이는 구휼제도다.

"영남의 인재 가운데 누가 제일입니까?"

감사가 말했다.

"류광억이라는 사람이 있습니다."

그러자 경시관이 말했다.

"이번에 내가 반드시 장원을 시키겠습니다."

감사가 말을 이었다.

"당신이 그렇게 골라낼 수 있을까요?"

"능히 할 수 있습니다."

마침내 서로 논란하다가 류광억의 글을 알아내느냐 못하느냐로 내기를 하게 되었다. 경시관이 이윽고 과장에 올라 시제詩題를 내는데 '영남에서는 10월에 중구회7)를 여니, 남쪽과 북쪽의 절후節候가 같지 않음을 탄식하노라'는 것이었다. 조금 있다가 시험의 답안(시권, 試券) 하나가 들어왔는데 그 글에

"중양절 놀이가 중음 달에 펼쳐지니, 북쪽에서 오신 손 남쪽 데운 술 억지로 먹고 취하였네"

6) 京試官. 조선시대에 3년마다 지방에서 과거를 실시할 때, 서울에서 파견하던 시험관.
7) 重九會. 옛 명절의 하나로 9월 9일의 모임을 말한다. 구九가 겹쳐 있어 중구重九라고 부른다.

라고 되어 있었다. 경시관이 '이것은 류광억의 솜씨가 틀림없다'고 생각하고는, 붉은 묵으로 비점8)을 마구 쳐서 이하二下의 등급을 매겨 장원으로 뽑았다. 또 어떤 시험의 답안은 자못 작법에 합치되므로 이등으로 하였고, 또 한 답안을 삼등으로 삼았다. 모두 겉봉을 떼어보니 류광억의 이름은 없었다. 몰래 조사해 보니 모두 류광억이 남에게 돈을 받은 액수에 따라 차이 나게 한 것이었다.

시관이 비록 그러한 사실을 알았지만 감사가 자기의 글 보는 안목을 믿지 않을 것으로 염려하였다. 그러자 범죄를 저지른 류광억의 진술을 증거로 얻기 위해 합천군에 이관9)하여 류광억을 잡아 보내도록 하였다. 그러나 실제 류광억을 옥에 가둬 조사할 생각은 없었다.

류광억이 군수에게 잡혀 장차 압송되기 직전에 스스로 두려워하면서

'나는 과거의 도적이라서 가면 죽을 것이니, 가지 않는 것이 좋겠다'

고 여기고, 밤에 친척들과 더불어 마음껏 술을 마시고 몰래 강에 투신하여 죽었다.

---

8) 批點. 시문 등을 평하여 잘된 곳에 찍던 점.
9) 移關. 공문을 보내는 것을 말한다.

시험을 담당하는 관리가 이 소식을 듣고 애석해 하였다. 사람들은 그 재능을 모두 아까워했지만 군자는 다음과 같이 말했다.

"류광억은 죽어 없어지는 것이 마땅하다."

매화외사[10]는 말한다.

"세상에 팔 수 없는 것이 없다. 몸을 팔아 남의 종이 되기도 하고, 미세한 터럭과 형체 없는 꿈까지도 모두 사고 팔 수 있지만, 그 마음을 파는 사람은 있지 않았다. 아마도 모든 사물은 다 팔 수 있지만 마음은 팔 수 없는 것인데도, 류광억과 같은 자는 마음까지도 팔아 버린 자가 아닌가?

슬프다! 천하의 파는 것 중 지극히 천한 매매를 글 읽은 자가 한다고 누가 말했던가? 법전法典에 '주는 것과 받는 것이 죄가 같다'고 하였다."

이옥(李鈺, 1760~1812)의 이 작품은 매문賣文을 주제로

---

10) 梅花外史. 작자인 이옥을 말한다.

한 작품 중 압권이다. 이 작품은 과시를 잘하는 류광억柳光億이 과문을 팔아 생계를 유지하다가, 부정이 발각되자 자결해 죽는다는 내용이다. 시골에서 글을 파는 것을 직업으로 하다가 급기야 서울에까지 소문이 났다. 그가 일약 족집게 과외교사처럼 스타가 되어 부귀자들의 환대를 받으며 자신의 글을 팔며 사는 저간의 사정은 매우 흥미롭다.

류광억의 존재는 지식인의 과잉 양산을 부추기는 사회와 이들 과잉 지식인을 받아들일 구조가 형성되지 못한 현실, 여기에 과시제도의 모순이 빚은 합작품이다. 글을 잘해도 과거에 합격할 수 없는 세상, 급제를 해도 실직이 보장되지 못하는 세상, 그야말로 부정이 판칠 수밖에 없는 요지경 세상이다. 또한 매문의 대가가 상상을 초월할 정도임을 감안하면, 이 또한 "유전합격有錢及第 무전낙방無錢落榜"의 형국이다. 글을 팔아 대리 합격시키는 당대의 시대상에 착잡한 느낌을 지울 수 없다.

성대중(成大中, 1732~1812)의 『청성잡기靑城雜記』를 보면 매품을 팔아서 살아가는 하층민의 생활을 그린 것이 있다. 흥부도 그렇지만, 볼기로 매품을 팔아 하루하루 생계를 꾸려가는 상황은 비극이다. 이처럼 당시 품을 팔아 살아가는 양상도 다양하였다.

그런데 품을 팔되, 류광억처럼 부정행위에 글을 팔아 생활하는 것은 역사의 바른 길이 아니라 뒤틀린 모습이다. 이 때문에 그의 매문행각은 결국은 사회문제로 비화되고, 마침내 그를 자살의 길로 내몰았다. 류광억의 자살. 이는 이 작품의 눈이다. 작자는 류광억의 죽음을 중심축으로 서사를 구성하였거니와, 류광억이 자살한 이 대목에서 죽음의 사회적 의미를 환기시키고 있다.

그의 자살로 매문은 해결되지 않았다. 과장科場에서 대필하는 '사수寫手'와 대신 문장을 지어 주던 '거벽巨擘'은 여전히 활개를 쳤다. 오히려 유사類似 류광억이 증가되는 추세였다. 역사는 그대로 흐르고 있었다. 지식의 상품화, 그것은 역사의 방향이다. 하지만, 지식을 건강하게 사용하게 한다는 전제가 붙을 때, 그 해석은 유효하지 않을까?

유랑지식인의 존재방식
賈秀才傳

　가수재賈秀才는 어떠한 사람인지 모른다. 늘 적성현1) 청원사淸源寺에 드나들며, 건어물 파는 것을 직업으로 하였다. 그는 팔 척 신장에 머리를 땋아 늘이고 얼굴이 숯검정 같았다. 누가 혹 성명을 물으면 늘 다음과 같이 말한다.

　"나의 성은 천天이요, 이름은 지地요, 자는 현황玄黃이라오."

　그러면 묻던 사람이 허리를 잡고 웃었다. 두 번 세 번 꼬치꼬치 물으면

　"나는 장사꾼이라, 성이 가2)씨라오."

---

1) 赤城縣. 경기도 양성陽城의 옛 이름.
2) 賈. 상인을 가리킬 때는 음이 '고'이나 성씨에서는 '가'이다. 여기서는 '고'가 옳다고 볼 수도 있겠으나 성으로 쓴 것이기에 '가'라고 하였다.

라 하여 그때부터 가수재로 통하게 되었다.

 언제나 새벽이면 일어나서 건어물을 짊어지고 원근의 장터로 다녔다. 하루에 동전 50전만 벌면 술을 사 마셨고 평생 밥을 먹는 것 같지 않았다.

 청원사는 적성현의 남쪽 한적한 곳에 자리 잡고 있었는데, 지방의 유생들이 이 집을 찾아와서 글을 읽곤 하였다.

 함박눈이 그친 어느 날, 가수재가 눈 속에 빠져 흠뻑 젖은 발로 유생들이 모여 앉은 사이로 불쑥 들어가 앉았다. 유생들이 화를 내며 꾸짖자 가수재는 그들을 흘겨보며 말했다.

 "당신들 위세는 진시황秦始皇을 뺨치겠는데, 나의 장사는 여불위呂不韋[3]만 못하구려. 어이쿠 무서워라, 무서워!"

 그러고는 벌떡 누워서 코를 드르렁 고는 것이었다. 유생들은 더욱 화를 내며 중을 불러 끌어내라 하였다. 그러나 무거워서 꼼짝도 하지 않았다.

 이튿날 불전佛傳 위에서 누군가가 이태백李太白의 시 「원별리遠別離」를 읊는데 목청이 아주 청아했다. 유생들이

---

 3) 여불위. 대상大商으로 진시황의 부친인 장양왕莊襄王을 도와 왕의 자리에 오르게 한 인물. 일찍이 여불위가 자기의 애첩을 장양왕에게 바쳤는데 바로 그 애첩이 진시황을 낳았다 한다. 가수재가 이 고사를 써서 유생들을 몹시 놀린 것이다.

달려가 보니 바로 가수재가 아닌가. 유생들은 그제서야 이상하게 여기고 물었다.

"자네, 시를 지을 줄 아는가?"

"암 짓지요."

"글씨는 쓸 줄 아느냐?"

"암 쓰지요."

유생들은 종이와 붓을 주고 시를 지어 보라 하였다. 그러자 가수재는 벼루맡에 앉아서 미친 듯이 먹을 갈더니 왼손으로 뭉뚝한 붓을 들어서 종이 위에다 어지러운 초서4)로 써 내려갔다.

    청산青山 좋고 녹수綠水 좋다.
    녹수청산 천리 길에
    고기 팔아 술 마시고 귀거래歸去來여!
    한 백 년 길이길이 이 산중에 늙으리라.

가수재는 붓을 던지고 껄껄 웃었다. 글씨는 고산孤山 황기로5)와 거의 비슷했다.

---

4) 草書. 한자 중 가장 흘려서 쓴 글씨체.

그래서인지 유생들이 가수재를 달리 보았다. 유생들이 다시 시 한 수를 청하자 가수재는 벌컥 성을 내어 유생을 꾸짖고 끝내 듣지 않았다.

어느 날 술에 크게 취한 가수재가 복어를 갖다 부처님 전에 공양하고 합장하여 절을 올리는 것이었다. 중들이 질색을 하고 나섰다.

"너희들, 불경을 잘못 본 모양이구먼. 불경에 석가여래가 복어를 잡수셨다고 되어 있던걸."

"어떤 불경에 그런 말이 있나요?"

"『보리경』6)에 있어. 내 한 번 외어 보지."

그러고는 가수재가 갑자기 대불전 아래 가부좌를 틀고 앉아 웅얼거렸다.

"여시아문如是我聞, 부처님이 일시 서양의 바다 가운데 계실 적에 파사국婆娑國에서 바친 큰 복어를 잡수시더라. 부처님 이마 위에서 천만장무외광명千萬丈無畏光明이 발해지자, 비구比丘 및 모든 대중에게 고하되, '이 복어는 큰 바

---

5) 黃耆老. 호는 고산孤山, 자는 태수鮐叟. 조선조 중종 29년에 진사에 합격하여 별좌別坐를 지냈다. 명필로 유명한데 초서에 능했다.
6) 『보리경菩提經』. 불경의 하나. 깨달음과 보리심菩提心을 비롯한 보살행 등 여러 가지 가르침을 설명하고 있다.

다 가운데 놀며 청정淸淨한 물을 마시고 청정한 흙을 먹은 지라 여래如來에게 무상의 묘미妙味로다' 하시더라."

이 말을 듣는 자들이 모두 크게 웃었다.

가수재는 청원사에 머문 지 한 해 남짓하여 어디론가 떠났다.

기이하도다. 가수재의 사람 됨됨이여! 기특한 재주를 품고 탁월한 뜻을 지녔으되 어찌하여 그다지 제멋대로 광태를 부려 사람들로 하여금 자기의 참모습을 알지 못하게 하였던가? 옛날의 소위 은군자隱君子의 부류일 것이다.

구성7)에 사는 정씨 아저씨가 여릉廬陵으로 나를 찾아와서 이 이야기를 아주 자세히 들려 주셨다. 나는 그를 만나보고 싶어 청원사로 갔으나 그가 떠난 지 이미 사흘이나 되었다.

이 글은 김려(金鑢, 1766~1821)가 지은 『담정유고藫庭遺藁』에 실려 있다. 김려 자신 유배지에서 하층민들과 소통

---

7) 駒城. 경기도 용인龍仁의 옛 이름.

한 정감을 『사유악부思牖樂府』로 읊조린 바 있는데, 「가수재전」은 그러한 의식을 '전'에 투영하였다. 특이한 인생관을 지닌 장사꾼 가수재의 삶을 흥미롭게 그렸다.

신분을 알 수 없는 건어물乾魚物 행상 가수재. 그는 방달불기한 행동으로 기존의 규범과 가치에 도전했다. 색다른 인생관을 가진 그는 형식 윤리를 중시하는 사대부들을 무시하고, 불교와 승려들을 비웃었다. 그것도 불교문자로 희작을 지을 만큼 능숙하게 구사하여 승려를 골탕 먹이고, 초서를 휘갈기며 유려한 문장으로 유생들을 조롱하였다.

일개 행상이 한문에다 불교 문자를 알 정도면 그는 유랑지식인의 한 모습이거니와, 조선조 후기에 보이는 지식인의 한 유형이다. 가수재의 인간형은 연암의 「마장전馬駔傳」 「민옹전閔翁傳」 「김신선전金神仙傳」 등에 등장하는 주인공과 같은 부류다.

작자는 도덕적으로 깨끗한 인물을 서술하던 기왕의 입전 대상 인물을 거부, 당대의 규범이나 명분과 동떨어진 인물의 전기를 적고 있다. 작자의 의식도 새롭지만, 중세의 규범과 도덕적 교화에 도전한 이들의 삶은 예사롭지 않다. 하지만 이러한 인간형은 결코 당대 사회가 포용할 수 없었던 인간들이었다.

산수에 미친 사람
記滄海翁遊山事

　창해옹滄海翁은 성姓이 정鄭이고 이름은 란瀾이며 영남 사람이다. 창해옹은 영남에서 남성南城으로 나를 찾아 왔는데, 내가 보니 그는 이마가 넓고 코가 우뚝하며 미간이 시원스러웠으며, 의관은 넓고 큰 것이 요즘 사람들의 옷차림이 아니었다. 나는 얼른 내려가 절하고 맞이하여 자리로 모셨다. 함께 이야기를 나누어 보니, 기이한 정취情趣가 뚜렷하여 호연浩然하게 스스로 터득한 사람 같았다.

　그는 이렇게 말하였다.

　"사람이 세상에 태어나 노니는 것은 신神이요, 사귀는 것은 관觀이니, 신이 막히면 체증이 일어나고 관이 협소하면 애꾸가 되지요. 신과 관이 모두 모자라면 기氣가 펴지지 않습니다. 이 늙은이가 보기에 이 세상에 살고 있는 자들은 진흙 속의 지렁이나 젓갈 속의 초파리와 같을 뿐입니다."

이에 나는 다음과 같이 대답하였다.

"지나치군요! 선생의 말씀은, 호방합니다만 요긴하지는 않은 듯합니다."

그러자 창해옹은 또 다음과 같이 말하였다.

"그대는 마땅히 알아야 할 것이오. 세상에서 추연騶衍1) 이 아무 근거도 없이 떠들어댄다고 하면서도 웃음지며 그에게 빠져 들지요. 무릇 헛된 것을 미루어 짐작하는 것은 그 진실을 보는 것만 같지 못하고, 말을 장황하게 늘어놓는 것은 그 안목을 키우는 것만 같지 못합니다.

우리나라는 비록 작고 궁벽하지만 내가 본 것[觀]은 또한 충분히 내 정신[神]을 넓힐 만하지요. 이 늙은이는 나이 30에 나귀와 한 마리·하인 한 명·보따리 하나·지팡이 하나로, 남으로 낙동강에서 노닐고 덕유산을 올랐으며, 속리산을 찾았고, 월출산에 올랐으며, 방장산方丈山2)을 기웃

---

1) 추연. 중국 전국시대의 사상가. 추연鄒衍이라고도 한다. 맹자보다 약간 늦게 등장하여 음양오행설陰陽五行說을 제창하였다. 세상의 모든 사상事象은 토土·목木·금金·화火·수水의 오행상승五行相勝 원리에 의하여 일어나는 것이라 하였고, 이에 의하여 역사의 추이推移나 미래에 대한 예견豫見을 하였다. 오행상생설五行相生說과 더불어 중국의 전통사상의 기초가 되었다.

거리기도 했지요.

　서쪽으로는 대동강에 이르렀고, 동쪽으로는 태백산과 소백산을 유람했으며, 단발령을 지나 다시 금강산으로 들어갔으며, 바다에서 배를 타고 돌아왔습니다. 오직 북쪽의 백두산과 남쪽의 한라산만이 아직 발걸음이 미치지 못한 곳입니다. 그렇지만 이 늙은이는 아직도 몸이 정정하지요."

　이에 『유산기遊山記』 한 권을 꺼내 보여주는데, 그것은 대개 절벽에 새기고 벼랑에 매달렸다가 몹시 피곤해져서 쉴 적에, 등불을 밝힌 채 뜻 가는 대로 가볍게 기록한 것들이었다. 그 문장은 조탁彫琢을 일삼거나 생각을 다듬지 않아, 생동감이 넘쳐 있어 얽매임이 없었다. 또 간혹 그림을 그려 넣어 산길을 찾고, 수맥을 분간해서, 깊이를 재고 원근을 표시했으니, 확연하게 눈에 들어오는 것이었다. 나는 이에 일어나서 다시 말하였다.

　"세속에 묻혀 사는 범인凡人이 선생을 몰라보았습니다. 처음에 선생을 모나고 기이한 행동이나 일삼는 사람으로만 여겨, 하마터면 선생의 진면목을 놓쳐 버릴 뻔하였습니다. 제가 이제야 선생이 뛰어나고 기개 있는 사람으로, 표연飄然히 그

---

　2) 방장산. 전라북도 고창군·정읍시와 전라남도 장성군 북이면의 경계에 있는 산으로 높이는 734m이다.

뜻을 먼 곳에 두었던 옛 사람들과 같음을 알았습니다.

선생을 뵙고 나니, 다시는 세속에 매달려 작은 이해利害를 보고 쫓아다니면서 그 자신을 잃어버리는 자들을 선비[士]라고 하지 못하겠습니다."

[백두산 천지]

이후 1년 남짓 지난 어느 날, 한밤중에 문을 두드리는 사람이 있었는데, 바로 창해옹으로 백두산에서 돌아오는 길이었다. 이에 그는 나를 위해 노정路程의 험난함과 유람遊覽의 넉넉함, 산곡山谷·암혈巖穴의 기이함과 운연雲烟·초목草木의 변화를 이야기해 주었다. 쉬지 않고 이야기가 꼬리를 물고 이어져 초를 몇 개나 갈아 치웠다. 새벽이 되어 깨어보니, 이미 창해옹의 모습은 보이지 않았다.

아! 옛날 열자列子・장자莊子 같은 이들이 입술이 마르고 혀가 타도록 칭송하는 도인道人들이란, 부상扶桑3)과 요명窈冥4)을 좇아 헛된 것을 구하여 멋대로 노니는 자에 불과하였다. 그들이 한 일이란 반드시 해괴한 것이며, 그들의 생각은 고원高遠하기만 하여, 함부로 성인聖人의 무리라면 모두 배척하였던 것이다. 그들은 어찌 우리 성인聖人께서 마음에서 얻어 즐거움을 누린 것[得於心而寓其樂]에 대해서는 듣지 못했단 말인가?

진실로 마음의 즐거움으로 즐거움을 삼는다면 공자孔子와 안연顔淵의 즐거움을 또한 알 수 있을 것이다. 그러나 '도道는 각기 다르니, 좋아하는 바를 따를 뿐이다'고 하였으니, 창해옹의 즐거움은 산수山水에서 얻은 것이 아니겠는가? 그 경지를 쉽사리 가늠할 수 없겠다. 최근에 제주에서 온 사람이 말하기를, '어떤 사람이 명아주 지팡이를 짚고 베잠방이를 입고 남쪽 바닷가에 서 있었다'고 한다. 아! 아마도 창해옹일 것이리라.

『중암고(重菴稿)』

3) 부상. 신선이 있는 곳.
4) 요명. 이치가 심원한 모양. 현실과 동떨어진 이치를 이른다.

이 글은 중암重菴 강이천(姜彝天, 1769~1801)의 『중암고重菴稿』에 나온다. 강이천은 비어사건과 천주교 박해에 연루되어 처형당한 비운의 주인공이다. 이 글에 나오는 창해옹 정란 역시 강이천의 삶과 상동성을 보인다. 치암癡庵 남경희南景曦도 정란의 삶을 「정창해전鄭滄海傳」으로 조명한 바 있다. 모두 창해옹의 삶을 주목하였다.

작품 속의 정란은 현실에 안주한 인간형이 아니라 평생 기행을 통하여 현실을 아래로 내려다보고 세속적 규범에 얽매이지 않았던 인물이다. 그는 산수벽山水癖이 심한 산수에 미친 사람이었다.

박제가는 「백화보서百花譜序」에서 벽에 대해 "벽癖이 없는 사람은 버림받은 자다. 벽이란 글자는 질병과 치우침으로 구성되어 있으며, 편벽된 삶은 병을 앓는다는 뜻이다. 벽이 편벽된 병을 의미하는 것이기는 하지만, 고독하게 새로운 세계를 개척하고, 전문적 기예를 익히는 자는 오직 벽을 가진 사람만이 가능하다"라 하여 벽을 추구한 삶과 벽을 실천하는 사람들의 행동에 긍정적 시선을 투여한 적이 있다.

당시 한 가지 일에 미친 사람의 삶과 벽에 빠진 행동을 그저 미친 것으로 치부하기가 예사였다. 하지만 벽을 지닌 사람들의 내면을 들여다보면, 그들이 추구한 삶은 중세적 규범과 관습을 넘어 자아를 실현하려는 한 존재 방식임을 엿볼 수 있다. 이러한 삶은 오늘날의 시공간에 더욱 소중하게 요구되는 방식이지만, 전근대의 공간에서는 그야말로 단순한 벽이요 기행적 삶으로 밖에 인식되지 않았다.

작품의 주인공 정란의 산수벽과 인생관 역시 현실을 초탈하고 세속적 인생을 거부하는 모습이다. 치암 남경희는 「정창해전」에서 정란의 산수벽에 대해 "선생은 나라의 경치가 뛰어난 곳과 진기한 구경거리가 있는 곳을 두루 찾아다니지 않는 곳이 없었다. 북으로 백두산에 올라 삼대강三大江의 시원始原을 살펴보고 크고 너른 들판을 굽어보고, 만리장성을 바라보았으며, 남으로 한라산에 올라 그 정상에서 오吳나라와 월越나라, 그리고 유구琉球의 땅을 눈이 닿는 곳까지 살펴보았다. 이것이 그 대략이다"라 하여 기행으로 보낸 그의 인생역정을 상세하게 포착한 바 있다.

'산수벽山水癖'이 있는 인물로 우리는 연암 박지원의 「발승암기髮僧庵記」에 나오는 김홍연金弘淵을 들 수 있다. 그는 왈짜로 재산을 탕진하고 남은 여생은 산수를 유람하면서 보낸 특이한 인물인데, 정란과 동일한 인간 유형이다. 같은 시기 진택震澤 신광하(申光河, 1729~1796) 역시 북으로는 백두산, 남으로는 무등산, 동으로는 금강산 등을 두루 유람하며 생애를 보냈다.

이러한 인물들의 산수벽은 조선조 후기 선풍적으로 일어난 금강산 기행과 같은 산수취미와는 그 질을 달리한다. 지금도 가기 힘든 백두산을 목숨을 내 걸고 기행한 사실을 상상해 보라. 그런 점에서 이들의 기행은 탐험에 가까웠다. 산수에 미친 사람이 아니라면 상상할 수조차 없는 일이다. 신광하, 당주鐺洲 박종(朴琮, 1735~1793), 위 작품의 정란의 삶이 그러하였다.

이들의 모습은 지도의 발달과 함께 등장한 조선조 후기 새로운 인간형이다. 사실 조선조 후기 자신의 가치관이 삶이 현실과 어긋났을 때, 흔히 산수기행은 삶의 중요한 목표가 되고 마침내 산수벽으로 발전한다. 호방한 인간 기질을 지닌 이들의 가치관은 당시 사회가 진정으로 수용할 수 없었다. 수용은 커녕 기이한 모습으로 인식하여 사회 밖으로 밀어낼 뿐이다.

강이천이 산수에 미친 정란의 삶을 긍정한 시선으로 바라보는 것은 당시 현실에 안주하지 못한 그의 인간기질과 통한다. 그래서인지 작품의 이면에는 강이천의 삶과 시선, 그리고 산수벽으로 점철된 정란의 인생역정이 교차되어 있다. 독자가 이 점을 이해한다면, 산수에 미칠 수밖에 없었던 한 인간, 시대에 안주할 수 없었던 인물들의 내면을 받아들임로써 작품의 참다운 맛을 느낄 수 있을 것이다.

기이한 천민 지식인
朴突夢傳

박돌몽朴突夢은 기인공인[1] 김씨 집안 노비였다. 한문으로 자기의 뜻을 펼칠 수 있었지만, 신분이 천하여 스승에게 배울 수 없었다. 김씨 집 아이가 늘 사랑마루에 앉아서 한문을 읽는데 박돌몽은 옆의 토방에 서서 넘겨다보곤 하였다. 비록 글 뜻은 이해하지 못했지만 아이가 읽는 대목을 따라 한문의 음을 알 수는 있었다. 아이가 혹 읽다가 음이 막히면 도리어 박돌몽에게 물었다.

그 이웃에 사는 정 선생丁先生이란 분이 집에서 아이들을 가르쳤다. 박돌몽이 장가든 뒤 정 선생을 찾아가 뵙고 배움을

---

[1] 기인공인. 공조工曹에 소속되어 땔나무나 숯, 홰를 청부받아 납품하는 공인을 말한다.

청하였더니, 정 선생이 허락해 주었다. 돌몽은 새벽마다 일어나 책을 끼고 정 선생 집 앞으로 가서 기다렸다. 문이 열리면 정 선생이 자는 창 앞으로 조심스럽게 다가가서 정숙히 기침하기를 기다렸다. 정 선생은 박돌몽이 온 줄 알면 방 안에서 물었다.

"돌몽이 왔느냐?"

"예—"

배우는 사람들이 뒤에 이르러 마루에 다 올라간 뒤에도 박돌몽은 벙거지를 쓰고 서방님이나 도령들 사이에 끼는 것을 꺼려 구부리고 감히 마루에 오르지 못하였다. 정 선생은 임시방편으로 그에게 절풍건[2]을 쓰고 나오도록 하였다. 한문 강의를 받으면서도 그는 집에 돌아가서 전처럼 일을 하였기에 김씨 집에서는 이 일을 알지 못하였다.

박돌몽은 한 해 남짓 만에 『소학』 『논어』 『맹자』를 떼었고, 문장의 이치도 날로 나아져 정 선생도 매우 기특하게 여겼다. 그가 하는 일이 홰를 묶고 장작을 패는 것인데, 도끼를 휘두르고 다발을 만드는 동안에도 입으로 한문을 외며 웅얼웅얼하는 소리가 그치질 않았다. 하지만 집안사람

---

2) 折風巾. 고구려 사람들이 썼다는 모자. 삼각형 모양의 고깔 모자.

들이 그를 바보 같은 놈이라고 지목하였다.

어느 날 박돌몽이 학질에 걸려 앓고 있자 김씨 집에서 일을 쉬고 몸조리를 하도록 하였다. 박돌몽이 자기 아내에게 말했다.

"이제 내가 한문을 읽을 시간이 왔구려."

그러고는 방으로 들어가 갓 쓰고 단정히 앉아 글을 읽었다. 학질 기운 때문에 한속寒粟이 나고 이빨이 떨렸지만 더욱더 굳게 앉아서 입으로 끝까지 외웠더니 삼 일 만에 학질이 떨어졌다.

[탕춘대 일대의 성곽]

뒤에 아내와 함께 탕춘천3)으로 빨래를 하러 간 일이 있었다. 개천에 펑퍼짐한 돌이 많이 있었는데, 박돌몽은 빨래를 치우고 돌 위로 갔다. 갓도 안 쓰고 잠방이를 걷어붙인 맨 정강이로 돌에 앉아서 돌의 파인 곳에 먹을 갈아 큰 붓을 쥐고 소학의 제목과 문장을 적었다. 글씨가 돌바닥에 선명하였다. 해가 서쪽으로 기울자 나무 그늘에 누워서 소리를 뽑아 읊으니 자연스럽게 무엇을 얻은 듯해 보였다.

조판서趙判書 댁 젊은 양반이 마침 탕춘천에 봄나들이를 나왔다가 그 모습을 보고 마음속으로 이상히 여기고 다가서서 불렀다.

"너는 무엇을 하는 사람이냐?"

박돌몽은 천천히 일어서서 대답했다.

"남의 집 종이올시다."

"네 주인은 사람이 아니로구나. 어찌 경전經傳의 공부가 있는데 남의 종노릇을 하겠느냐? 내 너를 위해 네 주인을 책망해서 너를 노비에서 면하도록 해주겠다."

그러자 박돌몽이 말했다.

"저 같은 종놈 때문에 늙은 주인이 걱정을 하게 되는 것은 인간의 의리상 감히 할 수 없는 일입니다."

이런 대답을 듣고 그 양반은 더욱 대견하게 여겼다.

---

3) 蕩春川. 탕춘대蕩春臺 앞의 냇물. 탕춘대는 세검정洗劍亭 부근에 있다.

김씨 집 아이가 자랄수록 버릇이 나빠져 한문 공부에 힘쓰지 않으니 아버지가 화가 나서 꾸중하였다.

"너는 빈둥빈둥 놀며 교태만 부리니 짐승과 같구나. 오히려 저 박돌몽만도 못하다니."

김씨 집 아이가 이런 꾸지람을 자주 듣게 되자 화풀이할 곳이 없어 박돌몽을 보기만 하면 바로 대들고 매질과 주먹질을 해댔다. 그러자 박돌몽이 생각하였다.

"내 차라리 피해서 주인 댁 부자간을 서로 화합토록 해야겠다."

그러고는 병을 핑계로 일을 맡지 않고 자기 아내의 주인집으로 옮겨 살기로 하였다.

그 아이는 박돌몽에 대한 나쁜 감정이 풀리질 않아서 아내의 상전 집에다 몰래 다른 일로 해코지를 했다. 그러자 그 집에서도 과연 박돌몽 부부를 의심하게 되었다. 박돌몽이 한숨을 쉬며 말했다.

"나의 운명이로구나, 감히 누구를 원망하리오."

자기 아내를 이끌고 뜨내기가 되어 남양南陽 땅에서 잠시 살았다. 고리를 짜서 생계를 잇는데 한 해 남짓 되었을 때 이정4)이 군청에 말하여 그를 속오군5)에 편입시켰다. 박돌몽은 걱정하며 말했다.

"고리를 엮어 입에 풀칠을 하는데 군역의 세금으로 바칠 것은 어디서 얻어온단 말이냐."

때마침 읍내邑內에서 시골의 군사들이 과거 시험을 보게 되었다. 박돌몽은 포수砲手로 초시6)에 합격했지만 회시7)에 떨어지고 말았다. 울울한 심정에 서울 생각이 나서 다시 김씨 집으로 돌아갔다. 얼마 후 감옥을 담당하는 아전이 되었는데 나이 사십에 죽었다. 그가 아전이 된 것은 조판서 댁의 힘이었던 것이다.

정 선생의 이름은 치후致厚다. 인품이 진실하고 학문도 두터웠으며 풍수설風水說에 조예가 있었다. 젊어서 교서관8)의 관리로 있다가 노년이 되기 전에 병으로 사직하고 들어앉아 학도들을 가르쳤다.

---

4) 里正. 부락의 일을 맡아보는 사람.
5) 束伍軍. 임진왜란 후에 생긴 새로운 군제로 지방에 거주하는 열다섯 살 이상의 남자를 군적軍籍에 편입시키고 평상시에는 군포軍布를 납입하고 유사시에 군역軍役을 치르게 하였다.
6) 初試. 과거 때 처음 보는 시험.
7) 會試. 과거 때 초시나 소과小科에 합격한 사람이 보던 시험.
8) 校書館. 서책의 간행을 맡은 관청.

여항문인 김낙서金洛瑞의 작품이다. 유재건의 『이향견문록里鄕見聞錄』에 실려 있는데, 『호고재고好古齋稿』를 원출전으로 밝혀 놓았다.

작품은 천인신분의 박돌몽이 지식을 소유하는 과정과, 지식을 가진 뒤 빚어지는 갖가지 갈등과 좌절을 묘사하였다. 지식은 전근대 신분제사회에서는 중요한 키워드다. 지식의 사회적 의미, 이것이 작품을 읽는 길라잡이다. 전근대 신분제 사회를 유지하는 중요한 근간의 하나가 지식이다. 지식과 서적의 독점과 특정계층으로의 편중, 이것이야말로 사회를 유지하는 중요한 수단이었다.

지식은 조선조 사회 양반지배계층만의 특권이었다. 중인층도 체제 유지를 위해 실무적으로 봉사하던 지식을 제외하면, 그들의 지식과 정보의 획득은 매우 제한되었다. 하지만 조선조 후기에 오면 정보와 지식이 유통·확산되어 서민지식인도 다수 등장하게 된다. 박돌몽 같은 천인들조차 각고의 노력으로 지식을 획득할 수 있었다. 지식의 보편화 현상, 이는 독점 지식의 해체를 의미한다. 독점 지식의 해체는 사회를 흔드는 대사건이었다.

그런데 특히 여기에 나오는 박돌몽에게 글을 가르친 정치후의 존재도 흥미롭다. 일부 몰락 양반 중에서 생계를 위해 서당書堂을 차려 놓고 서민층에 지식을 보급시킨 존재도 있었던 바, 흔히 훈장으로 불려졌던 부류가 그들이다. 정치후丁致厚도 같은 인물이다. 갑오농민전쟁의 주역이었던 전봉준全琫準도 시골의 훈장이었다. 박돌몽이 천인에서 서민지식인으로 성장하는 것도 시골 훈장의 활동이 있기에 가능했다.

그러나 작품에서 천인지식인이 된 후 박돌몽은 더욱 곤란을 겪었다. 주인 집 아들의 시기와 음해, 그리고 원하지 않은 이주, 과거낙방, 주인집으로 재귀환, 아전 등, 실패와 고난의 연속이었다. 주인집으로의 재귀환은 무지한 종으로 복귀함을 의미한다. 당대 현실은 그럴 수밖에 없었다.

그가 말년에 겨우 아전 구실을 한 것은 후원자가 있었기에 가능한 것이지만, 이는 어디까지나 특수한 경우다. 지식의 유무에 관계없이 천인인 한, 그의 삶의 방식은 같을 수밖에 없다. 이것이 천인지식인이 걸어야 했던 실상이었다.

그럼에도 불구하고, 박돌몽과 같은 천인지식층의 부상은 사회적으로 큰 의미를 지닌다. 작자가 이러한 인물을 입전한 것도 주목할 만하지만, 박돌몽과 같은 인간형의 출현은 지식의 독점=양반이라는 신분제의 근간을 밑에서 해체해 간다는 점에서 역사적 의미를 담고 있는 것이다.

유랑시인 김삿갓
記金簦笠事

근래 한 시인이 있는데, 미친 사람처럼 해진 갈옷을 걸치고 짚신을 신은 채, 때 낀 얼굴을 씻지도 않는다. 그는 기호와 관동지방을 다니면서 시를 지었는데, 경구警句가 많았고, 과체시科體詩에 더욱 정교하였다.

사람들은 그가 오는 것을 싫어하지 않아, 그가 오면 곧장 음식을 주고 머무르게 하였다. 그리고 힘든 운자와 어려운 제목으로 시를 짓도록 요구하였는데도, 그는 운을 맞춤이 평이하면서도 적절하였고, 편장篇章이 원활하였다. 부르는 대로 응대하였으나, 대체로 시는 모범이 될 만한 의미를 담고 있지는 않았다. 이 때문에 그의 명성이 자자해졌지만, 다만 그의 성만이 알려졌을 뿐이다. 또한 삿갓을 즐겨 썼기 때문에 '김대립金簦笠'이라고 불리었다.

내가 동유東遊를 하다가 한 번은 한 시골 서당에서 그가 지은 시를 보았다. 서당의 학동들은 잔뜩 그 일을 이야기하며 그 시를 외우기를 마치 옛 고인을 대하는 듯하였고, 혹 그 시를 손으로 베껴 시의 전범처럼 받들기도 하였다. 또한 사람들이

'그는 늘 과장을 출입하였는데, 어떤 때는 시 수십 편을 짓기도 했고 어떤 때는 한 편도 짓지 않고 나오기도 하였다'
라고 말하기도 하였다. 그의 광기가 이와 같았다.

김대립은 쓸 돈이 없으면 친구들이 감히 동냥으로 돈을 주지 않고, 백전白戰¹⁾으로 도와주었다. 과장科場에 들어와서는 더욱 진탕 술을 마셔 깨어나지 못한 적도 있었으니, 그 술 값은 모두 기호와 관동의 인사들이 갹출한 것이었다. 그래서인지 과장 밖 주점에서 김대립을 좋아하였지만 그가 주벽酒癖이 사나운 것을 두려워하여, 문득 그가 비틀거리고 나가더라도 감히 돈을 요구하지 못하였다.

그는 춥거나 덥거나 항상 흰 겹옷을 걸치고 다녔는데, 누군가가 새로 만든 솜옷을 주면 또한 사양하지 않고 입고 있

---

1) 백전. 시인이 시재詩才를 겨루기 위하여 시를 짓는데 그 시의 제목에 관련한 글자를 쓰지 않은 일. 이를테면 눈[雪] 제목에서는 이것과 관련한, 옥玉·은銀·여麗·서絮·노鷺·학鶴은 쓰지 않는다.

던 겹옷을 둘둘 말아 어깨에 메고 길을 나섰다. 그러다가 길에서 추위에 떠는 자를 만나게 되면 입고 있던 솜옷을 벗어서 그에게 던져주고, 자신은 다시 어깨에 메고 있던 겹옷을 입는 것이었다. 그는 바람과 눈발이 사납게 몰아쳐도 아랑곳하지 않았으며, 이나 서캐가 쏟아져도 꺼리지 않았다.

나는 이런 그를 기이하게 여긴 지가 오래되었다. 그러나 그의 이름과 사는 곳을 듣지 못했고, 또한 자세히 알려고 하지도 않았다. 대개 그가 전하고자 하는 것이 이름과 사는 곳에 있지 않았기 때문이다.

금년 봄에 나는 병으로 울적하여 청량사(淸凉寺, 지금의 소양댐 가에 있는 절)에 가서 놀았는데, 악봉樂峯 이상우李尙祐가 마침 근처에 살고 있어 만나보게 되었다. 운을 띄워 시를 짓다가 나에게 물었다.

"김대립을 아는가?"

"그 이름을 들은 지 오래네."

악봉은 이런 이야기를 들려 주었다.

"내 언젠가 용인龍仁의 촌가에서 묵고 있는 그를 만나게 되었다네. 마침 격발擊鉢 안에 지은 시가 있는 것을 보고, 시험삼아 그와 얘기를 하게 되었네. 그는 자기 이야기를 다음과 같이 들려주더군.

"내 젊어 시문에 힘써 서울에 노닐며 벼슬길로 나아갈 계책을 세웠지요. 일하(日下, 서울)의 시인과 명사들이 나를 아껴주었는데, 특히 복경福卿 안응수安膺壽·사수士綏 신석희申錫禧는 그 모임에서 명망이 으뜸이었는데 나와 더욱 각별하게 생각하여 칭찬과 격려를 아끼지 않았지요. 나도 또한 이들을 믿고 기뻐했지요. 그러나 나의 씨족이 광주廣州의 향품관鄕品官이었음을 알고는 차츰 박대하였지요. 내 자신도 이 두 사람에게 받아들여지지 않으니, 이들을 쫓아 이름을 날릴 수 없음을 깨닫게 되었어요. 나는 마침내 근심과 답답함에 미치는 지경에 이르게 되었지요. 이에 불우不遇함에 넋을 잃고 멋대로 방자하게 되었답니다. 나의 병은 사실은 복경과 사수가 빌미가 된 셈이지요."

그러면서 탄식하며 말했다.

"공주公州의 반자半刺나 집현전集賢殿의 교리校理2)로 지금 모두 귀인이 되어 있으니, 만나볼 수조차 없구려."

"그는 광주廣州에 살고 있으며, 이름은 김란金鑾이라고 하였다."

---

2) 공주公州의 반자半刺나 집현전集賢殿의 교리校理. 앞에서 언급된 안응수와 신석희를 가리키는 듯.

그때 나는 베개에 기대어 듣고 있다가 나도 모르게 벌떡 일어나 말했다.

"그가 바로 이명而鳴이다. 애석하도다. 그의 재주는 과연 두려울 만하구나!"

이명은 김란의 자이며, 복경의 시객詩客이다.

우리 형제3)가 젊어서 이명而鳴과 교유한 적이 있다. 그때 이명은 과체시科體詩에 주력하고 있었는데, 범위가 활달하고 솜씨와 기세가 커서 모두 대가로 기약했으니, 어찌 과시科詩를 잘하는 데 머물렀겠는가? 그는 또한 작가作家의 전칙典則에 유의하여 날마다 독서하며 읊조리기를 그치지 않았다. 백가百家의 글을 초록抄錄하느라 손이 쉴 때가 없었으며, 필법 또한 단아하고 정결하여 볼 만하였다.

일찍이 그가 광주의 유씨柳氏가 저술한 『문통文通』4)을 베껴서 나에게 보여주었는데, 이 책은 경사를 고증한 것이었다. 그의 공부의 넓음이 이와 같았다.

어느 해인가 정월 보름날에 나는 복경福卿을 찾아간 적이 있었다. 마침 이명이 그 자리에 있어서 두서 없이 시문에 대해 서로 이야기를 나누게 되었는데, 그는 자못 나의

---

3) 우리 형제. 신석우申錫愚와 신석희申錫禧 형제를 말함.
4) 『문통』. 류희柳禧가 지은 역사서.

논의에 찬동하였다. 나는 이에 그 말을 기록하여 지상芷裳에게 주었다. 지상은 김란의 자호다. 그 이후엔 복경을 찾지 않았다. 내가 복경에게 그 이유를 물었다.

"병이 있다고 하더군요."
"무슨 병이라 하던가요?"
"심장병이랍니다."
"무엇이 빌미가 되었다고 하던가요?"
"거기까지는 잘 알지 못하겠습니다."

나는 탄식해 마지않았다. 지금까지 수십 년 동안 마음에 걸리는 것 하나는 이명과 같은 재주를 가지고도 이룬 것이 없으며, 이명과 같은 좋은 마음씨에도 불구하고 이 같은 병이 들었다는 것이다.

지금 듣고 보니 그의 행동거지는 마음이 산란하여 정해진 것이 없고, 그의 시 또한 비록 섬급贍給하나, 단장端莊한 지취는 떨어지고 기경奇警하나 전아典雅한 맛은 부족하니, 그 병이 낫지 않아 그의 재주가 채워지지 못했음을 알았다. 더욱 안타까움을 금할 수 없다.

아! 이명은 비록 두 사람에게 박대를 받았으나, 행동을 분명하게 하지 않고 감내하며 그 가운데서 노닐었으니, 그 시문의 성취한 바를 어찌 가히 헤아릴 수 있겠는가?

두 사람은 재주를 아끼고 선비를 존경하는 자다. 어찌

일찍이 가문이 단한單寒하다고 그[김닌]를 박대했겠는가. 이것은 이명而鳴의 병이, 박대를 받아서가 아니라 박대를 받았다고 억측한 데서 생긴 것이다. 그런데 만약 이명이 끝까지 복경福卿의 객이 되고 사수士綏와 교제하여 시사詩社에서 이름을 날렸더라면 성취한 바가 능히 얼마나 될 것인가? 필시 지금 기호·관동 지방에서 그의 시를 외우고 애모愛慕해 마지않아 혹시 못 만날까 걱정하고, 그를 만나면 놀라고 반가와 어쩔 줄 몰라 하며, 다투어 술과 음식을 마련해서 머무르게 하되, 혹 오늘 떠날까 걱정하였을 것이다.

선비가 세상에 이름을 펼치는 방도는 진실로 한 길만이 아니니, 이명의 이름은 이제 퍼져 있다. 다시 복경과 사수가 박대한 것에 원한을 가질 것이 무엇이 있겠는가?

나는 김대립의 일을 가지고 이명이 왕래했던 기호·관동의 지역마다 두루 퍼트리고자 한다. 그리하여 이명이 이것을 한 번 읽고 그 마음이 화평해지고 그 기운이 누그러져 곽연霍然히 땀이 나고 인연浽然[5])히 병이 그쳐, 한漢나라의 매승枚乘이 「칠발七發」[6])에서 광릉관도廣陵觀濤의 구절

---

5) 곽연霍然·연연浽然. 매승의 「七發」에 다음과 같은 구절이 있다. "浽然汗出, 霍然病已."
6) 매승(枚乘, ? ~ B.C. 141). 서한 경제景帝 때의 문인으로 초사와 다

을 지은 것처럼 해주기를 기대한다.

임자년(壬子年, 1852) 초봄에 나는 쓴다.

『해장집(海藏集)』

이 글은 신석우(申錫愚, 1805~1865)의 『해장집海藏集』에 실려 있다. 그의 본관은 평산平山. 자는 성여聖如. 호는 해장海藏으로 형조참판·홍문관제학·이조참판과 경상도관찰사를 역임하였다.

작자는 인물의 전기를 기록한 '전傳'과 달리 기사문記事文으로 방랑시인 김삿갓의 삶을 포착하였다. 우리가 익히 아는 김삿갓의 실제 인물이 바로 작품 속의 김대립이다.

김대립의 존재 방식은 과객過客이다. 과객은 떠돌며 시문을 팔아 살아가는 사람이다. 이 점에서 조선조 후기 광범하게 존재하였던 유민流民(떠돌이 백성)들의 삶과 다를 바 없다. 지식인의 분화와 이를 수용할 공간의 부재가 과객이

른 새로운 장편의 한부를 창안하였다. 일반적으로 부賦작품은 매승의 「칠발七發」에서 비롯되었다고 전한다. 그의 「칠발」에 "廣陵觀濤"라는 구절이 나온다.

라는 사생아를 낳았다.

『춘향전』의 말미에 이도령이 변사또의 잔치에 말석으로 참석할 수 있었던 것도 과객, 이른바 방랑 문인의 행세를 한 덕분이다. 과객들은 주로 지방의 부호나 양반의 사랑방, 혹은 서당으로 전전하면서 살았다. 시재詩才나 글씨, 그림을 비롯, 풍수와 잡술에도 능했기 때문에 수요자에게 종종 환대를 받았다.

야담집 『파수록破睡錄』에 한 과객이 문사文士들의 모임에 참석하여 시 짓는 솜씨로 좌중을 압도하여 후한 대접을 받는 흥미로운 내용이 나온다. 당시 과객은 자신이 지닌 시적 재능이 그의 유일한 생계수단이다.

이 글의 주인공 김란金欒 역시 과거를 포기할 수밖에 없었던 몰락양반으로, 여느 양반처럼 문사로서의 정상적인 삶을 영위하지 못했다. 시대의 기인奇人으로 살며 자신의 지식을 팔며 살아야만 했다.

조수삼의 『추재기이』에 나오는 송생원 역시 마찬가지다. 그 역시 시품을 팔아 생계를 유지했다. 송생원과 같이 시품을 팔며 산 전형이 김대립, 곧 김삿갓이다.

황오黃五의 『녹차집綠此集』에 김삿갓의 존재와 관련하여 재미있는 기록이 남아 있다.

하루는 정현덕이 내게 편지를 보내 '천하 기남자奇男子가 여기 있는데 한번 가 보지 않겠는가?' 하기에 같이 가 보니 과연 김삿갓이더라. 그의 사람됨이 술을 좋아하고 광분하여 익살을 즐기며 시를 잘 짓고 취하면 가끔 통곡하면서 평생 벼슬을 하지 않으니 과연 기인奇人이더라."

김삿갓의 특이한 삶을 주목한 것이거니와, 이처럼 김대립과 같은 삶의 방식은 조선조 후기 사회 곳곳에 나타나고 있었다.

조선조 후기 과객과 같은 존재방식으로 사수寫手와 거벽巨擘이 있다. 과거시험에서 문장을 대신 짓는 자를 거벽, 대신 쓰는 자를 사수라 한다. 과객은 전국을 무대로 유랑생활을 하지만 서수나 거벽은 유독 서울을 무대로 활동을 하였다. 이들을 필요로 하는 최대 수요처가 과거 시험장이기 때문이다. 일반적으로 과거는 대개 3년마다 치르는 식년시式年試 외에도 갖가지 명목의 시험이 있어 과시에 응하는 자가 폭주하는 상황이었다.

정조 말년에 치러진 경과慶科를 보면 문과 응시자가 15만에, 무과 응시자가 3만 5천에 이르렀다 하니 과거 폭주의 기현상[7]을 짐작할 만하다. 마치 최근 전 대학이 고시공부의 열풍에 시달리는 것과 마찬가지 현상이다. 당시 서울 인구가 20만 내외임을 감안하면, 과거시험 응시자의 폭주 현상은 상상을 초월할 정도다. 뿐만 아니라 과거급제를 하여도 홍패만 받고 실직에 나아가지 못하는 경우도 허다하였다. 이처럼 조선조 후기 과거의 왜곡상은 극심하였다.

권세가들이 당연히 사수와 거벽의 최대수요자였다. 이들의 자제들은 솜씨가 출중한 사수와 거벽을 대동하고 과거시험장에 들어가 부정으로 과거시험을 치르고, 벼슬길로 진출하였다. 이런 와중에 평생 과거에 골몰하는 자도 있는가 하면, 과거를 포기하고 다른 삶을 찾아 나선 인물도 더러 있었다.

김대립도 과거 대신 다른 길로 나아간 경우다. 그는 결코 자신의 문식을 대리시험을 위해 팔지 않았다. 아마 부정한 행위에 자신을 굽힐 수 없었을 터다. 김대립이 방랑의 길을 선택한 것도 이러한 이유였을 터다.

위에서 작자가 "복경과 사수가 박대한 것에 원한을 가질 것이 무엇이 있겠는가?"라 반문하여 김대립의 병원病因을 한 선비로 대우받지 못한 데서 오는 자괴감으로 들고 있으

---

7) 『정조실록』. 정조 24년 3월 신미조 說慶科 庭試初試 항목과, 24년 윤사월 을묘조에 보면 당시의 상황이 자세히 나온다.

나, 이는 김대립의 내면을 정확하게 읽지 못한 듯하다. 그러므로 "이명과 같은 재주를 가지고도 이룬 것이 없다"는 동정의 시선밖에 보낼 수 없었다. 하지만, 승승장구하며 높은 관직을 지낸 작자의 입장에서는 자신의 지식을 펼칠 수 있는 공간의 부재, 재능을 인정하지 않는 사회구조에 김대립의 병인이 있었음을 전혀 알 수 없었을 것이다.

사실 당시 사회는 이들이 재능을 발휘하거나, 문식을 팔고 살 수 없는 구조였다. 그래서 과객들은 떠돌면서 직접 애호가를 찾아 나서거나, 눈에 띄는 수요처를 만나면 즉석에서 자신의 문학적 재능을 발휘하여야만 했다. 이래야만 삶을 연명할 수 있었다. 김대립 역시 그러했지만, 그의 삶과 존재 방식은 다른 과객과 달리 다소 특이한 면도 없지 않다.

작자가 "한 번은 한 시골 서당에서 그가 지은 시를 보았는데, 서당의 학동들은 잔뜩 그 일을 이야기하며 그 시를 외우기를 마치 옛 고인을 대하는 듯하였다. 혹 그 시를 손으로 베껴 시의 전범처럼 받들기도 하였다"고 언술하는 바, 실제로 김대립은 하층민을 비롯하여 서당의 학동과 문사들에 이르기까지 인기가 높았던 대중적 시인이었다.

인기는 그야말로 거품이다. 짧은 시간의 영예는 있겠으나, 김대립과 같은 존재방식을 근본적으로 해결하는 수단은 전혀 될 수 없다. 사회가 잉여 지식인을 합리적으로 수용하지 못하는 한, 그들의 삶은 왜곡된다. 그래서 이들 유랑지식인 중 일부는 자신들의 불우한 삶을 강요한 체제에 대하여 비판의식을 키워 나가기도 한다. 어쩌면 이는 당연한 이치일지도 모른다. 더러 군도群盜의 지도자가 되어 민중과 호흡하는 등, 사회변혁에 적극 동참하였던 것이다. 홍경래와 전봉준이 그랬으며, '야담'에 보이는 수많은 군도의 지도자 역시 마찬가지다. 이들은 역사 무대에 새롭게 부각되는 '호민豪民'의 변형이며, 유랑지식인의 한 삶의 방식이기도 하였다.

김대립과 같은 과객은 현재에도 곳곳에 존재한다. 지식의 과잉양산을 부추기는 사회구조는 다수의 고등실업자를 양산하는 것이 오늘의 현실이다. 현대판 과객이 사회 곳곳에 존재하는 한, 지식인의 과잉공급은 과거형이 아니라 현재형일 것이다.

제4부

참다운 의원의 길

참된 의원의 길
針隱趙生光一傳

　의원醫院은 세상에 쓸 수 있는 아홉 가지 부류의 하나인데, 대체로 잡류雜流다.
　나는 '뛰어난 의원은 나라를 다스리고 그 다음이 병을 다스린다'라는 말을 들은 바 있다. 이 말은 무엇을 일컫는가?
　나라를 다스리는 것과 병을 다스리는 것은 이치가 같다. 다스리는 것은 오로지 의원이 해야 할 도리다. 그러나 선비는 반드시 세상에 드러나고 알려져 높은 지위에 있어야 나라에 병든 것을 다스릴 수 있다. 간혹 나라를 위해 시험 할 수 없으면, 몸을 숨겨 의원이 되어 의술을 베푼다. 이는 의술을 널리 베풀어 백성을 구제한 공이 나라를 다스리는 공에 버금감을 의미한다. 그러므로 옛날부터 어진 선비이면서 세상에 뜻을 얻지 못한 사람은 종종 의원이라는 직분에

은거하였던 것이다.

내 일찍이 그런 어진 사람을 몰래 구하였으나 찾을 수 없었다. 근자에 나는 타향인 충청도에 잠시 거처하게 되었다. 그곳의 풍토를 잘 알지 못하여 지역 주민에게 의원에 대해 물었는데, 한결같이

"훌륭한 의원은 없어요"

라고 하였다. 억지로 다시 물으니

"조趙의원이 있기는 하지요"

라고 대답하였다.

조의원의 이름은 광일光一이고 선조는 태안泰安의 번창한 집안이었으나, 얼마 뒤 집안이 가난해져 나그네로 유랑하다가 충청도 합덕의 서쪽에 있는 저수지 근처에 정착하였다. 그는 특별한 능력은 없으나 침針으로 명성을 얻어 스스로 침은針隱이라고 불렀다. 조의원은 일찍이 권세 있고 지체 높은 집에는 가지 않고, 벼슬이 높은 양반에게도 진료를 가지 않았다.

얼마 전 동이 틀 녘에 내가 조의원의 집을 지나가게 되었는데, 어떤 노파가 남루한 옷차림으로 엉금엉금 기어서 그 문을 두드리며 말했다.

"나는 아무 마을에 사는 백성으로 아무개의 어미입니다. 내 자식이 원인 모를 병이 들어 죽어가오니 제발 살려주십시오"

조의원이 즉시 말했다.

"알았소. 먼저 가 있으면 내 곧 따라가리다."

그러고는 일어나 뒤따라 걸으면서도 난처한 기색은 하나도 없었다.

또 한번은 길에서 조의원을 만났다. 마침 비가 내려 흙탕길이 되었는데 조의원이 삿갓을 쓰고 나막신을 신고 바삐 걸어가고 있었다. 내가 물었다.

"어디를 그리 바삐 가시오?"

그러자 조의원이 말했다.

"아, 예. 아무 마을 백성의 아무개 아비가 병이 들었지요. 지난번에 침을 한 번 놓아주었는데 효과가 없어 지금 다시 침을 놓아주려고 가는 길이지요."

괴이한 생각이 들어 물었다.

"그대에게 무슨 이익이 된다고 이렇게 몸소 고생을 하는 것이오?"

조의원은 빙그레 웃기만 하고 대답하지 않고 가 버렸다.

그의 사람됨이 대략 이와 같았다. 내 마음에 그의 행동이 범상치 않다는 생각이 들어, 그가 왕래하는 것을 가만히 살펴보고 마침내 그와 친분을 쌓고 교유交遊하게 되었다. 조의원은 소탈하고 너그러우며, 편안하고 곧은 품성을 지녔다. 또한 세속 사람과 잘 화합하지 않았으며 오직 자신이 의원이 된 것만을 기뻐하였다.

 그는 예전부터 내려오는 처방을 따라 약을 달여 치료하지 않고, 항상 자그만 가죽주머니 하나를 들고 다니며 치료를 하였다. 주머니 속에는 동철銅鐵로 만든 십여 개의 길고 짧고 둥글고 모난 특이한 모양의 침이 들어 있었다. 그는 이 침으로 종기를 터트리고 부스럼을 다스리고, 뭉쳐 있는 혈血과 막힌 곳을 뚫어 주고 풍기風氣를 통하게 하며, 쓰러지고 위독한 사람을 다스려 일으켰는데 즉시 큰 효과가 있었다. 대체로 조의원은 침술에 정밀하여 그 해법을 얻은 사람 같았다.

 내가 일전에 그에게 조용히 물었다.

 "무릇 의원은 천한 재주며, 사람이 살아가는 방식 중 미천한 경우에 해당됩니다. 하지만 그대의 능력은 탁월합니다. 어찌 지체 높고 높은 벼슬을 하는 사람들과 교류하여 명성을 얻으려 하지 않고 여항의 백성이나 쫓아다니며 자신을 높이지 않습니까."

 조의원이 웃으면서 대답했다.

 "대장부는 정승이 되지 못하면 차라리 의원이 되는 것이 낫지요. 정승은 도로써 백성을 구제하지만 의원은 의술로 사람을 살리지요. 궁핍하고 높은 지위로 이름을 드러내는 것은 어떤 일을 하여 그 공을 드러내는 것에 달려 있답니다. 하지만 정승은 때를 얻어 자신이 추구하는 도를 행하더라도 행운과 불행이 있을 수 있지 않겠소. 남의 봉급을 받고 책임을 맡아 한 번이라도 잘못하게 되면 비난과 벌이 뒤따르지만, 의원은 그렇지 않지요. 의술로 자신의 뜻을 행하면 대개 뜻을 얻을 수 있답니다. 자신이 다스릴 수 없는 병은 내버려두고 환자를 보내더라도 나를 탓하지 않지요. 그래서 나는 의원으로 있는 것을 좋아한답니다. 더욱이 내가 의술에 힘쓰는 것은 이익을 구하려는 것이 아니라 내 뜻을 행하려는 것이므로 환자가 귀한 사람이건, 천한 사람이건 가리지 않는 것이지요."

또 말을 이었다.

"나는 세상의 의원들이 자신의 의술을 믿고 남에게 교만하게 대하며, 문밖으로 나갈 때는 정승과 같은 권세가들의 집에서 보낸 말을 타고 술과 고기를 차린 음식상을 대접받으며, 대개 서너 번 청탁을 받은 뒤에야 마지못해 왕진가는 것을 미워하지요.

하지만 세상의 의원들은 대부분 귀하고 권세 있는 집안이나 부유한 집안으로 왕진을 가죠. 만약 병자가 가난하고 권세가 없으면 아프다는 핑계를 대고 거절하기도 하고, 어떤 경우는 부재중이라 속이고 가지 않기도 한답니다. 심지어 이들이 계속해서 백 번을 청하더라도 한 번도 왕진을 나가지 않는 경우도 있으니, 어찌 어진 사람의 마음으로서 할 수 있는 일이겠소? 그러므로 나는 오직 백성을 돌보며 부귀와 권세 있는 사람에게 구하지 않고, 다른 의원의 본보기를 보이려는 것입니다. 그러니 저 존귀하고 세상에 알려진 높은 자들이 어찌 나를 비난할 수 있겠소?

그런데 내가 슬프고 가엽게 여기는 것은 오직 여항의 곤궁한 백성일 뿐이라오. 내 이미 침을 잡고 사람들 사이에서 침술을 행한 것이 십여 년인데, 어떤 날에는 몇 사람을 살리고 어떤 달에는 열서너 사람을 살렸으니, 아마도 침술로 온전하게 살린 사람이 수천 수백 사람 가량 될 것이오. 내 지금 나이 사십이니, 다시 수십 년 동안에 만 명을 살릴 수 있으며 살린 사람이 만 명쯤 되면 아마 내 일을 마칠 수 있을 것 같소."

나는 처음 조의원의 말을 듣고 놀라서 바라보았다. 이윽고 탄식하며 마음속으로 생각하였다.

'지금 사람들은 한 가지 재주라도 있으면 세상에 자신의 재주를 팔려고 하고, 다른 사람들에게 조그마한 은혜를 베풀면 그 증서를 잡고 대가를 받아내려고 요구한다. 또 권세權勢와 이익利益의 사이에서 이리저리 훑어보다가, 자신이 취할 게 없으면 침을 뱉고 돌아보지도 않는다.

하지만 조의원은 의술이 높은데도 명예를 구하지도 않고

은혜를 널리 베풀면서도 그 대가를 바라지도 않는다. 병자들 중 급한 사람에게 달려가되, 반드시 곤궁하고 권세 없는 사람들을 먼저 치료하니, 그 어짊이 보통 사람보다 뛰어나다. 천 명의 목숨을 살리면 반드시 녹봉祿俸이 있고 남몰래 보답을 받는다고 하니 조의원은 반드시 이 나라를 위하는 훌륭한 후손이 있을 것이다.'

이에 내가 직접 보고 들은 것을 서술하고 조의원을 위해 전기傳記를 지어 역사를 서술하는 사람의 요구에 스스로 답하고자 한다.

이 글은 이계 홍양호의 『이계집耳溪集』에서 뽑았다. 오직 침 하나로 민중의 병을 치료하는 조광일의 삶과 인생관을 포착하였다. 조광일에 대한 기록은 유재건(劉在建, 1793~1880)의 『이향견문록里鄕見聞錄』에 『이계집』을 원출전으로 소개하고 있으며, 이경민李慶民의 『희조일사熙朝軼事』 또한 『이계집』을 원출전으로 소개하고 있다. 『청구야담』에도 「활인병조의행침活人病趙醫行針」이라는 제목으로 나온다. 여러 책에 나올 만큼, 조광일은 당대 시공간에 제법 알려진 인물이다.

「침은조생광일전」과 『이향견문록』의 「조의사광일」을 비교해 보면, 『이향견문록』의 내용은 축약되어 있으며, 이계의 「침은조생광일전」에서 맛볼 수 있는 서사의 흥미와 생동성이 적다. 이경민의 『희조질사』는 「침은조생광일전」의 내용 중에 앞과 뒤의 논찬을 제외하고 거의 그대로 수용하고 있다. 『청구야담』의 「활인병조의행침活人病趙醫行針」은 앞의 두 작품과 달리 「활인병조의행침」은 견문에 바탕한 사실적 내용을 약화시켜 '이야기' 방식으로 재구성한 것이 특색이다.

　이 작품은 홍양호가 벼슬길로 나가기 전, 20대에 충청도서 지낼 적에 지었다. 홍양호는 수소문해서 찾은 한 의원을 만난 뒤, 그의 삶의 자세에 남다른 감회를 느껴 이 작품을 지었다. 작품은 의술로 세상을 통찰하는 안목과 참다운 의원의 길을 간 조광일의 특이한 삶을 조명하고 있다.

　작자는 시종 직접 만나 대화한 내용을 서사구성으로 삼아 진술하는 방식으로 작품을 전개한다. "탁월한 의술로 존귀한 사람들과 교류하여 명성을 얻지 않고 여항의 백성이나 쫓아다니냐?"라는 작자의 질문에 "대장부는 정승이 되지 못하면 차라리 의원이 되는 것이 낫지요. 정승은 도로써 백성을 구제하지만 의원은 의술로 사람을 살린다"고 답한 것이나, 자신이 의술에 힘쓰는 것은 "이익을 구하려는 것이 아니라 내 뜻을 행하려는 것이므로 환자가 귀한 사람이건, 천한 사람이건 가리지 않는 것이지요"라고 조광일이 발언한 대목은 매우 통쾌하다. 여기서 조광일은 인생관과 의원으로서의 자세가 분명하며, 백성과 빈민에게 인술을 베푸는 민중의民衆醫로서의 모습이 눈앞에 생생하다.

그의 사람됨은 여기에 그치지 않는다. 조광일은 인술을 베풀지 않은 당시 의원들의 행태를 여지없이 꼬집는다. 오직 권세와 이익을 위해 의술을 행하고, 의술을 빙자하여 교만하게 행동하며, 재상들의 요구에도 거들먹거리며 마지못해 가며, 권세 있고 부유한 집이 아니면 가지 않는 작태를 보이고, 가난하거나 권세가 없으면 아프다는 핑계를 대며 부재중이라고 딴 청을 피우는 모습 등, 조광일이 진단한 당시 의원의 모습은 그야말로 뒤틀려 있다. 이에 대한 조광일의 답은 명쾌하다. 세속적 의원과 정반대로 인술을 실천하면 그만이라고 잘라 말한다. 조광일의 자세는 오직 민중을 위한 '인술仁術'이었다. 이 부분, 조광일의 인술仁術이 가장 정채를 발하는 대목이자 작품이 주는 미덕이다.

작자는 여항의 곤궁한 민들을 불쌍히 여겨 치료하고, 수천 사람의 생명을 구한 조광일의 인술을 무엇보다 강조해 드러내었다. 작자가 앞으로 만여 명의 민을 구할 것이라는 조광일의 발언을 주목한 것도 같은 맥락이다. 조광일이 자신의 삶을 실현하는 공간은 민들이 사는 곳이었고, 인술을 베푸는 대상은 민이었다. 그런 점에서 그는 민을 위해 참다운 삶을 산, 민중의 영웅이었다.

더욱이 작품은 시종 조광일의 언술을 통해 강렬한 느낌을 전한다. 우리가 이러한 느낌을 받는 것은 한 의원의 개인적 삶을 인정하고 그 자체를 선입관 없이 그려내려는 작가정신에 연유한다. 이 울림과 넉넉한 미감은 한 인간의 삶을 깊이 이해하며 통찰하지 않고는 나올 수 없거니와, 작자가 작품 곳곳에서 조광일의 인술과 인간적 품성을 최대치로 끌어올려 칭송한 시각은 매우 시사적이다.

조광일. 그는 당대 의원의 참모습이었지만, 이 시대 일부 의원들이 추한 자화상을 반추할 수 있는 진정한 거울이기도 한 셈이다.

몸 안에 약이 있다
李同傳

　이동李同은 그 본명을 알지 못하는데 사람들이 소자小字[1]로 불렀다. 그는 눈으로 한 글자도 알지 못하였지만, 종기를 치료하는 의원으로 당대에 이름을 떨쳤다. 그의 치료 방법은 침과 뜸 외에는 손톱, 머리털, 오줌, 똥, 침, 때 따위에 지나지 않았다. 비록 이동은 풀, 나무, 벌레, 물고기 등을 약재로 사용하였는데, 모두 한 푼 어치도 안 되는 것들이었다. 항상 사람들에게 말하였다.
　"한 몸에 저절로 좋은 약을 갖추고 있는데 무엇 때문에 바깥으로 자료를 구하겠소?"
　일찍이 정조 임금이 치질을 앓았는데, 이동에게 명령하

---

1) 소자. 어린 아이 때의 이름.

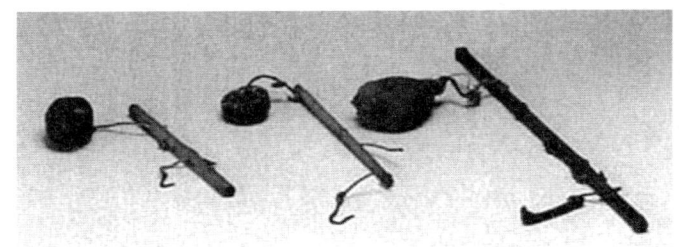
[약저울] 조선시대에 보편적으로 사용되던 저울

여 그것을 살피도록 하였다. 이동은 갓을 벗고 엎드려서 상처를 살폈는데, 머리털이 다 빠져서 상투를 만들 수 없었다. 임금이 웃으면서 탕건을 주어 머리를 덮게 하였다. 임금은 치질이 다 아문 후에 호조戶曹의 돈 십만을 이동에게 내려주니 사람들이 모두 영광으로 생각하였다.

일찍이 이동이 어느 집에 이르러 주인과 함께 말을 하다가 부인의 기침 소리를 듣고 말하였다.

"이는 안으로 종기를 앓고 있는 사람이 내는 기침소리로세."

주인이 놀라 물었다.

"이는 나의 누님이오. 아직도 건강한데, 무슨 병인가요?"

"그 소리를 들어보니 종기가 바야흐로 많이 곪아 있습니다. 며칠만 지나도 치유할 수 없을 듯합니다."

주인이 시험삼아 그를 인도하여 누님을 보였다. 이동이

겨드랑이 사이에 침을 놓으니 과연 고름 몇 되를 쏟아내고 나서 병이 나았다. 그의 신묘한 솜씨들이 대부분 이와 같았다. 이동은 늙어서 눈이 흐려지자 손으로 상처를 더듬어 치료했는데도, 백 번에 한 번의 실수도 하지 않았다.

호산거사는 말한다.

"일찍이 들으니 이동이 젊었을 때에 가난하고 의지할 데가 없어서, 임국서林國瑞[2]의 마부가 되었는데 임국서로부터 그 실마리만 듣고도 그 기술을 터득하였다고 한다. 국서는 과연 어떠한 의원이던가? 그는 옛 처방을 읽어 종신토록 행하였으나 끝내 특별한 재능이 있다는 소문은 들리지 않았다. 그런데 이동과 같이 배우지도 못한 사람이 비록 그 의술을 터득하였으나 국서는 그를 깔보았으니, 어찌 능히 국서가 자신의 의술을 신통하게 할 수 있었겠으리요? 소 오줌, 말 똥, 찢어진 북의 가죽 조각으로 옥찰玉札[3], 단사丹砂[4], 적전赤箭[5], 청지青芝[6]의 쓰임을 대신하니 아아! 신기

---

2) 임국서. 조선조 후기의 의원인 듯하나 자세한 것은 알 수 없음.
3) 옥찰. 한약제의 일종으로 오이풀의 뿌리. 지혈제로 쓰인다.
4) 단사. 원래 수은과 유황의 화합물로 된 붉은 빛깔을 띠는 흙. 정제精製하여 안료顔料 약제 및 선약仙藥의 재료로 사용한다.
5) 적전. 정풍초定風草의 어린 뿌리, 근경根莖은 천마天麻라 하여 강장제로 쓰인다.

하도다!

사람들이 간혹 그러한 것을 '옛 것이 아니라서 천한 것이다'라 비웃는다. 그러나 허윤종許胤宗[7]의 방풍防風, 조경趙卿[8]의 겨자와 초산, 전을錢乙[9]의 황토黃土, 갈가구葛可久[10]의 오동잎 등이 어찌 옛 것이며 또 귀한 것이겠는가?

남들이 이동이 쓰는 약재를 간혹 써 보고 잘 듣지 않으면 문득 그를 비난했다. 옛사람들이 증세에 따라 처방을 내렸는데, 그 책들은 집마다 가득 차 있다. 지금 옛 것을 따라서 그대로 시술施術하는 데도 천하의 병이 다시 옛날 그대로 있는 것은 무엇 때문인가? 곧 증세는 같아도 병은 다르고 병은 같아도 증세가 다른 것이니, 오직 의원이 뜻[意]으로 터득하는 여하에 달려 있다고 하겠다. 만약 옛사람이 말하지 않은 증세

---

6) 청지. 태산泰山에서 난다고 전해지는 귀중한 약재. 일명 용지龍芝. 눈과 간, 기를 보강하는 데 쓰인다.
7) 허윤종. 당나라 의흥義興 사람. 처음 진陳에서 벼슬했으며 의술에 뛰어났다. 왕태후가 중풍에 걸려 말을 못했는데, 윤종이 방풍자양防風煮湯 수십 첩을 올려 병이 나았다고 한다.
8) 조경. 어떤 의원인지 자세하지 않음.
9) 전을. 송나라 사람으로, 자는 중양仲陽. 의술에 뛰어나 태의太醫에 발탁되었다.
10) 갈가구. 명나라 사람 갈건손葛乾孫. 가구可久는 그의 자. 음양율법陰陽律法에 능통했으나 등용되지 못하자 아버지의 업을 이어 의술에 종사, 신통한 비법이 있었다고 한다.

가 있다면 또 장차 어떻게 치료할 것인가?

의意는 박박하기가 어렵고 박박은 이理에 맞기가 어렵다고 했으니, 의원은 그 뜻[意]을 얻어야만 바야흐로 일국의 명의가 될 것이다. 가탐賈耽[11]이 슬하蝨瘕[12], 서사백徐嗣伯[13]이 침달針疸[14], 서지재徐之才[15]가 합정질蛤精疾[16], 주고周顧[17]가 교룡하蛟龍瘕[18]를 고친 일 등이 이러한 것이다."

11) 가탐. 당나라 사람으로, 자는 돈시敦詩. 지리서와 음양잡서陰陽雜書에 능통하였다. 도량이 넓고 몸가짐이 엄하여 세상에서 '순덕유상자淳德有常者'라고 일컬어졌다.
12) 슬하. 이[蝨]가 몸에 기생하여 생기는 피부병.
13) 서사백. 남제南齊사람으로, 자는 숙소叔紹. 가업을 이어 의술에 종사하였다.
14) 침달. 침으로 황달을 고치는 것.
15) 서지재. 북제北齊 단양丹陽 사람. 의술醫術과 천문天文, 경사經史에 두루 능통하였다. 이런 고사가 있다. 어떤 사람이 뒷꿈치에 종기가 생겨 통증을 호소하는데, 누구도 그 병명을 알지 못하였다. 그런데 지재之才가 보더니 바로 합정蛤精으로 생긴 병이라 하고 종기를 도려내니 과연 합자蛤子 두 개가 있었다고 한다.
16) 합정질. 조개에서 나오는 정액精液을 밟아, 발의 뒤꿈치가 붓는 병.
17) 주고. 어떤 의원인지 자세하지 않음.
18) 교룡하. 봄과 가을에 미나리 속에 슬어 놓은 교룡의 알을 먹고, 얼굴이 누렇게 뜨고 배가 붓는 병.

이 글은 조희룡의 『호산외기』에 실려 있다. 여항에서 종기 치료와 약물학에 조예가 깊었던 이동의 의술을 포착하였다. 인간은 태어나 자라고, 세월이 지나면 늙고 병들어 죽는다. 의학은 이러한 인간의 생로병사와의 관련 속에서 성장·발전한다. 질병과 관련된 것은 당연히 의원의 몫이다. 의원과 의료행위는 인간과 가장 많은 관련을 가지고 있으며, 그런 점에서 의학의 역사 또한 사뭇 오래다.

조선조 역시 의료는 중요시되었다. 왕실과 종친, 전현직 고관을 위한 내의원內醫院, 관료의 치료와 왕실 약재조달을 위한 전의감典醫監, 그리고 일반백성을 위한 혜민서惠民署, 전염병 치료와 빈민구제 기관인 활인서活人署 등을 둔 것이 이를 말한다. 활인서는 도성내 사람들을 외부환자로부터 보호하기 위해 설치되었다. 하지만 당시의 의료 시스템은 도성 밖의 백성보다 도성 안의 왕실과 관료의 안위를 더 중요하게 여겼기 때문에 도성 밖의 서민은 소외되기가 쉬웠다.

특히 조선조 후기에 오면 혜민서 역시 의관들의 각종 비리와 재원의 부족으로 인해 병자의 치료가 자주 중단되었다. 물론 각종 질병과 전염병 치료와 방지에 전혀 노력을 하지 않은 것은 아니지만, 빈민과 서민들은 언제나 의료제도로부터 소외되었다. 그래서 이들은 민간요법이나 무당을 통한 주술적 치료에 의존하였다.

여항의 의원은 이러한 상황에서 존재하고 의료 행위를 하였다. 작품에 나오는 이동 역시 여항의 의원에서 일약 국왕을 치료하는 국의國醫로까지 활약한 인물이다. 그는 종기 치료에 특장을 지녔지만, 시침施鍼만 잘한 것이 아니었다. 병을 진단하는 것과 시약侍藥에도 탁월한 안목을 가졌다. 이는 어느 부인을 완치시킨 것과 정조의 종기를 낫게 한 데서 알 수 있다.

흔히 '병 있는 곳에 약이 있다'고 하였다. 사람이 병들 경우, 이 땅에 약재가 있다는 것이 이동이 판단한 약물학의 관점이었다. 그래서 그는 "한 몸에 저절로 좋은 약을 갖추고 있는데 무엇 때문에 바깥으로 자료를 구하겠는가?"라 말했던 것이다. 이 땅에 사는 사람들의 병을 치료하는 데는 이 땅에서 나는 약재가 가장 효과적이라는 점을 임상체험으로 확신하고 있었다.

그런데 그가 글자 한 자 모르면서 국의의 반열에 오른 것은 종기치료와 침술이었다. 지금은 종기쯤이야 별 대수롭지 않게 생각할지 모르지만, 당시 종기로 목숨을 잃은 경우가 부지기수였다. 역대 왕과 세자들이 종기로 생명의 위협을 받은 경우가 허다하였다. 효종과 정조는 결국 종기로 목숨을 잃었다. 사실 종기는 치사율이 매우 높은 중병이었다.

작자는 말미에서 이동을 적극 옹호하는 발언을 한다. 곧

"증세는 같아도 병은 다르고 병은 같아도 증세가 다른 것이니, 오직 의원이 뜻[意]으로 터득하는 여하에 달려 있다"는 말로 제시하였다. 그러면서 작자는 세간의 비난을 전혀 염두에 두지 않고 진료하는 이동을 일국의 명의로 부각시켰다.

"천하의 병이 다 그대로인 세상"에 과학의 잣대로 경험에 근거를 두었다는 이유로 전통의학을 부당하게 취급한 적이 있었다. 과연 현대 과학의 발전이 인체의 신비를 얼마나 이해하는가? 이제 서구의 의학자본은 동아시아 전통 의술을 자신들의 최첨단 과학과 결합시켜 대체의학이라는 이름으로 우리 몸을 장악해 가고 있다. 우리가 전통 의학을 도외시하는 사이 자본을 앞세운 의학제국의 메카니즘이 우리 눈앞에 성큼성큼 다가오고 있다.

명의의 처방전
老學究傳

 구리개[1]에 약 가게 하나가 있었다. 하루는 한 늙은 훈장이 헤진 옷과 짚신 차림에 시골의 점잖은 선비 같은 모습을 한 채로 불쑥 들어왔다. 방구석에 앉더니 한 마디 말도 없이 여러 시간이 지나도록 가지 않았다. 주인이 이상하게 여겨 물으니 늙은 훈장이 말했다.

"내가 어떤 손님과 여기에서 만나기로 약속했네. 그런 까닭에 지금 바로 약속한 때라 귀댁 점포에 머물고 있는데, 마음이 조금 편치는 않네."

주인이 말했다.

---

1) 구리개. 구름재[雲峴]라 불리는 곳으로, 보은단동과 마주 보던 지역이다. 지금의 소공동 부근을 말한다.

[조선시대의 약장]

"뭐 그리 편치 못할 게 있겠습니까?"

밥 때가 되어 주인이 밥을 먹자고 하면, 응하지 않고 문밖으로 달려 나가 주머니의 돈으로 시장에서 밥을 사먹고는 다시 돌아와 전과 같이 앉아 있었다. 이와 같이 여러 날을 하였으나 기다리는 벗은 끝내 오지 않았다.

이윽고 갑자기 어떤 상민常民이 와서 말했다.

"아내가 이제 막 아이를 낳으려고 정신을 잃었으니 원컨대 좋은 약으로 지어 주십시오."

주인이 말했다.

"의원에게 물어본 뒤 처방을 가져오면 내 마땅히 약을 지어 주리다."

그러나 상민은 굳이 약 한 첩을 구하려 하였다. 늙은 훈장이 거들면서 말했다.

"곽향정기산藿香正氣散 세 첩을 복용한다면 곧 나을 것이네."

주인이 웃으며 말했다.

"이것은 뱃속이 뒤틀리고 더부룩한 것을 푸는 처방이니 아이를 낳을 때 쓰는 것은 옳지 않지요."

늙은 훈장은 굳이 그 처방을 고집하였다. 상민이 말했다.

"일이 급하게 되었습니다. 이 처방으로 조제해 주기를 천만 바랍니다."

주인은 어쩔 수 없이 약을 지어 주었다.

저녁 무렵에 또 어떤 상민이 와서 말했다.

"저와 제 친구 아무개는 이웃하여 살고 있습죠. 친구의 아내가 아이를 낳다가 죽게 되었는데, 다행히 이 집에서 좋은 약을 얻어 살아났습니다. 이는 반드시 훌륭한 의원이 있어서 그러리라 싶어, 찾아뵈었습니다. 제 아이가 갓 세 살인데, 마마를 앓아 위급하게 되었으니 진단하여 약을 지어서 살려 주시기를 비옵니다."

늙은 훈장이 말했다.

"곽향정기산 세 첩을 복용하시오."

주인은 크게 그르다고 여겼으나, 그 사람이 굳이 간청하므로 또 그렇게 지어 주었다. 잠시 후에 상민이 와서 말하길 과연 즉시 효험이 있었다고 말하였다.

이후 소문을 들은 자들이 문전성시門前成市를 이루었는데 늙은 훈장은 곽향정기산을 쓰지 않은 적이 없었다. 그렇게 처방하면 모두 나아 북채로 북을 두드리는 것보다 빨랐다. 거의 두어 달이 되었는데도 늙은 훈장은 가지 아니하였고 그가 기다리는 나그네도 오지 않았다.

  하루는 어떤 정승의 아들이 약방에 와서 부친의 병이 오랫동안 낫지 않아 백약이 무효라고 하였다. 어제 영남의 한 유의2)를 오게 하였더니 보약의 약재를 쓰라고 했다면서 특별히 새로 캔 약재를 가지고 약을 지어 달라고 부탁했다. 그는 효험이 있길 바라면서 저기 앉은 사람이 누구냐고 물었다. 주인은 이즈음에 있었던 이상한 일과 그 이전 상황을 말해 주었다.

  정승의 아들은 곧 옷깃을 바르게 하고 앞으로 나아가 부친 병의 증상을 자세히 말한 뒤 좋은 처방전을 구하였다. 늙은 훈장은 얼굴빛을 고치지도 않은 채 말할 뿐이었다.

  "곽향정기산이 가장 좋습니다."

  정승의 아들은 슬며시 웃으며 물러났다. 돌아와 부친에게 말을 하다가 늙은 훈장의 일을 거론하며 한 번 웃었다.

---

2) 儒醫. 유학자이면서 의술에 능했던 사람을 말한다.

정승이 말했다.

"이 약이 반드시 합당한 처방이 아니라고 할 수 없으니 시험삼아 복용해 보고 싶구나."

그러자 그의 아들과 문인들이 모두 말했다.

"옳지 않습니다."

정승은 달여 온 약을 몰래 비워 버리고 주위 사람에게 조용히 곽향정기산 세 첩을 지어 합쳐 달이게 하고 세 번에 나누어 먹었다. 다음 날 아침 일어나 앉으니 정신이 맑고 기가 펴져 병의 뿌리가 이미 풀렸다. 그의 아들이 문안을 드리니, 정승이 말했다.

"묵은 병이 이미 몸에서 빠져나갔구나."

아들이 말했다.

"아무개 의원은 정말 화和와 편작[3]입니다."

그러자 정승이 말했다.

"아니다. 약방의 늙은 훈장이 어느 곳 사람인지 모르겠으나 정말 신의神醫구나."

그러고는 원래 약을 비우고 곽향정기산을 복용한 일을 털어놓았다.

---

3) 화와 편작. 두 사람 모두 중국 춘추전국시대의 이름난 의원.

"몇 달 동안의 질긴 병이 하루아침에 얼음 녹듯 하였으니 이렇게 고마울 수가 없다, 너는 어서 가서 그를 맞이해 오너라."

그 아들은 즉시 가서 감사의 뜻을 올리고, 함께 갈 것을 청했다. 늙은 훈장은 옷을 떨치며 일어나 말했다.

"내가 성안에 잘못 들어와 이런 더럽고 멸시당하는 말을 듣게 되었구나. 내가 어찌 막하幕下의 식객食客 노릇을 하겠는가."

그러고는 드디어 휑하니 가 버렸다. 정승의 아들이 무안해하면서 물러 나왔다. 집으로 돌아와 그 까닭을 고하자 정승은 그가 지조 있고 세속의 기운을 벗은 선비라고 더욱 감탄하였다.

얼마 후 임금이 병에 걸려 오랫동안 잠을 이루지 못했는데, 훌륭한 의원도 치료의 방향을 정하지 못하였다. 온 조정이 초조하고 두려워하였다. 당시에 그 정승이 약원[4]의 제조[5]를 맡고 있었는데, 마침 늙은 훈장의 일을 생각해 내고 들어가 병

---

4) 藥院. 내의원內醫院의 다른 이름으로 궁중의 의약을 담당하던 관청을 말한다.
5) 堤調. 관직의 제도상에 있는 벼슬이 아니고, 종1품이나 종2품 관원이 특정한 일을 위해 책임을 맡아 총괄 지휘하는 자리를 말한다.

세를 살피고는 그때 이야기를 아뢰었다. 임금은

"그 조제법이 반드시 이로운 것은 아니나 해로울 것도 없다."
라 명하고 약을 달여 내어 오도록 하였는데, 다음 날 아침에 바로 병이 나았다. 임금은 더욱 그 기이한 의술에 감탄하며 그를 찾도록 명령하였지만 끝내 찾을 수 없었다.

식자識者는 말한다. 이는 이인異人이다. 대개 의서醫書에 그 해의 운수가 순환하는데, 잠시 온갖 병이 비록 다르더라도 그 뿌리는 그 해의 운수가 시키는 것이다. 진실로 그 해의 운수를 알아서 그에 맞게 조제한다면 비록 서로 맞지 않는 증세라 하더라도 효험이 있다. 요즘 의술을 업으로 하는 자는 이런 이치에 대해서는 전적으로 어둡다. 다만 증세를 따라 약을 써서 그 말단을 다스리고 근본은 버려두니 사람을 죽게 만드는 것이다. 이 늙은 학구는 반드시 임금의 몸에 병이 있을 것을 알고, 이 처방이 아니면 구할 수 없기에 약속을 핑계대고 스스로 사람 사는 세상에 왔던 것이리라.

이 글은 유재건의 『이향견문록里鄕見聞錄』에서 뽑았는데, 『청구야담』을 원출전으로 밝혀 놓았다. 작품은 오직 곽향정기산藿香正氣散 처방전만으로 백성에서부터 임금에 이르기까지 다양한 병을 다스린 늙은 시골 훈장의 의술을 기록하였다. 『이항견문록』 자체가 대부분 일반 여항에서 특이한 행적과 개성적인 삶을 산 인물에 대한 견문을 서술한 것이거니와, 여기에 나오는 늙은 훈장의 전기 역시 그러하다.

한방에서 곽향정기산藿香正氣散은 겉과 속에 생긴 증상을 다스리는 데 모두 특효를 보이는 것으로 알려져 있다. 이를테면, 더위를 먹거나 이장의 염증과 여름철 감기, 그리고 토사·설사·산전산후의 신경성 복통·소아의 기침·안질·치통·인후통 등에 두루 사용한다.

사실 수많은 병증에 동일한 처방으로 완쾌시킨 늙은 훈장의 행위는 선뜻 이해가 가지 않는다. 현대과학도 인체의 신비를 매우 제한적으로 알며, 현대 의술도 사람의 병을 치료하는 것보다 못하는 것이 많다는 것을 상기하면, 이해가 안 되는 것도 아니다. 병을 치료하고 완치시키는 데 합리와 과학으로 이해할 수 없는 일이 얼마든지 있지 않겠는가? 그래서 작자는 신비한 의술을 가진 늙은 훈장을 평하면서 "이인異人이다"라 평하고 있거니와, 이 역시 같은 맥락일 터다.

작품에서 늙은 훈장의 사고와 행동이 매우 흥미롭다. 정승의 병을 치료하고, 오기를 요청하는 그 아들에게 "내가 잘못 성안에 들어와 이런 더럽고 멸시당하는 말을 듣게 되었구나. 내가 어찌 막하幕下의 식객食客 노릇을 하겠는가"라 호통치고, 세속적인 대우를 거부하고 홀연히 종적을 감춘 것이 그러하다.

대가를 바라지 않고 오직 의술로 병을 치료하는 자체에 인생의 목적을 둔 삶, 그것이야말로 진정한 의원의 모습일 터다. 이는 속인들은 쉽게 하기 어렵다는 점에서, 작자가 '이인異人'으로 간주한 것인지도 모를 일이다.

제 5 부

내 삶의 주체

더불어 사는 세상
萬德傳

 만덕은 성이 김金으로 제주도 양민의 딸이다. 어려서 어머니를 여의고 의지할 곳이 없어 기생집에 의탁하여 살았다. 만덕이 성장하자 관청에서 그녀의 이름을 기생妓生의 문서에 올렸다. 만덕은 비록 머리를 굽혀 기생에 종사하였으나, 스스로 기생으로 처신하지는 않았다.
 만덕이 스무 살 무렵, 관청에 자신의 사정을 눈물로 호소하니, 관청에서 그녀의 처지를 가엾게 여겨 기생의 문서에서 빼, 양민의 신분을 회복시켜 주었다. 이후, 만덕이 양민의 신분으로 살았으나, 그녀는 탐라의 남정네를 촌스럽게 여겨 남편으로 맞이하지 않았다.
 그런데 만덕은 돈을 버는 재주를 가졌다. 특히 그녀는 물가의 변동을 잘 알아 적절한 시기에 물품을 매매하여 수십 년 후에 이름이 날 정도로 돈을 모았다.

정조 19년 을묘년(乙卯年, 1795) 제주도에 크게 흉년이 들어 백성이 계속 굶어 죽었다. 정조가 곡식을 배에 싣고 가서 백성을 구제하라는 명을 내렸다. 아득한 남해 바다 팔백 리를 돛단배가 베틀의 북처럼 자주 왕래하였으나, 제때에 도달하지 못하는 경우가 있었다.

그러자 만덕은 많은 돈을 내어 육지의 쌀을 사와서, 여러 고을의 뱃사공에게 제때에 운반해 오도록 하였다. 만덕은 사 가지고 온 쌀, 십 분의 일로 자신의 친척을 구휼하고, 나머지는 모두 관청에 실어다 바쳤다. 굶주린 사람들이 그 소문을 듣고 관청의 뜰에 구름처럼 모여들었다. 관청에서 굶주린 정도에 따라 백성에게 골고루 나누어주었다. 남녀 모두 나와서 '우리를 살린 이는 만덕이다'라 하면서 만덕의 은혜를 칭찬했다.

만덕이 백성을 구제하는 일이 끝나자, 제주 목사가 만덕이 백성을 구제한 일을 조정에 보고하니, 정조 임금께서 매우 기특하게 여겨 문서를 내렸다.

"만덕의 소원은 뭐든지 들어주도록 하라."

목사가 만덕을 불러 임금의 명령을 알려 주며 물었다.

"네 소원이 무엇이냐?"

"별다른 소원은 없습니다만, 서울에 한 번 들어가 임금님 계신 곳을 바라보고, 이어 금강산에 들어가 일만이천 봉을 구경할 수 있다면 죽어도 여한이 없겠습니다."

당시 나라의 법으로 제주도 여성들은 바다를 건너 육지에 오는 것이 금지되어 있었다. 제주 목사가 만덕의 소원을 아뢰니, 정조가 그 소원을 들어주라고 명했다. 관청에서 서울로 올 때까지 말을 제공하고 각 객관에서 교대로 음식을 대접하도록 하였다.

만덕은 돛단배 하나로 구름 낀 아득한 바다를 건너서 병진년(丙辰年, 1796) 가을에 서울로 들어왔다. 한두 번 정승 채제공1)을 만났는데, 채 정승은 만덕을 만나 본 사실을 글로 써서 위에 아뢰었다.

정조가 선혜청2)에 명하여 만덕에게 달마다 식량을 주게 하고, 며칠 후에는 내의원3) 의녀에 임명하여 여러 의녀의 우두머리로 삼았다. 만덕이 관례에 따라 중전이 계신 궁궐에 나아가 중전과 빈궁嬪宮(세자의 부인)께 문안을 드릴 적

---

1) 蔡濟恭(1720~1799). 본관은 평강平康 자는 백규伯規, 호는 번암樊巖. 1743년 문과에 급제하여 1755년 평안도관찰사를 지냈으며, 형조판서, 우의정, 좌의정 등을 역임하였다.
2) 宣惠廳. 대동법大同法의 시행에 따라 대동미大同米와 대동포大同布 등을 담당하던 관청.
3) 內醫院. 궁중의 의약醫藥을 담당하던 관청.

에, 빈궁께서 궁녀를 보내 말했다.

"네가 여자의 몸으로 의롭게 굶주린 수많은 백성을 구하였으니, 참으로 기특하구나."

그리고 후하게 상을 하사하였다.

만덕은 반년을 지낸 뒤 정사년(丁巳年, 1797) 늦은 봄에 금강산으로 들어가서 만폭동·중향성 등의 기이한 경치를 차례로 구경했다. 그녀는 금부처를 보자 이마를 땅에 대고 절을 하며 공양에 정성을 다했다. 제주도에 불법이 전해지지 않았으므로 만덕은 쉰여덟의 나이에 절집과 불상을 처음으로 보았던 것이다.

그러고는 안문령鴈門嶺을 넘고 유점사[4]를 거쳐 고성으로 내려가서 삼일포[5]에서 뱃놀이를 하고 통천通川의 총석정叢石亭에도 올랐다. 그녀는 천하의 좋은 경치를 다 본 뒤에 다시 서울로 돌아왔다. 며칠을 머문 뒤에 고향 제주로 돌아가려고 내전(중전이 있는 곳)에 나아가 돌아가겠다고 하니, 중전과 빈궁이 전처럼 상을 내려 주었다.

---

4) 楡岾寺. 금강산에 있는 절 이름.
5) 三日浦. 신라시대에 영랑永郞·술랑述郞·남석랑南石郞·안상랑安祥郞 네 명의 국선國仙이 뱃놀이를 하다가 빼어난 경치에 매료되어 3일 동안 돌아가는 것을 잊었으므로 삼일포라는 이름을 얻었다고 한다.

이때 만덕의 이름이 서울에 가득하여 삼정승 이하 사대부들이 한 번만이라도 만덕의 얼굴을 보기를 원했다.

만덕은 떠날 때, 채 정승께 하직인사를 하면서 아쉬운 목소리로 말했다.

"이제 살아생전에 다시 정승님의 얼굴을 뵐 수 없겠군요"

이어 눈물을 글썽거렸다. 그러자 채 정승이 말했다.

"옛날 진나라 시황제와 한나라 무제는 바다 밖에 삼신산三神山이 있다고 여겼네. 세상에서 우리나라 한라산을 영주산6)이라 하고, 금강산을 봉래산蓬萊山이라 하지. 자네는 제주에서 성장하여 한라산에 올라 백록담 물을 마시고, 이번에 또 금강산을 두루 답사하였으니, 삼신산 가운데 두 곳을 직접 유람한 셈이네. 천하의 수많은 남자조차도 이렇게 한 자가 어디 있겠는가. 지금 작별하는 마당에 어째서 마음 약한 아녀자와 같은 태도를 하는가."

그러고는 이러한 일들을 기록하여 만덕전萬德傳을 짓고는 웃으며 주었다.

---

6) 瀛洲山. 삼신산三神山의 하나로, 진나라 시황제와 한나라 무제가 불사약을 구하러 사신을 보냈다는 곳이다.

이 작품은 채제공(蔡濟恭, 1720~1799)의 『번암집樊巖集』에 실려 있다. 자신이 평생 모은 재산을 흩어서 제주도 민중을 구한 미덕과 한 퇴기의 넉넉한 품성을 기린 작품이다. 작품의 눈은 만덕이 재산을 흩어 제주민을 구휼한 데 있다. 당시 만덕의 진휼행위는 비상한 관심을 끌어, '전傳'을 비롯하여 서사한시敍事漢詩, 변辨, 제題, 필기筆記 등 다양한 서사로 포착되었다.

홍희준(洪羲俊, 1761~1841), 심노숭(沈魯崇, 1762~1837), 이희발(李羲發, 1768~1849), 김희락(金熙洛, 순조 연간), 유재건(劉在建, 1793~1880), 이재채(李載采, 1806~1833) 등이 전으로 지었으며, 이가환(李家煥, 1742~1801), 정약용(丁若鏞, 1762~1836), 황상(黃裳, 1788~?), 조수삼(趙秀三, 1762~1849) 등 많은 문인들이 만덕의 아름다운 삶을 추숭하였다.

본래 만덕은 기생이다. 당시 기생의 신분이면 천賤이다. 대체로 당시 젊은 기생이 퇴기退妓가 되어 추구하는 것은 이재利財다. 만덕도 예외는 아니었다. 특히 그녀는 누구보다 이재에 밝아 "돈을 버는 재주"를 가졌으며 "물가의 변동을 잘 알아 적절한 시기에 물품을 매매하여 수십 년 후에 이름이 날 정도"였다. 물가 변동을 적절하게 이용하여 시세차익을 얻는 인물은 흔히 있을 수 있다.

여기서 중요한 사실은 매점매석을 통해 번 돈을 정승처

럼 썼다는 데 있다. 정승은 백성을 먹이고, 구휼하는 최고 행정가다. 제주민이 "우리를 살린 이는 만덕이다"라 언급하였거니와, 이 점에서 그녀는 제주도민의 정승이었다.

당시 퇴기신분으로 자신이 평생 악착같이 모은 재산을 흩어 빈민을 구휼한 행위는 보기 드문 일이었다. 그러했으니, 만덕의 미덕은 전국적인 화젯거리가 되었을 법하다. 이는 작품이 시공을 넘어 다양하게 창작된 것만 보아도 알 수 있다. 제주도 민중의 구휼 사건 이후 만덕이 서울로 온 일, 금강산 구경 등은 작품에서 부차적이다.

작자 채제공은 십년독상十年獨相을 한 정조대의 실력자로 당시 정국을 주도한 인물이다. 그러니 채제공이 직접 만덕을 만나 자세한 이야기를 견문하고 입전立傳한 것은 당국자로서의 정치적 의도가 없지 않다. 하지만, 치부한 돈으로 많은 제주민을 구제한 만덕의 행위 그 자체는 아름답기 그지없는 사실이다.

여성 경학가
任允摯堂

　　임윤지당은 녹문鹿門 임성주任聖周의 누이다. 임씨는 경종 신축년(辛丑年, 1721)에 태어났는데, 호는 윤지당允摯堂[1]이다. 그녀는 원주의 선비 신광유申光裕에게 시집갔으나, 일찌기 홀로 되어 자식이 없었다. 지금의 승지 신광우申光祐의 형수다. 그녀는 이학理學에 타고난 재주가 있어, 경전經典을 익혔다. 나이가 일흔이 가깝도록 매일 경전을 소리내어 읽는 것이 마치 경전을 공부하는 학자와 같았다.

　　그녀는 경전에 대한 의문을 따지고 밝히는 일이 아니면 저술하지 않았다. 경전의 뜻을 논의하는데, 친정 오라비 녹

---

[1] 윤지당. 여성 문인, 여성 철학자. 저서로 『임윤지당고允摯堂遺稿』가 있다.

문鹿門과 운호雲湖²⁾와 왕복한 것이 많았다. 이는 부인이 원주에 살고, 녹문 형제가 공주에 살았기 때문이다. 그녀의 다른 저술로는 집안의 제문과 정렬부녀貞烈婦女를 위해 지은 전傳이 있다. 나는 임씨가문의 인척이기 때문에 그 집안으로부터 부인이 이학과 글을 잘했던 것을 익히 들었다.

내가 그녀가 지은 제문과 경서를 해석한 것을 보니, 견식과 문장 솜씨가 스스로 일가를 이루어 흔히 규방에서 나온 시 한 수 글 한 편의 재주와 같은 것이 아니요, 바로 조대가曹大家³⁾와 나란히 놓을 만하였다.

그녀의 특이한 재주는 단지 부녀자의 숨겨진 덕으로 그칠 일이 아니므로,「규열록閨烈錄」에 넣지 않고,「규수록閨秀錄」에 넣었다. 그녀가 지은「척형명尺衡銘」⁴⁾은 이러하다.

오! 위대하신 상제上帝께서 백성들에게 마음을 내려 주셨

---

2) 형제인 임성주와 임정주任靖周의 호.
3) 조대가. 동한東漢시대 여류학자인 반소班昭. 반표班彪의 딸이며 반고班固의 누이동생으로 조세숙曹世叔의 처가 되었다. 박학고재博學高才하여「여계女誡」7편을 지었고, 반고가 편찬한『한서漢書』를 완성하였다.
4) 척尺은 자, 형衡은 저울. 자와 저울을 비유해서 중용中庸의 실천적인 도리를 밝힌 글.『임윤지당고允摯堂遺稿』하편에 나온다.

도다. 그 마음이란 어떠한 것인가? 중정中正하여 치우침이 없도다. 온축한 그 체體는 중화中和이며 덕행德行이로다. 출현한 그 용用은 시의時宜요 용행庸行이로다.

오직 성인은 편히 처하는 바요, 오직 대중은 힘써 할 바로다. 사람이 힘써 할 적에 무엇을 따를 것인가?

너에게 저울과 자가 있도다. 가볍고 무겁고 길고 짧고 헤아리는 것은 너의 구실이로다. 오직 정하게 하고, 오직 한결같아야 진실로 어긋나지 않느니라. 정하지 않고 한결같지 않으면 양주楊朱가 아니면 묵적墨翟이 되리로다. 삼과三過[5])와 누항陋巷의 경우는 다 바로 '중中'을 얻었다고 말한다. 네 눈이 이미 밝으면, 체와 용이 모두 갖추어지리라. 삼가하고 조심하며, 반드시 공경하고 반드시 경계하라.

그가 지은 「심잠心箴」[6])은 이러하다.

---

5) 삼과. "三過其門不入"을 말함. 곧 직무의 일에 당하여 일에 부지런함을 비유함. 우禹임금이 치수治水를 할 때에 자기 집을 세 번이나 지나치며 들어가지 않았다고 한다. 『맹자孟子』의 「이루장 離婁章 하下」에 이 사실이 언급되어 있다.
6) 『임윤지당고』 하下편에 나온다.

마음은 본래 허虛하니, 신묘神妙하여 헤아리기 어렵도다. 네 하고 싶은 대로 하면, 갈 데 없도다. 다 잡으면 지켜지고, 버리면 잃게 되느니라. 성誠이 아니면 어찌 지켜지고, 경敬이 아니면 어찌 길러지겠는가. 본성의 발함은 희미하게 되고, 형기形氣의 부딪힘은 위태롭도다. 희미한 것은 확충하고 위태로운 것은 막을 것이로다. 조짐을 미연에 막아내고 홀로 있을 때를 삼가하는 것이 마음을 다스리는 원칙이라.

이 점을 생각하면 여기에 두고, 한 순간이라도 놓아버리지 말라. 능히 생각하면 성인聖人도 될 수 있고, 생각을 잃으면 광인狂人이 되기 쉽다. 무엇에 등을 돌리며, 무엇을 우러를까. 등 돌리고 우러름의 구분은 삼척동자도 알 것이다. 알면서 행하지 않으면 이는 스스로 저버리는 것이다. 어렵다고 이르지 말고 행하기를 이처럼 하라. 마땅히 그 덕을 닦으며, 감히 혹시라도 쉬지 말라.

상제上帝께서 네게 이르러 있으니 네 마음을 분산시키지 말라. 능히 생각하고 또한 공경하는데 오직 마음이 거울이로다. 하늘이 백성을 내심에 반드시 표준이 있으니, 이에 마음에 고하여 그 지극함을 공경하여 밝히리로다.

이규상(李奎象, 1727~1799)의 『병세재언록幷世才彦錄』에 실려 있는 글이다. 사대부 여성으로 한문 글쓰기에 탁월한 재능을 보인 임윤지당의 삶을 조명하였다.

누구나 알듯이 한문은 남성적 글쓰기며, 전근대의 이념과 지배층의 가치를 반영한 글쓰기 방식이다. 그러나 조선조에 더러 여성 작가들은 한문을 빌어 문학으로 표출한 경우가 있었다. 여성 한시 작가의 경우가 그러하다. 하지만 여성이 산문을 통해 자신의 의사를 자유자재로 구사한 경우는 드물었고, 경전을 주석하거나 해석한 경우는 더욱 드물었다. 여성 경학가 임윤지당의 존재는 그런 면에서 매우 희귀하며 특수한 사례에 속한다.

그녀가 학자로 성장할 수 있었던 데는 가문의 배경이 크게 작용하였다. 녹문 임성주를 위시한 형제들은 쟁쟁한 경학가였다. 그녀가 출가 후, 형제들과 상호간에 학문적 토론을 마다하지 않은 것도 이러한 가문의 배경이 있었기에 가능하였다.

위에서 이규상이 임윤지당의 산문 창작과 경전 해석을 두고 '견식과 문장 솜씨가 스스로 일가를 이루어 규방에서 겨우 시나 문장을 한 편 짓는 재주가 아니라 여성 경학가로, 빼어난 산문작가'로 평가한 것은 여성 학자로서의 삶을 비교적 개관적으로 바라본 것이다.

당시 여성이 한문을 능숙하게 하는 것 자체가 바람직한 일이 아니었다. 더욱이 사대부들도 쉽게 하기 힘들었던 경학의 세계에 뛰어든 자체가 사회적 금기를 깨뜨린 것이었다. 규방 안에서 여성의 모든 삶이 규정되던 사회적 통념을 넘어선 그 지점에서, 그녀는 전근대 여성에게 덧씌워진 관념의 옷을 벗어 던진다.

더욱이 이규상은 「척형명」과 「심잠」을 소개하여 그녀가 보여준 학문적 깊이와 경학의 성취를 보여주고 있다. 그녀가 경학經學 분야에 과감하게 뛰어들어 여성적 글쓰기와 여성학자의 길을 모색하였다는 점은 우리의 주목을 끌기에 충분한 사건이다.

당시로서는 특수한 사례지만, 그녀의 삶을 통해 양성 평등의 삶을 추구한 여성상의 단초를 읽는다면 과도한 독법일까? 이 점을 인정한다면 그녀의 삶은 과거형이지만, 문제 제기는 현재형일 수 있을 것이다.

여협의 미덕
茶母傳

　김金 조이¹⁾는 한성부의 다모²⁾다. 조선 순조 임금 임진년(壬辰年, 1832)에 경기·충청·황해 3도에 큰 가뭄이 들자, 한성부에서 백성에게 술 빚는 것을 금지시켰다. 이 법을 어기는 자는 죄의 무겁고 가벼움에 따라 유배를 보내거나 벌금형에 처하였고, 술 빚는 범인을 고의로 숨겨 주는 관리도 용서하지 않았다.

　관리들은 술 빚는 사람을 빨리 잡아들이지 못했다가 자신에게 죄가 미칠까 두려워, 백성에게 몰래 술 빚는 자를 고발하게 하고 고발자에게는 포상금의 십 분의 이를 나누

---

1) 召史. 양인良人의 아내나 과부를 이르는데, 이두로 '조이'라 읽는다.
2) 茶母. 차를 끓이는 일을 하던 관청의 노비다. 조선은 여성 용의자 및 죄수를 다룰 때 다모나 의녀를 이용하였다.

어 주었다. 이 때문에 고발자가 많아져 관리들이 술 빚는 자를 귀신같이 적발했다.

어느 날 한성부 소속 아전과 관원들이 남산 아래 어느 거리에 이르러, 후미진 곳에 몸을 숨기고 다모를 불렀다. 다리 끝 쪽의 몇 번째 집을 가리키면서 말했다.

"저 집은 양반 집이라 곧바로 들어갈 수 없으니, 자네가 먼저 들어가 안채를 수색해 보게나. 자네가 몰래 술 빚는 범인을 잡았다고 크게 외치면 우리가 바로 뒤좇아 들어감세."

다모는 아전이 시키는 대로 발꿈치를 들고 안채의 아랫목으로 살금살금 들어가 수색을 하였더니, 과연 서너 되쯤 들어갈 만한 술 단지에 맛있는 술이 막 익고 있었다. 다모가 그 술 단지를 안고 나오자, 주인 할멈이 그 모습을 보고서는 화들짝 놀랐다. 그러자 할멈이 눈에 초점을 잃고 입에 거품을 물며 사지가 마비된 채 새파랗게 겁에 질린 얼굴로 기절해 버렸다. 그러자 다모가 술 단지를 놓고 할멈을 부둥켜안고 재빨리 따뜻한 물로 조금씩 입을 적셔 주었더니 조금 뒤 할멈이 정신을 차렸다. 다모가 질책하며 말했다.

"조정의 명령이 매우 엄하거늘, 왜 양반의 신분으로 법을 어긴단 말입니까."

할멈은 겨우 말했다.

"우리 집 생원 영감이 평소 지병을 앓고 있다네. 우리 영감이 좋아하는 술을 못마시자 그 뒤로는 음식물조차 삼키지 못해 병도 고질이 되었다네. 게다가 가을부터 겨울 내내 끼니마저 자주 잇지 못하는 형편이었네. 마침 며칠 전에서야 곡식 몇 되를 구걸해 영감의 병 조리를 위해 두려운 마음으로 몰래 술을 빚었다네. 내 부득이 법을 어겼으나, 이리 잡히리라고는 생각치도 못했는데 ……. 부디 보살님 같은 선심으로 내 처지를 불쌍히 여기고 제발 사정 좀 봐 주게. 내 죽어서라도 그 은혜를 잊지 않음세."

그 말을 들은 다모는 할멈의 처지를 매우 딱하게 여겨 술 단지를 재에 쏟아 부었다. 그리고 사기그릇을 가지고 문을 나왔다. 관원이 물었다.

"범인을 잡았느냐?"

다모는 태연하게 웃으며 말했다.

"범인은커녕 죽은 시체라도 나올 판이네요."

그러고는 곧장 콩죽 파는 가게에 가서 죽 한 사발을 사서 할멈에게 주었다.

"할멈이 끼니조차 잇지 못하기에 드리는 것입니다. 그런데 누가 할멈이 몰래 술 빚는 사실을 알고 있나요?"

"쌀도 내가 직접 찧었고, 누룩도 집에서 내가 지키면서 직접 빚었다네. 아는 사람은 아무도 없을 걸세."

"그럼 혹시 누구에게 판 적이 있나요?"

"이 늙은이는 오직 영감의 병 수발을 위해 술을 빚었을 뿐일세. 항아리의 크기도 겨우 술 몇 바가지 정도이니, 다른 사람에게 팔았다면 어떻게 남은 술이 있어 영감에게 줄 수 있겠나. 그 말을 당치도 않다네."

"그럼 맛을 본 사람은 있습니까?"

"어제 아침 성묘를 가던 차에 젊은 생원인 시숙이 잠시 들른 적이 있었지. 시숙의 집도 매우 가난하여 나 역시 아침밥을 차려 줄 형편도 못 되는 데다 빈속으로 인사하는 것도 뭣하기에 손수 술 한 잔을 떠서 권한 적은 있다네. 그밖에 다른 사람에게 마시라고 준 적은 없네."

"송구스럽지만, 시숙과 영감은 동복형제인가요?"

"그렇다네."

다모가 시숙의 나이, 모습과 체형, 키, 수염에 대해 꼬치꼬치 캐물으니, 할멈은 질문에 하나하나 대답했다. 다모는 알았다고 하고서 문을 나와 한성부 소속의 관원에게 말했다.

"이 양반 집은 몰래 술을 빚은 적이 없소. 주인 할멈이 나를 보고 놀라 쓰러져 기절하기에, 할멈이 혹시 죽을까 걱정되어 깨어나는 것을 보고 나오느라 이리 늦었습니다."

다모가 관원들을 따라 한성부로 돌아가던 중, 뒷짐을 진 채 사거리에서 서성거리며 한성부 관원들이 돌아오기를 기다리는 할멈의 시숙을 보았다. 그는 주인 할멈이 말한 용모와 똑같았다. 다모는 다짜고짜 손을 들어 그 시숙의 뺨을 때리고 침을 뱉으며 꾸짖었다.

"네가 양반이란 말이더냐! 양반이란 자가 몰래 술을 빚었다고 형수를 고발하여 포상금이나 받아먹으려고 하다니!"

이 소리에 크게 놀란 거리의 사람들이 빙 둘러 에워싸고 구경했다. 다모의 말을 들은 관원들은 화를 내며 말했다.

"네가 할멈의 사주를 받고 우리를 속이고 도리어 고발자에게 욕까지 한단 말이냐!"

다모의 머리채를 틀어쥐고서 주부3) 앞으로 데려가 이 사실을 있는 대로 보고했다. 주부가 다모에게 그 사실을 물으니, 다모는 정황을 있는 그대로 아뢰었다. 주부는 겉으로 화를 내는 척하면서 말했다.

"몰래 술을 빚은 범인을 숨겨 주었으니, 그 행동은 용서할 수 없다. 매 20대를 쳐라."

주부는 유시4)에 관청의 일이 끝나자, 다모를 조용히 불러서 돈 10꿰미를 주면서 말했다.

"자네가 몰래 술을 빚은 범인을 숨겨 주었기 때문에 그

---

3) 主簿. 조선시대의 관직. 한성부漢城府를 비롯한 각 관청에서 일을 맡아 보던 종6품의 벼슬아치.
4) 酉時. 오후 5시~7시.

죄를 용서한다면 나라의 법이 확립되지 않기에 매질을 하게 되었네. 하지만 자네는 의로운 사람일세. 그 행동이 훌륭하여 돈 10꿰미로 상을 주는 것이니 받게."

그러자 다모는 밤중에 남산 아래 그 양반 집에 가서 주인 할멈에게 상으로 받은 돈 10꿰미를 주면서 말했다.

"제가 관청에 소속되었으니, 몰래 술 빚는 범인을 숨겨주어 매질을 받은 것은 당연하지요. 하지만 할멈이 몰래 빚은 술이 아니었다면 상금을 어디에서 받았겠습니까? 그래서 이 상금을 할멈께 주려고 합니다. 제가 할멈이 이처럼 가난하게 사는 걸 보니, 상금 중 반은 땔감을 사고 나머지 반으로 쌀을 팔면 겨울 내내 굶주림과 추위 정도는 충분히 면할 수 있겠네요. 하지만 행여 다시는 몰래 술을 빚지 마세요."

할멈은 부끄러워하면서도 한편으로 매우 기뻤다.

"나를 불쌍하게 여긴 자네의 은혜로 벌금형을 면하게 되었는데, 다시 내 무슨 면목으로 그 상금까지 받을 수 있겠나."

할멈은 이렇게 말하고는 한사코 사양했다. 하지만 다모는 돈을 할미 앞에 놓아두고 뒤도 돌아보지 않고 떠나가 버렸다.

이 글은 송지양(宋持養, 1782~?)의 『낭산문고朗山文稿』에 실려 있다. 다모茶母는 차를 끓이는 일을 하던 관청의 노비다. 간혹 관청에서 여성 용의자나 죄수를 다룰 때 다모나 의녀를 이용하였다. 여기에 나오는 다모는 흉년 때문에 금주령이 내리자 밀주를 수색하는 일을 맡았다. 작품은 밀주를 단속하다가 벌어진 사건의 처리과정을 통해 다모의 인간다움과 바른 품성을 보여주고 있다.

조선조 사회는 거의 3년 꼴로 흉년이 들었다. 이 경우 흔히 나타나는 표현이 "사방 십리를 가도 연기가 일지 않는다"거나 "사방에 개 짖는 소리가 들리지 않는" 것이다. 먹을 양식이 없으니 불을 지필 일도, 개를 잡아먹었으니 소리가 나지 않을 수밖에.

이 작품의 주인공 다모는 금주령을 어긴 집을 적발하는 것이 임무였다. 일반 백성 집이야 그렇다 하더라도 양반가의 규방은 관원들도 쉽게 접근하기 어려웠다. 이 때문에 다모의 존재가 필요하였다.

1832년 순조임금 때 심한 흉년이 들었다. 뒤따르는 정부의 조치는 당연히 금주령이다. 정부는 술을 빚는 데 쌀이 많이 들기 때문에, 금주령을 통해 쌀의 소비를 막자는 것이 의도였다. 다모의 밀주 단속은 이를 배경으로 나왔다.

여기에 등장하는 인물들은 모두 개성적이다. 양반 신분

임에도 상금을 타기 위해 인륜을 저 버리고 형수를 고발하는 시동생, 비록 천한 신분이지만 이러한 사실을 개탄하며 자신의 처지조차 아랑곳 않고 이를 꾸짖다가 매를 맞는 다모, 여기에 다모의 바른 품성과 곧은 생각을 인정해 주면서 관인으로서의 입장과 인간다움을 잃지 않았던 주부 등이 그들이다.

인륜을 누구보다 중요시 해야 할 양반이 가난 때문에 형수를 고발하여 상금을 타려는 작태와 천인이지만 금주령을 어긴 형수를 옹호하고 시동생을 꾸짖으며 받은 상금을 형수에게 베푸는 다모의 대비적 모습은 참으로 아이러니다.

일찍이 맹자는 "항산恒産이 있어야 항심恒心도 생긴다"고 했다. 양반신분인 시동생도 생계를 위한 경제적 조건이 없으니 도덕이며 신분을 유지하는 규범마저 내팽개쳐 버렸다. 시동생의 고발은 생존을 위해 윤리도 아무런 의미가 없다는 것을 여실히 보여준다.

이 점에서 다모는 여협女俠이자, 여성군자며 의인義人인 셈이다. 더욱이 이러한 다모의 품성을 인정해 주고 상금을 주는 주부, 받은 상금으로 형수에게 베푸는 다모의 행동을 찬찬히 음미하면, 어느 누군들 잔잔한 울림을 느끼지 않겠는가?

당시 특수임무를 맡았던 하층의 여성으로부터 인간의 참

모습을 보고 입전한 작자의 시선도 소중하지만, 우리가 다모의 건강하고 인간다운 품성을 통해 삶이 무엇인지 되돌아볼 수 있어 더욱 의미가 있는 것이다.

제6부

거침없는 삶

여항인의 후원자
林俊元傳

　서울의 민속은 남북이 다르다. 종로 이남에서 남산에 이르는 곳이 남부다. 이곳은 상인과 부자들이 많이 살아 이익을 좋아하며 인색하지만 좋은 말과 저택의 사치스러운 것을 서로 다툰다.
　백련봉[1] 서쪽에서 필운대[2]에 이르는 곳이 북부인데, 대개 가난한 집이 많고 놀고먹는 부류들이 살았다. 이따금 호협한 무리가 있어 의로운 기개로 서로 사귀되 베풀기를 좋

---

1) 白蓮峰. 북악산北岳山 기슭 삼청동三淸洞에 있는 지명으로 백련사白蓮社라고도 부른다. 석벽에 월영암月影岩이라 새겨져 있다.
2) 弼雲臺. 인왕산仁王山 아래 있는 지명. 꽃과 나무가 볼 만하여 봄놀이 하는 곳으로 꼽혔음. 이곳에서 나온 시를 가리켜 '필운대 풍월風月'이라 했다.

아하고 신의를 무겁게 여겨 남의 어려움을 잘 도왔다.

북부에서는 시인과 문인들이 좋은 계절에 서로 만나 노닐면서 임천林泉과 운월雲月의 즐거움을 다하였다. 그들은 곧잘 시편을 많이 지어 아름다운 구절을 겨루었다. 이 역시 풍속의 기운이 시켜 그러한 것일까?

임준원林俊元의 자는 자소子昭다. 대대로 서울의 북부에 살았다. 사람됨이 준수하고 시원스러웠으며, 기이한 기질이 있었고, 위풍당당한 몸에다 말솜씨가 뛰어났다. 어릴 적에 귀곡龜谷 최기남3)의 문하에서 학문을 닦아 자못 시를 잘 짓는다는 말을 들었다.

그러나 임준원은 집이 가난한 데다 나이 드신 부모님이 계셔서 뜻을 굽혀 내수사4)의 아전 구실을 맡아보았다. 임준원은 근면하고 성실한데다 사무에 밝아서 내수사의 신임을 받았다. 그는 임무를 잘한 덕에 부富를 일으켜 집의 재산이 수천 냥에 이르자, 이에 탄식하며 말했다.

---

3) 崔奇男. 자는 영숙英叔, 호는 귀곡龜谷 혹은 묵헌默軒이다. 시를 잘 지었다.
4) 內需司. 대궐에서 쓰는 쌀, 베, 잡물雜物, 노비 등에 관한 사무를 맡아보던 관부다.

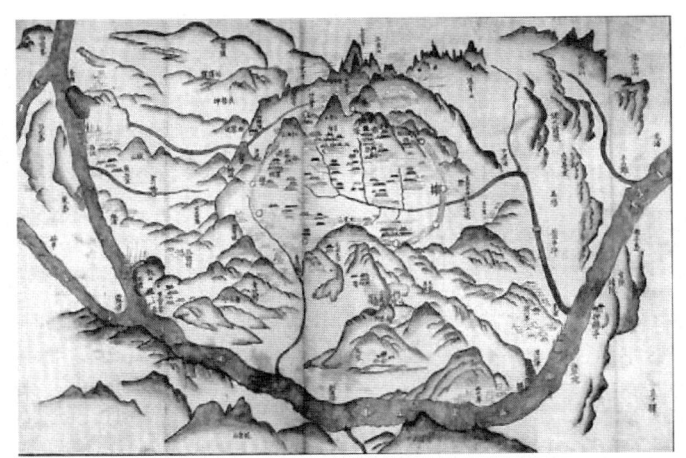
[한성전도漢城全圖] 18세기 후반, 영남대학교 박물관 소장

"이제 이만하면 이미 충분하다. 어찌 자질구레한 일에 골몰할 것인가?"

즉시 아전의 일을 그만두고 집에서 글을 지으면서 스스로 만족하였다. 매일 동무들과 더불어 모임을 가졌다. 그의 집에는 신발이 항상 그득하였고, 술상이 끊이질 않았다. 그와 함께 한 동무로는 유찬홍5), 홍세태6), 최대립7), 최승태,

---

5) 庾纘洪. 자는 술부述夫. 정두경鄭斗卿에게 수학한 바 있었으며, 바둑을 잘 두어 국수國手로 유명했다.
6) 洪世泰(1653~1725). 자는 도장道長, 호는 창랑滄浪. 중인 출신으

김충열, 김부현8) 같은 이들이 있었다.

유찬홍은 호가 춘곡春谷인데 바둑을 잘 두었고, 홍세태는 호가 창랑滄浪인데 시를 잘 지어 당시에 모두 명성이 으뜸이었다. 나머지 사람도 모두 기개와 문장, 예술로 칭송을 받았다.

그런데 유찬홍은 술을 좋아해서 한 번에 여러 말을 마실 수 있었다. 홍세태는 어머니가 나이 들고 늙었지만 가난하고 어려워 잘 모실 수 없었다. 임준원은 유찬홍을 자기 집에 머물게 하고 맛좋은 술을 대접하여 그의 주량을 채워주었으며, 자주 홍세태 집에 재물을 주어 궁핍하지 않게 해주었다.

임준원은 번번이 좋은 철에 아름다운 자연 경치를 만나면 여러 벗을 불러 아무개 장소에서 모이도록 약속했다. 임준원이 주관하여 술과 안주를 마련해 와서 시를 읊으며 취하도록 마시고 실컷 놀다가 흩어지곤 했다. 이런 모임이 정해진 것처럼 되었지만 오래도록 귀찮게 여기지 않았다. 서

로 시를 잘 지었다.
7) 崔大立. 자 수부秀夫, 호 창애蒼涯 혹은 균담筠潭. 모친에게 효성이 지극했고 시를 잘하였다.
8) 崔承太와 金忠烈의 시작품들이 『해동유주海東遺珠』에 실려있다.

울에서 제법 재주와 명성이 있는 사람들은 이 모임에 참여하지 못하는 것을 수치로 여겼다.

임준원은 재산이 넉넉한데다 의로운 일을 좋아하고 베풀기를 즐겨 해서 항상 남에게 도와주지 못한 것을 걱정했다. 그래서 가난한 일가나 친구들은 혼례를 치르거나 장사葬事의 어려운 일을 당하면 반드시 그에게 부탁하였다. 그가 평소 집에 있으나 밖에 나가나 그를 부모와 형님처럼 모시며 공손하게 대접하는 사람이 수십 인이 되었다.

어느 날 임준원이 육조六曹 앞거리9)를 걸어가는데 한 아낙네가 관청 사람에게 끌려가고 있었다. 어떤 못된 녀석이 뒤따라가며 욕설을 퍼붓자 아낙네가 몹시 섧게 우는 것이었다. 준원은 그 이유를 묻고는 꾸짖었다.

"하찮은 빚 때문에 여자를 이렇게 욕보일 수 있느냐?"

임준원은 그 자리에서 아낙네가 진 빚을 다 갚아 준 다음 문서를 받아서 찢어 버리고 발길을 돌렸다. 아낙네가 뒤따라오며 물었다.

"공은 어떤 분이시며, 어디 사시는지요?"

"예법에 남녀간에는 서로 길을 비켜선다 하였소. 무엇하

---

9) 육조 앞거리. 지금의 광화문 앞의 길.

러 나의 이름을 묻는 것이오?

아낙네가 계속 물었지만 그는 끝내 말해 주지 않았다. 마침내 이름이 백성에게까지 떨치자, 그의 사람됨을 사모해서 알고자 하는 사람의 발길이 문전을 이었다.

귀곡 최기남이 세상을 뜨자 초상을 치르기도 어려웠다. 그 문하의 제자들이 모여서 장사를 치르는데 관棺을 부조할 만한 사람이 없었다. 그때 임준원은 사신使臣을 따라서 북경北京에 가 있었다. 좌중의 사람들이 한탄하며 말했다.

"어허, 임준원이 여기 있었더라면, 우리 선생님께서 돌아가셨는데 관도 없이 가시게 하지는 않았을 텐데."

이 말이 미처 끝나기도 전에 문밖에 관을 짤 나무를 운반해 오는 사람이 있었다. 물어보니 임준원의 집 사람이었다. 임준원이 북경 길을 떠날 때 최공이 늙고 병든 것을 염려해서 집안사람들에게 미리 일러두었던 것이다. 사람들은 임준원의 높은 의리와 능히 앞일을 생각할 줄 아는 데 감복하였다.

임준원이 죽자 조문객 중에는 부모님 상을 당한 듯이 통곡하는 사람들도 있었다. 늘 그의 덕을 보던 사람들은 한숨을 내쉬면서 말했다.

"우리는 이제 어떻게 살아갈 것인가?"

홀로 된 늙은 여인이 자청해서 바느질을 돕다가 성복[10)]

이 끝나서야 돌아갔다. 바로 육조 앞거리의 그 아낙네였다.

임준원은 비록 한시를 전공하지 않았지만, 그의 시는 자연스러움을 얻어 맑으면서도 당나라의 시풍을 느낄 수 있었다. 창랑 홍세태 등 여러 분과 함께 주고받은 작품이 많다. 임준원이 죽은 지 30여 년 후에 창랑 홍세태가 여항에 떠도는 한시를 모아 『해동유주』11)란 이름으로 책을 만들었다. 유찬홍, 임준원 두 사람의 한시들이 많이 수록되어 있다고 한다.

이 글은 정내교(鄭來僑, 1681~1757)의 『완암집浣岩集』에서 뽑았다. 정내교는 역관 출신의 여항문인으로 통신사의 일원으로 일본을 다녀왔으며 시인으로 주목을 받았던 인물이다. 『이향견문록異鄕見聞錄』에도 「임준원전」이 실려 있다.

이 작품의 주인공 임준원은 17세기 말 18세기를 살았던

---

10) 成服. 장사를 지낼 때의 한 절차로 초상初喪이 나서 상복喪服을 입는 것이다.
11) 『해동유주海東遺珠』. 조선조 전기의 박계강朴繼姜부터 당시대에 이르기까지 마흔여덟 명의 시 230여 수를 수록한 책. 홍세태가 편찬한 것으로 1권 1책.

인물이다. 작품은 여항의 패트런을 자임한 임준원의 삶을 시기별로 조명해 놓았다. 벼슬살이 전의 궁핍한 처지, 경아전과 부의 축적, 그리고 은퇴 이후 여항인의 후원자로 활동하는 모습 등을 몇 가지 사건을 통해 보여준다.

임준원이 살았던 우대(작품에서 말하는 북부)는 겸인·서리·별감 등의 거주지일 뿐만 아니라, 여항문학의 중심지다. 북부는 조선조 후기, "호협한 무리가 있어 의로운 기개로 서로 사귀되 베풀기를 좋아하고 신의를 무겁게 여겨 남의 어려움을 잘 도왔던" 풍기를 지녔고, "시인과 문인들이 계절을 따라 서로 만나 노닐어 숲과 시내 구름과 달과 같은 즐거움을 추구"하는 장소였다.

작자는 북부에 터 잡은 임준원도 의리를 중시하고 남을 돕는 기질에다 문식이 있음을 부각시켰다. 더욱이 임준원이 내수사의 서리로 들어가 부를 축적하는 과정, 여항 시인들과 시사를 결성하고 교유하는 문예활동의 모습, 여항인의 후원자로 역할을 하는 정황은 여항문화를 이해하는 유익한 정보를 제공해 주는 대목들이다.

위에서 임준원은 '내수사'의 서리로 치부하였다고 언급을 하였다. 내수사는 궁중에서 쓰는 미곡米穀·포목·잡화雜貨 및 노비, 왕실의 토지와 재산 관리를 담당하는 곳이니, 그는 요직에 있었던 셈이다. 이권이 생기는 것은 당연한 일이었다.

내수사의 서리는 되기도 힘들었지만, 한 번 들어가면 얼마든지 부를 축적할 수 있는 자리였다. 사실 임준원과 같은 서리들이 축적한 부는 사회 구조의 이완과 균열을 틈타 얻은 성격이 강하다. 기실 이들은 해박한 실무로 이권을 챙기고 부를 축적할 수 있었다. 임준원이 "근면하고 성실한데다 사무에 밝아서 내수사의 신임을 받았고", "임무를 잘한 덕에 부富를 일으켜 집의 재산이 수천 냥에 이르렀다"는 묘사는 이를 의미한다.

임준원의 치부과정은 건강하지 못했지만, 그는 돈을 의미 깊게 사용하였다. 곤란에 빠진 하층민을 위해, 여항문학의 발전을 위해 아낌없이 제공하였던 것이다. 유찬홍·홍세태·최대립·최승태·김충열·김부현 등, 초기 여항문인들은 모두 임준원의 후원을 입었다.

당시 임준원의 주도한 여항문화는 문인들의 비상한 관심을 불러일으켰다. "서울에서 제법 재주와 명성이 있는 사람들은 이 모임에 참여하지 못하는 것을 수치"로 여겼을 정도로 유명세를 떨쳤다. 이처럼 초기 여항문학(중인문학)의 기반은 임준원의 끊임없는 관심과 후원 속에 발전하였던 것이다.

참다운 관리란
金壽彭傳

　　김수팽金壽彭은 영조英祖 때 사람이다. 호걸스러운 성격에 큰 절개가 많아, 옛 열장부烈丈夫[1]의 면모가 있었다. 그는 호조戶曹의 서리가 되어 청렴결백으로 자신을 지켰다. 그의 동생은 선혜청宣惠廳 서리였다.

　　일찍이 김수팽이 동생의 집에 들렀는데 동이들이 마당에 줄지어 있고, 검푸른 흔적이 군데군데 있었다.

　　"무엇에 쓰는 것인가?"

하고 물으니 아우가 말하였다.

　　"아내가 푸른빛 염색업을 합니다."

　　그러자 수팽은 노하여 아우를 매질하였다.

---

　　1) 열장부. 절의를 굳게 지키는 사나이. 烈士.

"우리 형제가 모두 후한 녹을 받고 있는데, 이를 업으로 한다면, 저 가난한 사람들은 장차 무엇을 생업으로 하겠는가?"

곧 동이를 엎어버리게 하니, 푸른 염료가 콸콸 흘러 도랑에 가득 찼다.

일찍이 김수팽이 공문서를 가지고 판서의 집에 결재를 받으러 갔었는데, 판서가 마침 손과 더불어 바둑을 두면서 그를 보고 머리만 끄덕이고는 전과 같이 바둑을 계속 두었다. 몇 시간이 지나도 그치지 않자, 수팽이 뜰을 지나 마루에 올라가 손으로 바둑돌을 흩어 버리고 내려와 말하였다.

"죽을 죄를 지었습니다. 죽을 죄를 지었습니다. 그러나 이 일은 국사國事라 늦출 수가 없습니다. 결재를 청하오니 다른 서리에게 주어 실행케 하소서."

그리고 곧장 사임하고 나갔다. 판서가 사과하고 그의 사임을 만류하였다.

우리나라의 법에 민간의 처녀로 궁녀를 충당하게 되어 있었다. 수팽의 딸이 거기에 뽑혔다. 수팽이 궁중의 문을 밀치고 들어가 호소하고, 또 나와서 신문고申聞鼓[2]를 쳤다. 담당 관청에서 면밀히 조사하여 그 실정을 보고하니 임금

---

2) 신문고: 백성이 억울한 일이 있을 때, 왕에게 호소할 때 치는 북. 등문고登聞鼓라고도 한다.

이 비답하였다.

"무릇 궁녀를 뽑을 적에는 액속掖屬3)의 여자로서 하고 민간의 처녀는 대상에 넣지 말라."

곧 어명을 내려 이를 정식 법으로 삼게 하였다. 수팽의 청원을 따른 결과였다.

이보다 앞서 임금이 내시에게 호조의 돈 10만 냥을 가져오게 했는데, 이때가 한밤중이었다. 수팽이 마침 숙직이어서 거절하며 임금의 명을 따르지 않자 내시가 꾸짖고 독촉하였다. 수팽이 느린 걸음으로 판서의 집으로 가서 결재를 받은 후에야 비로소 돈을 내주니 날이 이미 밝아 있었다. 임금이 사실을 알고 그를 가상하게 여겼다. 이때서야 수팽의 이름을 듣고 위와 같은 특별한 은총이 있었던 것이다.

논찬하여 말한다.

"그 사람을 머리에 떠올리니, 마치 맑은 바람이 숙연히 사람에게 스며오는 것 같다. 들으니, 그가 어린 시절에 집이 가난하여 어머니가 몸소 불 때고 밥 짓는 일을 하였다. 어느 날 부엌 아궁이 밑에서 숨겨진 금덩이를 담아둔 항아

---

3) 액속. 대궐 안 잡무를 관장하는 액정서掖庭署 소속의 각급 잡직.

리를 발견하게 되었는데 즉시 전과 같이 묻어 버리고는 집을 팔고 다른 집으로 이사를 갔다. 그때 비로소 남편에게 말하기를, '갑자기 부자가 되는 것은 상서롭지 못합니다. 그런 까닭에 금을 취하지 않았습니다. 그 집에 그대로 눌러 있으면 금이 묻혀 있는 곳에 마음이 항상 끌리지 않을 수 없을 것입니다'라 하였다. 이런 어머니가 아니었다면 수팽 같은 아들을 낳을 수 없었을 것이다."

『호산외기』

 조희룡의 『호산외기』에 실려 있다. 청렴결백하고 강직한 성품에다 행정력까지 겸비한 호조戶曹의 서리 김수팽金壽彭의 생애를 조명하였다. 자신이 중인이었던 조희룡은 중인들의 삶을 무엇보다 주목하여 자신의 견문을 바탕으로 이들의 전기를 지었다. 자신과 직접 관련된 인물이 있는가 하면 그렇지 않고 견문한 인물에 주목하여 입전한 것도 있다.
 주인공 김수팽은 호조, 그의 동생은 선혜청에서 서리를 하였으니, 중인가문으로서는 꽤 번성한 집이다. 작자는 몇 가지 일화를 통해 그의 인물됨을 드러내었다.
 첫 번째 일화. 당시 경아전은 마음만 먹으면 얼마든지

치부를 할 수 있었다. 이는 일종의 관행이었다. 선혜청 서리는 요직 중의 요직이다. 선혜청이 무엇인가? 대동미大同米·대동포大同布·대동전大同錢의 출납을 관장하는 기관이 아니던가? 막대한 이권이 생기는 곳이 곧 선혜청이었다. 서리 중에서도 요직에 있는 동생이 염색업에 종사하는 것은 흥미롭다. 필시 부수입 없이 녹봉으로만 생활하였던 동생이 생활고로 새로운 부업을 한 것이 아닐까 한다. 사실 동생이 부업은 불법이 아니다.

하지만, 김수팽은 이러한 동생의 행동을 관리로 해서는 안되는 어긋난 것으로 규정하고 동생에게 매질까지 하였다. 그는 관리로서 조금의 잘못도 용납하지도 않았고, 세속적 관행을 인정하지도 않았다. 원칙을 고수하며 그 어려운 관행을 거부하는 자세에서 우리들은 관리들이 추구해야 할 모델을 볼 수 있다.

두 번째 일화. 김수팽이 공무의 긴급함을 내세우며 판서가 두던 바둑돌을 흩고 결재를 요구한 사건이다. 아무리 공무라지만 신분제 사회에서 판서의 위치를 생각하면, 그는 상상할 수 없는 행동을 한 셈이다. 지금도 중앙부처의 어느 공무원이 그렇게 하겠는가? 이 역시 파직을 무릅쓰면서 관리로서의 원칙을 지키려 한 데서 나왔다. 곧 자신이 정한 삶의 원칙에 입각하여 행동한 사건이다.

세 번째 일화. 자신의 딸이 부당하게 궁녀로 뽑히자 그 부당성을 지적하고 해결하는 사건이다. 사실 김수팽처럼 행동하면 사방의 질시와 음해를 받는 것은 당연할 터, 딸이 궁녀로 뽑힌 것도 그의 타협하지 않은 곧은 처세와 무관하지 않다. 그를 질시하는 관리에게 보기좋게 물을 먹은 것으로도 볼 수 있다. 이를 해결하는 과정에서 보여준 그의 행동 또한 원칙에 엇나가지 않았다. 그 부당함을 요로에 호소하고, 급기야 신문고를 쳐서 마침내 잘못된 관행과 부당한 행정처리를 바로잡았다. 임금의 비답이 있었으니, 공식적으로 행정의 잘못을 바로잡았던 것이다. 국가가 시행하는 공적인 일이라도 잘못이 있으면 고쳐야 하고 얼마든지 고칠 수 있다는 사례를 여실히 보여준다.

　마지막 사건에서 보여주는 그의 행동은 압권이다. 그는 부당한 요구에 정상적인 절차를 요구하며 임금의 명까지 지연시키며 거부한다. 이 대목에 이르면 우리는 소름이 끼칠 정도의 결벽적 원칙에 아연실색하고 만다. 우리는 그의 원칙적 자세와 관리의 자세가 죽음과도 바꿀 수 있는 것을 확인하는 순간, 통쾌함을 넘어 경외감마저 느낀다.

　일련의 사건에서 보여준 그의 행동은 청백리를 넘어서는 관리상의 전형을 보여준다. 그의 삶의 자세는 청렴결백은 물론 부당한 관행과 잘못된 행정 앞에서 적극적 자세로 일관하며 기존의 관행과 잘못을 바로잡았다. 이러한 관리로서의 원칙이 그의 삶의 목표였다. 더욱이 말미에서 작자는 그의 삶의 자세를 가정에서의 교육에 결부시켜 조명함으로써 그의 행동이 우연한 것이 아님을 재확인하면서 작품을 마무리한다. 이는 마지막 논찬에서 군더더기를 붙이지 않고, 독자에게 감상의 몫을 남겨두려 한 작자의 서사수법이다.

불세출의 조선 무사
書白永叔東脩事

영숙永叔 백동수白東脩는 본관이 수원水原이다. 그의 증조부 절도사 백시구白時耈[1]는 경종景宗 때에 정책대신定策大臣[2]들과 함께 화를 입었는데, 시호는 충장忠莊이다.

백동수는 나면서부터 굳세고 기백이 있었다. 또한 그는 명가名家의 자제로 젊은 나이에 무과에 급제하여 선전관宣傳官이 되었다. 그러나 항상 그 일을 즐거워하지 않았으며, 협사(狹斜, 유곽)를 쫓아 놀기를 좋아하였다.

---

1) 백시구. 자는 德老. 1680년 무과에 급제한 후 선전관·황해도, 평안도, 함경북도 병마절도사를 역임하였다. 1721년 소론 일파가 김창집 등 노론 4대신을 무고하여 신임사화를 일으켰는데, 이에 연루되어 죽임을 당했다.
2) 정책대신. 노론 4대신으로 李頤命·金昌集·李健命·趙泰采를 가리킴.

한번은 그 무리들을 데리고 북한사北漢寺 누대樓臺에 올라, 바야흐로 술잔을 돌리고 기생들은 노래하려는데, 마침 무뢰배들이 몰려와 쫓아내려 하였다. 백동수가 바로 눈을 부릅뜨며 소매를 떨치고 일어나니, 수염이 다 곤추섰다. 그러자 무뢰배들은 두려워서 달아났다. 내가 그의 이름은 진작 들었으나 아직 그를 만나보지는 못했다.

무신년(戊申年, 1776) 봄에, 청장관青莊館 이덕무李德懋가 악대를 동원하여 노친을 즐겁게 한 자리가 있어서, 나도 가서 축하를 드렸다. 그 자리에 졸고 있던 어떤 사람이 갑자기 일어나서는, 얼큰히 취한 채 눈을 치켜뜨고 화가 김홍도에게 노선화老仙畫 한 폭을 부탁하고 화법畫法에 대해 매우 상세하게 이야기하는 것이었다. 그가 바로 백동수였다. 나는 또한 그의 재주를 기이하게 생각하였다.

당시에 부친[成大中을 말함]께서 비성秘省에 근무하고 계셨는데, 한때의 명사들이 술을 들고 자주 찾아오곤 했다. 백동수 또한 가끔 찾아와서는 역사상의 치란治亂·흥폐興廢의 원인과 중국 산천 및 국경 수비의 형편을 하나하나 이야기하는데, 응대하는 것이 머뭇거림이 없었다.

그는 말하였다.

"예법을 중시하는 사람을 만나면 나 또한 예법에 맞게 그를 상대하고, 글을 짓거나 서화書畵를 그리는 선비를 만나면 나 또한 글을 쓰고 서화를 하는 법으로 그를 상대하였지요. 또 복서卜筮·의약醫藥·방기方技·술수術數에 밝은 선비를 만나면, 나 역시 모두 거기에 합당한 법도로 그들을 상대하지요. 그들이 예법을 좋아하면, 나 또한 겸손으로 상대하는 것이랍니다."

나는 또 그의 재주가 미치지 않는 곳이 없음을 감탄하였다. 그는 이어서 말하였다.

"나는 이 세상을 볼 때마다 내 마음에 맞지가 않았지요. 그래서 춘천春川의 산 속으로 들어가 메마른 땅을 직접 개간하여, 수수와 기장을 많이 심고, 닭과 돼지를 많이 치고, 계절마다 술을 빚어, 이웃 어른들을 불러 즐겁게 술을 마시면서, 오래도록 그곳에 살며 돌아가지 않으려고 했었지요.

그런데 얼마 지나자 멀리 떨어져 사는 괴로움을 많이 느끼게 되었지요. 그래서 다시 가족을 모두 데리고 도성都城 안으로 들어와 집을 빌려 살며, 마음 맞는 사람을 찾아가 기분 좋게 담소를 나누면서 만족할 수 있었습니다. 이 또한 유쾌한 일 중의 하나였습니다."

나는 다시 그의 의지로도 하지 못하는 일이 있다는 것에 놀랐다.

정조임금 기유년(己酉年, 1789)에 장용영壯勇營을 설치하였다. 임금께서 백영숙의 재주를 알고 초관哨官을 제수하시고, 『무예도보통지武藝圖譜通志』3)를 편집하는 일을 맡기셨다. 그 일이 끝나자 임금께서는 비인현庇仁縣 현감을 제수하였는데, 백동수는 부친의 상喪을 당하여 오래도록 고향으로 돌아가게 되었다. 다시 박천博川 군수로 있다가 얼마 뒤, 관직을 그만두었다.

백영숙의 집은 본래 넉넉하였는데, 가난한 사람들을 도와주기 좋아하여, 이 때문에 가산家産을 허비하게 되었다. 그러나 그는 베풀기를 그치지 않았고, 몇 칸 집에 굶주려 누워 있는 경우가 많았다.

얼마쯤 돈이 생기자, 빌린 돈을 갚고 나머지로 먹을 것을 사려다가 이웃집의 이름 있는 관리가 죽어서 추렴出斂할 데가 없다는 소리를 듣고서는, 곧 돈을 주어버렸다. 그가 지방에서 고을살이 할 때, 봉록俸祿을 받으면 빚을 갚기에도 모자랐다.

백영숙은 이미 늙어 병들고 아내는 죽고 첩은 떠났으며, 교유하는 사람들은 적고 살아 있는 친구도 드물었다.

내가 그가 힘들게 쓸쓸히 살고 있는 것을 슬퍼하여, 가끔 그를 찾아뵈었다. 그러면 그는 수족手足이 말을 듣지 않

---

3) 무예도보통지. 조선 정조의 명으로 지은 이십사반二十四般 무예武藝를 도해 설명한 책. 모두 4권 4책이다.

아 일어나지도 못하면서도, 기뻐하며 웃는 것은 예전과 같았다. 그리고 그는 말하였다.

"내가 비록 병들었으나, 아직 아침 저녁으로 밥 한 그릇씩은 먹어 치우니, 내 목숨은 한결같이 보존되고 있다네. 그러니 무슨 근심이 있겠소?"

나 또한 그의 남다른 기상이 여전함을 소중하게 생각하였다. 이제 들으니, 그는 영원히 세상을 떠났다고 한다. 저 옛날 비상하게 뛰어났던 사람들은 차라리 그 궤적軌跡을 굽혀 시세時勢에 몸을 맡길지언정, 그 뜻을 굽혀 권문세가權門勢家에게 아첨하여 공명功名을 취하지는 않았다. 그래서 뜻있는 선비들 또한 그를 찾아, 자신들의 뜻을 모두 얻고는, 오로지 감흥과 기쁨에 경도되어, 싫증내지 않았다. 이것은 대개 시대를 걱정하고 속된 풍조를 개탄하는 마음에서 그러했던 것이다.

나는 일찍이 구양수歐陽脩[4]가 쓴「석비연시집서釋秘演詩

---

4) 歐陽脩(1007~1072). 북송의 정치가이자 문인. 자는 영숙永叔, 호는 취옹醉翁 또는 육일거사六一居士, 시호는 문충文忠. 당송팔대가의 한 사람. 인종・영종・신종을 섬겼으며, 왕안석王安石의 신법新法에 반대하고 사직하였다. 저서에『신당서新唐書』『육일시화六一詩話』등이 있다.「서백영숙사」의 주인공인 백동수의 자가 구양수의 자와 같은 '영숙永叔'인 점으로 미루어 볼 때, 아마도 백동

集序」5)를 읽고 감탄한 적이 있는데, 내가 마침내 영숙 백동수의 개인사를 기록하게 되었다. 애석하도다! 기남자奇男子를 다시 볼 수 없음이여!

『연경재집(研經齋集)』

이 글은 연경재研經齋 성해응(成海應, 1769~1839)이 아버지 성대중의 절친한 벗인 백동수의 죽음을 듣고 그의 일생을 기술한 것이다. 성해응 자신 젊은 시절부터 백동수를 만

수는 구양수에게 상당히 경도되어 있었던 것이 아닐까 한다.
5) 「석비연시집서」. 구양수 36세(1042) 때의 작품. 당시 북송(北宋)은 40년 동안 평화가 지속되어 권문세가가 득세하고 훌륭한 선비들이 등용될 길이 막히게 되었다. 그러자 구양수는 1042년 3월과 5월 두 차례에 걸쳐 정치적 건의를 하였는데, 받아들여지지 않았고 오히려 권문세가들로부터 냉대를 받게 되었다. 이에 그는 외임外任을 구하였고, 활주통판滑州通判에 임명되어 10월에 부임하게 되었는데, 2개월 후에 이 글을 쓰게 되었다. 그 내용은 비연秘演과 석만경石曼卿이라는 두 기남자의 삶의 자취를 기록한 것으로, 비연이 중이 되고, 석만경이 세상으로부터 은둔하게 된 사연을 담고 있다. 이러한 내용을 참작해 볼 때, 「서백영숙사書白永叔事」의 작자인 성해응은, 비연과 석만경 두 사람과 주인공 백동수의 삶을 관련지어 그 감회를 기술한 것으로 생각해 볼 수 있다.

났고, 규장각 검서관으로 재직하면서 그의 사람됨을 십분 이해하였다. 그는 이를 계기로 불세출의 무사, 기남자로 꼿꼿하게 산 백동수의 삶을 존경의 마음으로 그렸다.

이 글의 주인공 백동수(白東脩, 1743~1816)의 호는 인재靭齋 또는 야뇌野餒, 점재漸齋다. 그는 이름난 무인 가문의 후예였다. 백동수는 서얼 출신으로 호협한 기상을 숭상하여 다양한 계층의 사람과 사귀기를 좋아하였으며, 문무는 물론 그림에도 조예가 깊은 팔방미인의 기남아奇男兒로, 협사의 기질을 지니고 있었다. 박지원과 이덕무에게 박제가를 소개한 사람도 바로 백동수였다. 그만큼 그는 호협한 인간 기질과 품성, 그리고 문무를 겸비한 재능으로 당대 지식인과 두루 소통하였다.

사마천은 『사기』에서 「유협열전」을 두어 협객俠客에 대해 "협객의 행동은 이른바 사회의 규범에서 벗어난 행동을 하는 사람"이라 규정한 바 있다. 백동수의 벗, 연암燕巖 박지원朴趾源 역시 "힘으로 남을 구하는 것을 협俠이라 하고, 재물로 남에게 은혜를 베푸는 것을 고顧라 한다. 고의 경우는 명사名士가 되며 협일 경우 입전立傳된다. 협과 고를 겸하면 의義라 한다"고 규정한 바도 있다.

협은 어떻게 삶을 살았느냐가 중요하다. 백동수는 이러한 '협'에 걸맞은 인간형으로, 협사의 길을 실천하며 살았던 인물이다. 백동수의 절친한 지기이자 매부이기도 한 이덕무(李德懋, 1741~1791)는 백동수가 자신의 호를 '야뇌野餒'로 짓고 기문을 부탁하자 「야뇌당기野餒堂記」에서 백동수의 인간형을 기술하면서 "옛 풍모와 맛이 있어 수수하고 진실하며 꾸밈이 없고 순수한 사람이다. 꾸밈없고 순수한 것으로 세상의 화려한 것을 바라지 않고 수수하고 진실한 것으로 세상의 속임수 쓰는 것을 좇지 않으며 굳세게 우뚝 서서 마치 딴 세상에서 노는 사람과 같다. 그러므로 세상 사람들이 모두 헐뜯고 비방하여도 그는 조금도 '꾸밈없음[野]'을 후회하지 않으며, '주림[餒]'을 부끄러워하지 않으니, 이 사람이야말로 진정한 야뇌라 할 만하다"고 하여 그의 호협한 인간 기질을 지적한 바 있다.

박제가 역시 「송백영숙기린협서送白永叔基麟峽序」에서 그의 개성적 인간 기질과 서얼로서의 인간적 울분과 고뇌를 묘파한 바 있다. 실제로 백동수는 벗들의 지적대로 호협豪俠한 삶을 살면서 세상의 규범을 따르지 않는 시대의 이단아였고, 조선의 협객이었다.

백동수의 호협한 기질과 무인으로서의 삶은 조선조 무예武藝의 결정판이라 할 만한 『무예도보통지武藝圖譜通志』 4권 1책과 『무예도보통지 언해본』 1권 1책을 편찬하는 데 결정적인 역할을 한 데서 알 수 있다. 그는 『무예도보통지』

에서 24가지의 조선무예를 복원하는 한편, 이를 도화서 화원들이 그린 섬세한 그림과 함께 재현하였다. 이를 통해 그 동안 단절되었던 우리나라 고유 검법인 조선 세법을 복원시켜 놓기도 하였다.

사실 그는 호협하고 무에만 능한 것은 아니었다. "예법을 중시하는 사람을 만나면 나 또한 예법에 맞게 그를 상대하고, 글을 짓거나 서화를 하는 선비를 만나면 나 또한 글을 쓰고 서화를 하는 법으로 그를 상대하였지요. 또 복서卜筮·의약醫藥·방기方技·술수術數에 밝은 선비를 만나면, 나 역시 모두 거기에 합당한 법도로 그들을 상대하지요. 그들이 예법을 좋아하면 나 또한 겸손으로 상대"할 만큼 문무를 겸하고 예술세계에도 일가견이 있었던 다시 볼 수 없는 조선의 쾌남아였다.

청성青城 성대중(成大中, 1732~1812)도 백동수의 이러한 점에 호감을 가져, 망년지교忘年之交를 맺었던 것이다. 성대중의 아들인 성해응이 백동수의 기사문記事文을 지은 것도 이 때문이었다.

성해응이 작품의 말미에서 "그의 남다른 기상이 여전함을 소중하게 생각하였다"고 기술하였듯, 그는 한번도 그의 호협한 삶의 자세를 꺾지 않았다. 권력도 돈도, 개인적 불운도 그의 기상을 꺾을 수 없었다.

이 대목에서 평범한 세상에서 비범한 삶을 살다간 그의 개성적 삶을 재확인할 수 있다 "애석하도다! 기남자奇男子를 다시 볼 수 없음이여!"라고 안타까워 한 성해응의 언급은 진정으로 그를 이해한 발언이다. 그는 끝까지 조선의 무사로 묵묵히 자신의 길만을 걸어갔던 것이다.

거침없는 삶
張五福傳

 장오복張五福은 영조 때 사람인데 협객으로 소문이 났다. 이부吏部의 아전이 되었을 때 이부의 낭관[1]이 젊고 아름다운 자태를 지니고 있었다. 오복은 그의 등을 어루만지면서 말했다.

 "자식을 낳으려면 마땅히 이 정도는 되어야지."

 그러자 낭관이 성을 내며 그를 파면시키려고 했지만 얼마 뒤 포기하였다.

 길을 가다가 사람들이 싸움을 하고 있으면 가만히 옆에서 그 장면을 보았다. 대개 강한 자가 약한 자를 업신여기

---

1) 郞官. 육조六曹의 정5품관인 정랑正郞과 정6품관인 좌랑佐郞의 자리에 있는 관료.

거나 굽은 것을 억지로 곧다고 주장하는 자가 있으면, 반드시 강한 자를 억누르고 사리를 분별하여 그 사람에게 사과를 받고 복종시킨 뒤에야 그만두었다. 사람들은 이 때문에 그를 두려워하였다. 간혹 분쟁이 있어 주위의 사람들이 해결하지 못할 경우, 갑자기 "장오복이 온다"고 소리치며 위협하였다.

일찍이 장오복이 술에 취해 광통교廣通橋를 걸어가고 있을 때, 한 옥교2)가 지나가는데, 여자 종과 수행원들이 매우 호사스러웠다. 가마꾼들은 오복이가 술이 취해 가마를 부딪치고 가는 것을 보고 손으로 그를 쳤다. 그러자 오복이 성을 내며 말했다.

"어느 천한 종놈이 감히 이 같은 짓을 한단 말인가! 이것은 바로 가마 속의 사람 때문이리라."

그러고는 칼을 가지고 가마 밑을 찔렀는데, 공교롭게도 요강에 적중하여 쨍그랑 소리가 났다. 저자 사람들이 모두 놀랐다. 가마에 원수元帥 장지항3)이 사랑하는 첩이 타고

2) 屋轎. 덮개가 있는 여인의 가마.
3) 張志恒(1721~1778). 그는 무과에 등과한 이후로 전라좌도수군절도사, 용호위대장, 어영대장, 총융사를 거쳐 1776년에 금위대장이 되었다. 정조가 즉위하면서 훈련대장이 되었지만 그 뒤 국문鞫問을 받다가 죽었다.

있어서였다. 원수는 이때 포도대장[4]으로 있었는데, 이를 알고 군졸을 풀어 오복을 포박해 죽이려고 하였다. 그런데도 오복은 조금도 두려워하지 않고 오히려 크게 웃었다. 원수가 성을 내며 그 까닭을 물으니, 오복이 대답했다.

"장군께서 윗자리에 계시니 도적들은 자취를 감추었고, 소인이 아래에 있으니 분쟁이 점점 사라졌습니다. 이 세상의 대장부는 오직 장군과 소인뿐이온데, 한낱 천한 계집 때문에 장부를 죽이고자 하시다니요. 제가 한 번 죽는 것은 두려울 것이 없지만 적이 장군께서 장부답지 않음을 웃는 것이옵니다."

원수는 웃으면서 그를 풀어 주었다.

이웃에 가죽신을 만드는 바치가 있었는데, 달마다 가죽신 한 켤레를 오복에게 바쳤다. 오복이 괴이하게 여겨 그 까닭을 물었다. 바치가 말했다.

"한 가지 요청할 일이 있지만 감히 말씀드리지 못하겠습니다."

오복이 말했다.

"우선 말해 보게."

---

4) 捕盜大將. 포도청捕盜廳의 장관. 좌·우포도청에 각 1명씩이며, 품계는 종2품으로 약칭 '보장捕將'이라고도 한다.

그러자 바치가 말을 이었다.

"아무개 기생을 항상 짝사랑하고 있으나 제 힘이 미치지 못합니다. 원컨대 소인을 위하여 이 일을 성사시켜 주십시오"

오복이 대답했다.

"어려운 일일세. 한 번 생각해봄세."

얼마 뒤, 장오복이 바치를 불러 한 계책을 주면서 말했다.

"대담하게 행동하시게. 그렇지 않으면 실패할 것이네."

다음 날 오복은 바치가 마음속에 두고 있는 기녀의 집에 가서 앉아 있었다. 젊은이가 마루에 가득하였다. 바치는 부랑아 행세를 하며 웃옷을 풀어 헤치고 팔을 걷어 올리면서 들어와, 젊은이들에게 물었다.

"장오복이 게 있느냐?"

그러자 오복은 그 소리를 듣고 바라지문으로 달아났다. 여러 젊은이가 말했다.

"장오복을 만나면 어찌하려고 그러시오!"

그러자 바치가 말했다.

"그 사나운 놈은 마을의 걱정거리가 되기에 내가 마을 사람들을 위해 그를 없애려 하오."

여러 젊은이가 서로 속삭였다.

"이 사람은 장오복도 두려워하지 않는 사람인데, 하물며 우리쯤이야!"

그러고는 모두 흩어져 갔다. 바치가 기녀에게 말했다.
"내가 여기에 하룻밤 머물면서 오복을 기다리겠네."
그러자 기녀는 그에 대한 대접을 더할 수 없이 하였다. 바치는 하룻밤의 기쁨을 마음껏 누리고 집으로 돌아와 오복에게 감사하다는 인사를 하니, 오복이 말했다.
"급히 돌아가 일을 하게. 그리고 그 사실에 대해서는 삼가 말하지 말아야 하네."

이 작품은 조희룡의 『호산외기壺山外記』에 나온다. 여항의 뒷골목을 주름잡은 한 호쾌한 협객을 그렸다. 작자가 이 인물을 만났는지 여부는 알 수 없지만, 이러한 인간을 주목한 것과 그의 행동에 긍정적인 시선을 두어 포착한 것은 흥미롭다.

이옥은 『장복선전』에서 "우리나라는 자고로 협객이 없다. 가끔 협객이라 불리던 사람은 모두 기생방에서 떼를 지어 노닐며 몸을 검술에 맡겨 옛날 청릉계와 같은 자들이다. 혹은 집안 살림을 돌보지 않고 술을 마시며 마작이나 하는 자들이다. 이들이 어찌 참된 협객이겠는가?"라 하며, 유흥 문화에 빠진 부류를 협객에서 제외시켰다. 하지만 이옥이 협객으로 주목한 인물도 적지 않았다.

연암 박지원의 「광문자전」에 나오는 광문(달문), 이옥의 「장복선전」에 나오는 장복선 등은 모두 당대의 협객에 속한 인물들이다. 조선조 후기 새로운 인간형의 출현은 '협俠'을 숭상하는 세태를 낳았고, 이들의 인간형에 주목한 문사들은 '유협전遊俠傳'을 창작하였다.

이 작품도 '유협전'의 범주에 넣을 수 있다. 협객은 시정의 인정물태를 꿰뚫고 뒷골목 세계를 주름잡았다. 그들은 세속의 이치를 누구보다 잘 아는 고수들이었다. 시비가 붙으면 해결하고, 불의를 보면 참지 못하고, 어려움을 보면 도와주는 '협'에 자신의 인생목표를 설정하고 거기에 삶을 걸었다.

이 작품의 주인공, 장오복 역시 그러하다. 그는 규범을 뛰어 넘는 호방한 모습과 담대한 협객의 모습을 지녔다. 이는 이조의 아전으로 근무하면서 이조낭관에게 봉변을 준 기상천외한 행동, 포도대장의 첩을 칼로 찔러 위험에 처하자, 피하지 않고 당당하게 나가 자신의 입장을 스스로 변호하는 대담함, 그리고 기생을 짝사랑하는 바치의 소원을 성취시켜주는 기지 등, 세 가지 일화를 통해 여실히 드러난다. 시정간의 이치를 제대로 알지 못하거나, 호협한 기상을 지니지 않으면 할 수 없는 행동들이다.

특히 첩 때문에 자신을 죽이려는 포도대장을 향해 당당하게 변호하는 모습은 매우 호쾌하다. "장군께서 윗자리에 계시니 도적들은 자취를 감추었고, 소인이 아래에 있으니 분쟁이 점점 사라졌습니다. 이 세상의 대장부는 오직 장군과 소인뿐이온데, 한낱 천한 계집 때문에 장부를 죽이고자 하시다니요. 제가 한 번 죽는 것은 두려울 것이 없지만 적이 장군께서 장부답지 않음을 웃는 것이옵니다"라며 담판하는 대목에 이르면, 호쾌함을 넘어 당당한 인간 주체의 면모까지 느끼게 한다.

작자는 시종 장오복을 시정 뒷골목의 해결사이자 영웅으로 서술하고 있다. 기실 호협한 기개로 시정을 주름잡던 장오복과 같은 인물들은 낡은 질서와 규범을 넘어서는 행동양식으로 시정간의 우상으로 자리 잡을 수 있었다. 영웅이 사라진 시대, 이러한 인간형들이 시정의 진정한 영웅으로 떠올랐거니와, 이는 역사의 새로운 모습에 다름아닐 터이다.

참다운 인생이란
任自强傳

 숙종 때 병조 서리 임자강任自强은 호협하여 기세를 부리기 좋아하는 데다 용력도 있었다. 어느 날 병조의 임무를 받아 협객 몇 사람과 함께 충주 지방으로 내려가게 되었다. 새벽녘에 충주 근처로 들어서는데 마침 길에서 수십 명이 가마 한 채를 에워싸고 가는 것을 목격하였다. 가마 안에서는 어떤 여자가 부르짖으며 하늘에 호소하는 소리가 울려나왔다. 임자강은 말을 멈추고 얼핏 살펴보니 가마를 떠메고 좇아가는 자들은 모두 머리가 온통 흐트러진 무뢰배들이었다. 가마가 가는 대로 가만히 들어보니 울며 호소하는 소리가 더욱 급하여 필시 저들 무리들이 도적 무리임을 알 수 있었다.

 임자강은 저 가마 속의 여자를 구하자고 동행하는 이들

과 의논하였으나 동행하는 이들은 중과부적이라 어렵다고 생각하였다. 그러자 임자강은,

"대장부가 의로운 일에 죽는 것은 또한 유쾌한 일이다"
라 하면서 칼을 뽑아들고 부르짖으며 앞장서 나가니 다른 두 협객들도 떨치고 나서, 함께 힘을 합쳐 때리고 차고 하였다. 저들 수십 명은 마침내 기가 여지없이 꺾여서 길가에 가마를 버리고 흩어져 달아났다.

한 처녀가 가마 휘장을 걷어 올리고 눈물을 흘리며 다음과 같이 말했다.

"저는 아무 마을에 아무 집 딸입니다. 밤중에 사나운 노속들에게 납치당해 끌려가다가 다급한 마음에 부르짖었던 것입니다. 이제 의사義士의 구원을 받게 되니 이는 실로 하늘이 도우신 것입니다. 우리 집안은 모두 죽어서 사람이 없는데 집의 노속들은 온통 도적 무리이고 보니 집으로 돌아갈 수 없습니다. 여기서 얼마 떨어진 마을에 몸을 의탁할 수 있는 친척이 살고 있으니, 의사께서는 저를 그곳까지 데려다 주셔서 처음부터 끝까지 은덕을 베풀어 주시길 바라옵니다."

이에 임자강은 으스름한 신새벽에 지필묵을 꺼내 아무 곳에서 적변賊變이 발생한 사실을 급히 비밀문서로 작성하였다. 그리고 그 겉봉에 '오목친탁五牧親坼'[1)]이라 쓰고 지

부地部[2]로 한 사람을 급히 달려 보내 상황을 알리고 때를 놓치지 말고 도적들을 체포하도록 하였다. 그런 뒤에 가마를 말에 싣고 다른 한 사람과 앞뒤로 붙들고 그 친척집으로 찾아가 전후의 일을 말하고 처녀를 부탁한다고 하니 주인은 놀라고 감탄해마지 않았다. 처녀는 임자강을 보고 진정으로 감사해하며 말했다.

"부모님은 저를 낳아 주셨고, 의사는 저를 살려 주셨는데 지금 부모님은 세상에 계시지 않으니, 의사와 부녀의 사이가 되기를 청하옵니다."

서로 마주보고 여러 번 절을 하며 후일 은혜를 갚도록 해 달라고 성명을 알려주기를 간청했다. 그 처녀는 장성하여 시집갈 나이였다. 임자강은 그저 지나가는 길손이라고만 말하고 자신의 성명을 가르쳐 주지 않은 채 그냥 떠나가 버렸다.

임자강이 즉시 충주 관아로 달려와 보니 그 고을 목사가 비밀문서를 접수하고 군졸을 풀어 도적 무리를 이미 잡아

---

1) 五牧. 충주목 인근 5곳의 목을 말하는 듯하나 확실치는 않음. 친탁親坼은 직접 열어보라는 뜻. 여기서는 지방 관청의 관장이 직접 편지를 열어보라는 의미.
2) 지부. 호조의 별칭으로도 쓰이는데 여기서는 해당 지역의 관장을 가리키는 것으로 추정됨.

놓고 있었다. 대개 처녀의 집은 충주 고을 안의 사대부 집으로 재산이 극히 부유하였으나, 상전은 미약하고 노속은 강성하였으므로 노속들이 상전들을 거의 다 죽이고 단지 여자 하나만 남겨 둔 상태였다. 그래서 또 여자를 겁탈하여, 그 재산을 빼앗으려는 계획이었다.

목사가 임자강에게 말하였다.

"그대는 참으로 의협이오. 급박한 사태에 잘 대응했소."

이렇게 칭찬한 다음 그 도적 무리를 끝까지 다스려 강도의 법률을 적용해 극히 죄질이 나쁜 자 수십 명에 대해서는 사형에 처하고 그 재산을 몰수해서 그 딸에게 귀속시키고 결혼을 하도록 했다.

그로부터 수년 뒤에 임자강은 뜻하지 않은 재앙으로 여러 달 옥에 갇혀 있어 가산을 탕진하게 되었다. 게다가 그는 모진 형벌로 아픈 다리를 끌고 멀리 남쪽 섬으로 유배를 가는데, 업히고 다리를 끌면서 길을 가게 되었다. 마침 진천 경계를 지나는데, 목마름이 심하고 병까지 겹쳐서 길가에 머물러 있는 참에 마을 사람들이 몰려와 먹을 물을 갖다 주며 말하였다.

"우리 마을 가운데 저 큰집은 김씨 양반 댁인데 근년에 장가를 들어 형편이 아주 부유하니 저 댁에 가서 구원을 청하는 것이 좋을 듯하오"

임자강이 스스로 헤아려 보니 기운이 달려 그대로 갈 도리가 없었다. 마침내 기다시피 하여 그 집을 찾아가서 하룻밤 묵어 갈 것을 청하였다. 주인 서생은 그를 보고 딱하게 여겨 행랑에 머물러 가도록 하는데 문득 내당에서 젊은 부인이 넘어질듯 달려 나와서 맞이하며 말했다.

　"우리 아버님께서 어쩌다가 이 지경에 이르렀습니까?"

　대개 그 부인이 문 사이로 내다보고 그의 얼굴을 알아본 것이었다. 임자강은 갑자기 당한 일이라 당황하여 감히 마주보지 못했다. 부인이 자기 남편을 돌아보며

　"이분이 곧 전에 제가 만났던 의사입니다. 이분이 아니었으면 어찌 오늘의 제가 있었겠습니까?"

라 말하고서 임자강에게 여기까지 오게 된 연유를 묻더니 서로 느껴서 붙들고 눈물을 흘렸다. 부인은 즉시 임자강을 부축하여 방안으로 모신 다음 정성을 다해 간호하였다.

　여러 날 지나 임자강이 기운을 회복하여 길을 떠나려 하자 부인은 재산을 덜어 행구를 마련하고 노자도 후히 주었다. 그리고 달마다 귀향 가 있는 곳에 하인을 보내어 문안을 드렸다. 또 임자강이 귀향이 풀려 돌아오게 되자 기필코 의식을 제공하였고 그가 세상을 떠날 때까지 친아버지처럼 섬겼다. 임자강은 이문吏文[3]으로 세상에 유명했으며, 또한 문식이 있는 것으로 일컬음을 받았다 한다.

이 글은 심재沈縡의 『송천필담松泉筆譚』에 나온다. 심재의 『송천필담』은 당대에 전해진 전적과 성현이 남긴 유훈遺訓 등에서 유익한 내용을 뽑고, 여항閭巷 등에서 직접 견문한 것을 모아 엮은 책이다. 본래 '전'은 아니지만 '임자강전'으로 붙였다. 이 책에서 심재는 규범화된 인물을 기리기보다는 여러 계층의 인물들의 특이한 행동과 삶을 주목하였다. 이 글 역시 마찬가지다.

여기서 심재는 병조의 아전[경아전] 임자강의 호협한 면모를 주목하였다. 목숨을 아끼지 않고 떼강도에 납치당하는 처녀를 구한 임자강의 모습, 여기에 납치를 모면한 처녀가 뒷날 그 은혜를 잊지 않고 어려움에 처한 임자강에게 보답하는 인간다운 모습이 이 글의 내용이다.

사마천이 『사기』의 유협전遊俠傳에서 '협俠'을 "신명을 바쳐 사람의 위난危難을 구하려 하고, 목숨을 바쳐 일을 처리하며, 그 능력을 자랑하거나 남에게 신세를 지지 않으며 은혜는 반드시 갚는" 것으로 정의하고 있다.

---

3) 吏文. 관청에서 행정 사무와 관련하여 쓰이던 문체. 우리나라의 이문에는 이두가 들어감.

작품에서 임자강과 동행한 사람들은 열세를 느끼고 남의 곤란한 처지를 외면하는 데 반해, 목숨도 아랑곳 않고 의행義行을 과감하게 실천하여 사지에 처한 처녀를 구하면서도 자신의 성명조차 일러주지 않은 임자강의 면모는 그야말로 협사俠士다운 모습이다.

수십 명의 강도가 한 처녀를 납치하는 것을 직접 목격하고 "대장부가 의로운 일에 죽는 것은 또한 유쾌한 일이다"라고 당당하게 외치는 임자강의 모습을 상상해 보면 얼마나 유쾌한가?

이러한 임자강의 의로운 행동에 대해 "그대는 참으로 의협이오. 급박한 사태에 잘 대응했소"라고 칭송한 목사의 언급 역시 호쾌한 협사의 기상을 확인시켜준다. 뿐만 아니라 우연한 사건에 연루되어 유배 길에 오른 임자강에 대해 "이분이 곧 전에 제가 만났던 의사입니다. 이분이 아니었으면 어찌 오늘의 제가 있었겠습니까?"라 울먹이면서 평생의 은인을 잊지 않고 은혜를 되갚는 처녀의 행동 역시 '여협女俠'의 모습을 보여준다. 여기서 우리는 '결초보은結草報恩'이 사람의 도리라는 인간사의 상식을 재확인할 수 있다.

인간이 의로운 행동에 찬사를 보내고, 그 은혜를 잊지 않고 되갚는 것에 가슴 뭉클해 하는 것은 시공을 떠나 동일하게 공유하는 무엇이 있어서가 아니겠는가? 이것이야말로 작자가 이러한 인간형을 통해 보여주고자 한 미덕일 터, 이는 지금의 시대에도 유효하다. 과거로부터 이월된 이러한 협사의 모습을 지금 우리는 과연 어디서 찾을 수 있을까?

제7부

예인으로 살아가기

시골의 무명 악사
閔得亮傳

민득량은 호서湖西[1] 지방 가림군嘉林郡[2] 사람이다. 젊어서 가야금을 좋아해 가야금 연주자에게 배우기를 청하니 가야금 연주자가 말했다.

"애초에 나는 가야금 연주를 잘해 장가를 들지 않으려고 하였지만, 자네는 장가를 들고 나서 배우는 것이 좋을 듯하네."

그러자 민득량은 "선생님만이 오직 제 짝이십니다"라고 하였다. 오직 그렇게만 말하니 가야금 연주자가 민득량을 좋게 여겨, 가야금 타는 모든 기법을 민득량에게 전해 주었

---

1) 충청남도와 충청북도를 아울러서 이르는 말.
2) 충청남도 부여군 임천면林川面.

다. 민득량도 스스로 기뻐하며 그 일을 매우 부지런히 하였다. 민득량이 왕왕 이웃마을 사람들에게 가야금을 연주해 주면 사람들이 연주를 잘한다고 칭찬했다. 얼마 지나지 않아 민득량은 가야금 연주를 잘하는 것으로 모든 군郡과 읍邑에 알려졌다.

또한 민득량은 용모가 좋고 음주飮酒를 즐겨, 그 말을 들은 사람들은 대부분 그가 행동을 가볍게 하여 주색잡기나 하며 소리하는 기생3)을 좋아한다고 말했다.

민득량이 이미 나이가 찬 뒤에도 혼인할 사람이 없었다. 구혼을 하면 사람들이 반드시 기뻐하지 않으며 말했다.

"곧 그 사람은 가야금 연주를 잘하는 민씨 집안 자식이 아닌가? 누군들 자기 딸을 저 박명薄命한 사람에게 기꺼이 주려고 하겠는가?"

이런 까닭으로 민득량은 끝내 장가를 들지 못하다가, 마침내 천민의 자식으로 남의 집에서 일을 하는 여자에게 장가들었다. 민득량은 형제가 없는 데다 부인마저 자식이 없자, 이것을 걱정스러워하였다. 다시 아이를 잘 낳아 기르는 여자를 구하려 하였지만, 매우 가난하여 함께 살 수 있는

---

3) 성기聲伎. ①성기聲妓: 소리하는 기생. ②성기聲技: 가무歌舞등의 기예를 가리킴. 여기서는 ①의 뜻으로 풀이된다.

사람이 없었다.

  마침 한 여자가 있었는데, 그 여자는 이웃 사람에게 의지해 지냈으며 오래도록 지아비가 없었다. 민득량이 그 여자와 정을 통하여 여자가 임신을 하게 되었지만, 남의 집일을 하는 그의 아내는 여전히 자식이 없었다. 그러자 민득량의 아내는 그 여자를 미워해 여자의 주인에게 하소연하자, 주인 집에서 임신한 여자를 매질하여 내쫓아 버렸다. 이때 민득량의 아내도 집을 나가, 간 곳을 알지 못했다.

  그 뒤, 민득량이 오래도록 장가들지 못하자, 그는 가야금 연주하는 직업을 버리고 장가들기로 마음먹었다. 하지만 자신이 이미 나이가 많아 다시 옛날의 가야금을 연주하며 말했다.

  "가야금 연주가 나에게 아내가 없도록 만들었구나. 저 가야금 연주가 나에게 아내가 없도록 만들었구나. 이 세상에 누가 다시 가야금 연주하는 법을 전하리오? 이제 나는 늙었으니, 내 가야금을 연주할 수 없다면 무엇을 기대하겠는가. 내 차라리 가야금이나 연주하고 그것을 즐기며 내 여생을 마칠 것이다."

  민득량은 예술적 재능이 많고, 포[4]를 잘 쏘았으며, 칼로 자르고 톱질하며 갈고 깎는 일에도 솜씨가 뛰어났다. 그의 용모는 매우 기이하였지만 그 사람의 행동은 매우 신중하였다. 그러나 민득량은 행동이 가볍다고 소문이 났다.

 지난날 내가 가야금을 배우려 하자 사람들은 혹 그것을 비난하여 말했다.
 "음악을 배우는 사람은 모두 방탕한 것을 좇으니 배우는 것이 옳지 않다."
 나는 이 말을 믿지 않았지만, 다시 가야금을 배우지도 않았다. 무릇 종鐘이란 화가 나서 그것을 치면 사나운 소리가 나고, 슬퍼서 그것을 치면 애잔한 소리가 나니, 사물이 가슴 속에 있는 마음에 서로 비추고 호응하기 때문이다. 옛날 중국 고대의 순舜임금이 남훈전南薰殿이라는 궁궐에서 거문고를 연주한 것5)이 곧 성인의 음악이 되고, 백아6)가

---

4) 포砲. ①총포銃砲 ②박曝의 이체자. 暴(폭, 포)와 통하며, '튕기다'의 뜻. 돌을 튀겨내는 '돌쇠뇌'의 뜻을 나타냄. 여기서는 ①의 뜻으로 풀이된다.
5) 중국 순임금이 두 신하와 더불어 남훈전南薰殿에서 오현금五絃琴을 타며 백성의 노여움을 풀었다 한다. 현행 가곡 중 초수대엽初數大葉 가사에 다음과 같은 내용이 있다. "남훈전 달 밝은 밤에 팔원八元 팔개八凱 다리시고 오현금 일성一聲에 해오민지온혜解吾民之慍兮로다. 우리도 성주聖主 뫼옵고 동락태평同樂太平하리라."
6) 伯牙. 중국 고대에 거문고 연주를 잘한 사람. 백아가 연주하면 종자기가 잘 감상하였으나, 종자기가 죽자 백아가 거문고 줄을 끊어 다시 연주를 하지 않았다는 고사가 전해진다.

그것을 연주하자 우뚝우뚝한 산의 모습과 도도한 물결을 상상할 수 있었다. 기녀는 음탕한 소리를 들려주어 귀를 즐겁게 하고 정情을 흐트러지게 한다. 가야금 연주하는 것은 동일하지만, 이처럼 그 결과가 고르지 못한 것은 마음으로 취하는 바가 그러한 이유가 있기 때문이다. 그러므로 사물은 진실로 그러한 이유가 있지만 진실로 그 실정을 보는 데 어려움이 있고, 모습은 진실로 같은 것이지만 진실로 그 마음을 밝혀내는 데 어려움이 있는 것이다. 이 어찌 민득량만이 해당되는 것이겠으며, 어찌 나의 금琴에만 해당되는 것이겠는가?

이 글은 이덕주(李德冑, 1695~1751)의 『하정선생문집下亭先生文集』에 나온다. 이덕주는 남인 출신인데, 서인이 집권하게 되자 가림嘉林으로 낙향하여 독서하며 곤궁하게 생을 보낸 인물이다. 위에서 작자는 가야금 연주에 종사한 민득량의 수련과정과 악사가 된 이후의 삶을 기술하였다.

당시 관에 소속된 악사가 아닌, 무명의 악사들은 처지가 매우 어려웠다. 자신들의 기예를 팔 수 있는 곳이 적었기 때문에 이들의 삶은 순탄하지 못하였다. 민득량이 연주가로 성장한 이후, "장가를 들고 싶지만 박명薄命한 그에게 딸을 줄 사람이 아무도 없었다"라고 한 대목은 당시 무명 악사들의 처지를 대변해 준다.

기실 악사들의 예술적 재능을 인정하거나 악사의 삶을 이해할 사람이 지방 어디에도 없었다. 사정이 이러하니 무명의 악사들은 세속적인 삶조차 쉽지 않았다. 때문에 민득량은 나이가 들어서야 겨우 남의 집에서 허드렛일을 하는 천한 여자에게 장가를 들 수밖에 없었다. 위에서 민득량은 악사의 길만큼이나 개인사도 순탄하지 못했다. 아내와의 갈등, 다른 여자와의 만남, 이별, 아내의 가출 등. 결국 그는 혼자 남게 된다. 다른 여성에게 장가를 가려고 했지만, 이런 그를 어느 누구도 받아주지 않았다.

이에 이르자, 민득량은 "가야금 연주가 나에게 아내가 없도록 만들었구나"라고 절규한다. 이 절규는 다름아니라 무명 악사의 길이란 결국 평범한 삶마저도 할 수 없다는 절망의 부르짖음이다. 이 대목에 이르면 우리는 민득량의 고단한 삶에 연민의 정을 느끼지 않을 수가 없다.

어찌 보면 이러한 고단함은 당시 민득량 한 사람에게 국한된 것은 아니었을 터다. 이는 당시의 무명 악사들이 짊어지고 가야 할 인생의 짐이었다.

마침내 민득량은 세속적인 삶을 포기하고 연주자의 길을

결심한다. 여생을 얼마 남기지 않은 황혼 무렵이었다. 그는 누구도 알아주지 않은 악사의 길을 가면서 인생을 정리하기로 한 것이다. 하지만, 자신만이 켜고 자신만이 들어야 하는 악사의 길. 그의 여생은 무척이나 외롭고 힘들었을 것이다.

말미에서 작자는 "이 어찌 민득량만이 해당되는 것이겠느냐"고 반문하여, 은근히 자신의 처지를 민득량의 삶에 빗대고 있다. 작자 역시 지방으로 낙향하여 자신의 재능을 펼칠 수 없는 처지였고 보면, 작자는 자신의 심정을 민득량의 삶을 통해 대화하고 있는 것이다.

악사의 내면 엿보기
記樂工金聖基事

    을유년(乙酉年, 1765) 9월 29일 운곡雲谷 김자경金子耕이 권화숙權華叔의 비파를 듣고 나를 찾아왔다. 그리고 내가 쓴 「청금서聽琴序」[1]를 보고 나에게
    "전부터 나는 천성이 비파를 몹시 좋아하여 오래도록 주고사朱瞽師와 더불어 노닐며 악공樂工 김성기金聖基의 일을 자못 자세히 들었습니다"라고 말하면서 다음과 같은 이야기를 들려주었다.

    무진년(戊辰年, 1748) 겨울 납일臘日에 나는 안국방安國坊

---

1) 「청금서聽琴序」. 「월담청금서月潭聽琴序」를 가리키며, 『운소만고雲巢謾稿』 권1에 수록되어 있다. 권화숙의 월담서재에서 거문고 연주하는 것을 듣고 쓴 글이다.

집에서 홀로 자고 있는데, 마침 큰 눈이 내려 날씨가 추웠습니다. 야심한 시각에 문 두드리는 소리가 홀연히 들려 급히 일어나 문을 열어 보니 다름아닌 주고사였습니다. 내가 깜짝 놀라,
"눈이 내린 밤에 무슨 일로 온 것이오?"
하고 물으니,
"우연히 흥이 나서 찾아온 것이오"
라고 말하는 것이었습니다. 그는 말을 마치자 술을 찾아서 몇 잔 따라 마시더니, 본래 들고 와서 맡겨 두었던 비파를 찾았어요. 그래서 내가
"전에는 으레 탈 때에 난색을 표하더니, 오늘은 먼저 찾으니 무슨 일인지요?"
라 묻자 그가
"눈은 개이고 달은 이미 높이 떴지요?"
라 말하길래 내가
"그렇군요"
라 대답했더니 드디어 등불을 끄라고 하면서
"샌님은 편히 누워 들으십시오. 내가 한번 타지요"
라 하고는 상성商聲 몇 곡을

향비파

연주하였습니다.

그 깍지 낀 손가락이 끌고 튕기는데 극히 힘이 있어 목성木聲과 사성絲聲이 아주 잘 어울렸지요. 그 소리는 꺾임과 억양이 유묘幽眇·비장하여 사람을 감동시키고야 말았습니다. 나는 누웠다가 다시 일어나, 곡이 끝나기를 기다려 주고사에게,

"무슨 격분할 일이 있는가요? 소리가 어찌 전과 다르지요?"
라 물었더니 그는 웃으며

"그런가요." 하며, 또 길게 탄식하며 다음과 같은 이야기를 해 주었습니다.

"이 소리는 나에게서 끊어지게 생겼습니다. 회상해 보니, 저는 소시 적에 김성기金聖基를 따라 비파를 배운 지 자못 오래 되었지요. 지난 갑진년(甲辰年, 1724) 겨울, 김성기가 홀연히 그의 강가 집에서 서울로 들어왔는데, 이때는 국상[景宗大王의 薨御]이 아직 끝나지 않았을 때였죠. 홀로 주고사의 손을 붙잡고 빈집의 밀실로 데리고 들어가서, 온돌에 손수 불을 지피고 조용히 마주 앉아 비파를 내놓고 몇 곡을 연주하면서,

'이는 고려의 옛 가락이란다. 고려의 옛 가락은 오직 이 곡만이 남아 있지. 대개 송경의 기생 황진이가 전해온 것인데, 뒤에 김성천金成川 댁의 여종이 직접 탈 줄은 몰랐으나,

입으로 이 곡을 갖추어 나에게 전해 준 것이란다.'
라 하면서 '휴우' 하며 눈물을 흘리더니,

 '나 홀로 이 곡을 연주하여 그 묘妙를 얻었지. 일찍이 스스로 좋아하여 남에게 전수하고 싶지 않았던 것인데, 이제 늙어 너에게 전수하고자 하니, 남에게는 가르쳐 주지 않는 것이 나을 듯하구나'
라 말하고는, 드디어 그 튕기고 손 놀리는 법을 모두 지도해 주었지요. 그런데 지금 나 또한 이제 늙어 이 곡을 전수해줄 사람이 없으니 한스러울 따름이오."
라고 말했습니다.

 얼마 후 내가 비파 타는 것을 듣고 주고사는 깜짝 놀라며 말했다.

 "샌님은 어디서 이 곡을 배웠는지요? 수준이 상당하지만 아직 조금 부족한 듯하오."
 그러고는 현을 누르고 손가락을 튕기는 법을 가르쳐 주었습니다. 그 후에 주고사가 죽어, 나는 마침내 비파 타는 것을 그만두고 다시 그것을 가까이하지 않은 지 이미 십여 년이 되었습니다.

김자경은 이어 다시 이야기를 시작하였다.

주고사의 말에 의하면, 김성기는 서울 사람으로 장악원 掌樂院 소속의 악공인데 그 사람됨이 강개하고 꿋꿋하여 굽힐 줄을 몰랐더랍니다. 신축년(辛丑年, 1721) 무렵에 그는, 서호西湖가에 집을 짓고 낚시질하며 스스로 즐겼지요. 그는 음률의 묘리를 터득했고 더욱 비파를 잘 타서 여러 악공들 중에 으뜸이었죠. 부귀한 사람들이 그를 다투어 초청해서 그의 연주를 듣는 사람이 늘 수십 인이나 되었지요. 한 번은 목적睦賊[2]이 바야흐로 연회를 베풀면서 김성기 비파를 꼭 듣고자 하여 여러 차례 사람을 시켜 불렀으나 그는 가지 않았습니다. 끝까지 독촉을 하니 그 사람에게 거절을 하며 소리치며 말했죠.

"이 모임에 내가 없다고 어찌 사람이 없겠는가? 내가 듣기로 너의 주인은 고변告變을 잘 한다고 하니, 악공 김성기

---

[2] 목적. 睦虎龍(1684~1724)을 가리킴. 경종이 즉위하면서 노론의 4대신을 비롯한 많은 사람들을 죽이고 귀향을 보냈는데 경종이 죽고 영조가 즉위하면서 이 일을 주도한 사람들이 반대로 역적으로 체포되어 죽임을 당했다. 그리고 이 사건을 신임사화로 일컫게 되었다. 목호룡은 이 사건의 주도자의 한 사람이었기 때문에 여기서 '목적'이라 한 것이다.

가 역모를 한다고 고변하여라."

그 사람이 깜짝 놀라서 돌아갔지만, 김성기 또한 조금도 두려워하는 기색이 없었습니다. 당시 김성기는 나이 이미 팔십이 넘은 늙은이였으나, 불그스레한 얼굴에 수염과 눈썹이 신선 같았지요.

김성기는 날마다 작은 배에 술을 싣고 술을 마신 다음 홀로 강에서 낚시질을 하며, 간혹 밤을 새고 돌아오기도 했더랍니다. 배가 돌아올 적이면 으레 퉁소를 불며 비파를 타서, 표연히 세상을 떠나있는 듯 보였지요. 내가 서호를 지나간 적이 있었는데, 강가 사람들이 아직도 그에 대해 이야기하는데, 그는 서울에서 돌아온 며칠 후 문득 가벼운 병을 얻어 이곳에서 죽었다고 합니다.

주고사의 이름은 세근世瑾으로 또한 비파를 잘 타서 세상에 이름이 있었지요. 비파소리는 대개 애원哀怨·청초淸楚한데, 유독 주고사는 웅심雄深하고 그윽하며 예스러운 뜻이 있어 현금玄琴의 소리와 유사했답니다. 그런데 그의 솜씨는 모두 김성기에게서 나왔다고 합니다. 그 이듬해 주고사는 병으로 죽었는데, 그가 죽자 과연 고려의 옛 가락은 전하지 않게 되었지요.

김자경은 이름이 휴신畦臣으로 본관이 고성이다. 소시에

는 주고사와 더불어 서울에서 이웃해 살았는데, 지금은 충청도로 흘러 들어와 나와는 산기슭 하나를 사이에 두고 살고 있다. 때때로 오고 가고 하며 글을 논하고 옛 일을 이야기하곤 하는데, 아직도 능히 그 곡조를 기억하고 있다.

이 글은 이영유(李英裕, 1743~1804)의 『운소만고雲巢謾稿』에서 뽑았다. 「기악공김성기사記樂工金聖基事」는 기사문이지만 김성기의 삶을 위주로 서술하고 있어 내용상 전과 상통한다.

이 글의 주인공 김성기(金聖基, 1649~1724)는 여항의 가인歌人이다. 그는 연주와 작곡 방면에 특유의 감수성과 재능을 발휘하여 당시에 '김성기金聖基의 신보新譜'를 유행시킨 인물이다. 최고의 가객 김천택金天澤과도 절친한 사이였다. 당시 김천택의 노래와 김성기의 거문고는 환상의 앙상블을 이루어 당시 열렬한 환호를 받았다. 많은 문인들이 그의 이러한 삶을 주목하여 문학으로 포착한 바 있다.

김창업(金昌業, 1658~1721)은 그의 삶을 한시로 약술하였으며, 정내교(鄭來僑, 1681~1757)와 남유용(南有容, 1698~1773), 유재건 등은 '전'으로 옮겼다. 신익(1726~1778)과 이규상(李奎象, 1727~1799), 조수삼(趙秀三, 1762~1849) 등은

증서贈序와 필기 양식으로 포착하였다.

「기악공김성기사」는 김성기의 삶을 더욱 풍부하게 보여주며 구성 또한 기존의 전과 달리 특이하다. 작자인 이영유는 김성기의 이야기를 접하고 이 이야기를 토대로 한 편의 기사문으로 재구성했거니와, 야담적 체취가 느껴진다.

작품의 서두는 액자구성이다. 이러한 구성은 흔히 구연을 수용한 야담에서 이야기판의 구성을 되살리기 위한 서사방식인데, 이 작품 또한 '주고사ー김자경ー이영유'의 구연으로 이루어진 '전'보다 오히려 서사가 생동한다.

김성기가 활 만드는 장인에서 장악원의 악공으로 진출한 것은 오직 그의 거문고 솜씨 덕이었다. 그는 "사람됨이 강개하고 꿋꿋하여 굽힐 줄 모르는" 기질의 소유자였다. 그의 기질과 달리 그의 음악은 많은 사람과 호흡하였다. "부귀한 사람들이 다투어 초청해서 그의 연주를 듣는 사람이 늘 수십 인"이나 될 정도니, 그의 인기는 상당하였다. 김성기는 수준 높은 음악세계를 위해 현실과 거리를 둔 것이 아니라, 당대인의 음악 취향에 적극 호응하고 시대의 변화를 적극적으로 수용하는 방향에서 자신의 음악세계를 창조하였다.

김성기는 거문고는 물론 통소와 비파에도 능하여, 신성新聲을 짓고 많은 제자를 길러냈다. 그가 음악계에서 은퇴하여 제자를 기르며 생활한 것은 그의 노년기였다. 김성기의 이야기를 전하는 주고사도 김성기로부터 고려의 옛 가락을 전수받은 수제자였다.

그런데 작자는 김성기의 은퇴와 관련하여 흥미로운 사실을 알려준다. 그의 은퇴는 신임사화를 일으킨 목호룡의 초청이 결정적 계기였음을 밝혀 놓았다.

당시 정치권을 발칵 뒤집어 놓은 목호룡의 역모고변은 마침내 신임사화로 발전하여 많은 노론계 인사를 사지로 몰아넣었다. 김성기는 당시 기세등등한 목호룡의 초청에 응하기는커녕 "이 모임에 내가 없다고 어찌 사람이 없겠는가? 내가 듣기로 너의 주인은 고변告變을 잘 한다고 하니, 악공 김성기가 역모를 한다고 고변하여라"라 목호룡을 질타하고는 연주계를 떠나버렸다. 개인적 야심을 위해 사람을 희생시킨 인간에게 자신의 음악을 팔고 싶지 않았던 것이다.

작자는 은퇴 이후 김성기의 삶을 세속을 초탈한 것으로 간략히 서술하면서 주고사가 죽자 김성기가 전한 고려의 옛 가락도 전수되지 않은 것으로 끝내고 있다. 주고사의 죽음과 김성기 음악의 단절. 작자는 김성기의 삶과 음악의 상상을 독자의 몫으로 남겨놓았다. 한 음악가의 삶을 어떻게 생각하고 받아들일 것인가? 이는 독자의 몫이다.

김성기의 죽음과 관련해서 신익이 지은 「증이현정서贈李顯靖序」(『소심유고素心遺稿』 卷2)에 특이한 내용이 실려 있다.

"김성기는 기남자奇男子인데 선전관宣傳官 이현정李顯靖과 남원군南原君은 김성기로부터 거문고를 배웠다. 김성기는 호를 조은釣隱이라 하였는데, 거문고에 능하여 옛사람이 전하지 않은 묘법을 터득하였다. 임인무옥壬寅誣獄을 당한 이후 목호룡이 연주를 강권하였으나 꾸짖으며 거절하였고, 이후 연주하는 일을 끊어버리고 선전관 이현정과 남원군 이설에게 비법을 전수하였다. 김성기가 죽자 두 제자는 그 시신을 지고 광릉廣陵에 장사지내니 부운浮雲이 변하고, 산 속이 어둑해지며 조수들이 울었다. 서로 울면서 거문고를 잡고 배운 곡을 연주하니 곡을 마치기도 전에 비풍悲風이 소리 내며 일어났다."

일생 제자를 키우고 연주가로 산 스승에게 보여주는 제자들이 보여주는 장례는 매우 파격이며 음악인들만이 보여줄 수 있는 최고의 예우를 하면서 스승을 보내고 있다. 김성기는 사후에도 제자들의 이러한 존모를 받으면서 이 세상을 떠났다. 당대 최고의 가객 김성기. 아마 그는 행복하였을 것이다.

다시 못 볼 신필
檀園記

    고금의 화가들은 각각 한 가지 재능만을 뽐냈을 뿐, 여러 가지 재능을 겸하지는 못하였다. 김군사능金君士能[1]은 근래에 우리나라에서 태어나 어릴 때부터 그림을 그리기를 전공하여 잘하지 않은 바가 없다. 인물・산수・신선과 부처・꽃과 과일・동물과 벌레・물고기와 게에 이르기까지 모두 묘품妙品에 들어, 옛사람과 비교해도 거의 대적할 만한 이가 없을 것이다.

---

1) 김군사능. 김홍도金弘道를 칭하는 것으로 자가 사능士能이라 그렇게 부른 것이다. 김홍도의 홍도弘道란 이름은 『논어論語』「衛靈公」 28장 "子曰 人能弘道, 非道弘人"이란 구절에서 따왔다고 한다. 사능士能이란 자도 『맹자孟子』 "無恆産而有恆心者, 惟士爲能"에서 따온 것이다.

더욱이 그는 신선과 화조 그림에도 장기長技가 있어, 이미 일세에 명성을 날려 후대에 전해지기에 충분하였다. 또한 우리나라 인물과 풍속을 잘 그려, 유사儒士가 공부하는 모습, 장사꾼이 시장으로 가는 모습, 여행객들, 규방의 문, 농부와 누에치는 여인, 겹쳐진 방, 늘어선 집, 황량한 산, 들판의 나무 같은 것에 이르기까지 물태物態를 곡진히 그렸다. 그 그림은 참모습과 어긋나지 않았으니, 이는 예전에도 일찍이 없었던 것이다.

대체로 화가는 모두 기존의 작품을 따라 학습하고 힘을 쌓아야 곧 비슷할 수 있는데, 뜻을 독창적으로 하여 홀로 자득하여 공교함이 천조天造를 빼앗는 경지에 이른 경우라면 어찌 하늘이 부여해준 특별한 재주로 세속을 뛰어넘은 것이 아니랴!

옛사람이 "닭을 그리기는 매우 어렵고, 귀신을 그리기는 쉽다"[2]라고 말하였으니, 눈으로 쉽게 볼 수 있는 것은 터무니없이[3] 사람들을 속일 수 없기 때문이다. 세속에서는 사능

---

2) "닭을 그리기는 매우 어렵고, 귀신을 그리기는 쉽다畫鷄大難, 畫鬼神易." 이것은 『한비자韓非子』에 나오는 구절을 약간 변용해서 인용한 것임. 본래는 "개와 말은 그리기 어렵고 귀신과 도깨비는 그리기 쉽다"라 되어 있다.
3) 두찬. 전거·출처가 없는 문자를 써서 틀린 곳이 많은 글을 말

의 뛰어난 기량에 놀라며, 지금 사람들이 미칠 수 없음을 찬탄해 마지않는다. 이에 그림을 구하는 자들이 날마다 무리를 이루어, 흰 비단이 차곡차곡 쌓이고 독촉하고 찾는 사람들이 문에 가득한 데 이르니, 미처 잠자고 밥 먹을 겨를도 없는 정도가 되었다.

영조임금 때 어진御眞4)을 그리는데 사능이 뽑혀 어진을 그렸고, 또 정조임금의 명을 받아 어용御容을 그렸는데 임금의 뜻에 쏙 들어 특별히 찰방5)에 제수되었다. 사능은 벼슬살이를 마치고 방 하나를 마련하고 뜰과 집을 깨끗이 청소하고 아름다운 꽃나무를 골고루 심으니, 추녀와 기둥이 산뜻하고 깨끗하여 먼지 하나 없었다. 책상에는 오직 오래된 벼루, 좋은 붓, 훌륭한 먹, 깨끗한 비단 뿐이었다.

하는 것으로, 송나라 때 두묵杜默의 시가 율격에 불합한 것이 많았던 고사에서 유래한 것이다.
4) 어진御眞. 임금의 화상을 말함.
5) 察訪. 본문에는 "독우지임督郵之任"이라 되어 있는데, 독우督郵는 한대에 설치했던 벼슬이름으로 군수의 보좌관으로 관할 현을 순찰하며 관리의 성적을 조사하는 일을 하는 사람이다. 하지만 당시의 기록을 보면 "1781년(정조 5)에는 정조의 어진 익선관본翼善冠本을 그릴 때 한종유韓宗裕·신한평申漢枰 등과 함께 동참화사同參畵師로 활약하였으며, 찰방察訪을 제수받았다"라는 것이 있으니, "督郵之任"이 바로 찰방을 말하는 것인 듯하다.

金弘道, 「담배 썰기」, 국립중앙박물관 소장.

이에 스스로 호를 '단원檀園'이라 하고 나에게 기記를 지어달라고 부탁했다. 나는 '단원'은 곧 명나라 이장형李長蘅[6]의 호인데, 군이 그것을 본떠서 자기의 호로 삼았으

---

6) 이장형. 이유방李流芳을 말함. 그의 자는 장형長蘅. 호는 단원檀園. 1606년 효렴방정孝廉方正의 제도에 의하여 관직에 천거되었으나, 후에 관직을 퇴임하고 시서화詩書畵에 몰두하였다. 그의 글은

니, 그 뜻은 어디에 있는지 생각해 보았다. 그것은 문사의 높고 맑음과 그림의 기이하고 우아함을 좋아하는 데 불과할 뿐이었다. 지금 사능의 사람됨은 용모가 아름답고 마음속에 품은 것이 깨끗하여, 보는 자들은 (사능이) 모두 고아하며 속세를 초월한 인물이지, 여항의 용렬한 무리가 아니라는 것을 알 수 있다.

그의 성품은 또한 거문고와 피리의 전아한 소리를 좋아하여 매양 꽃 피고 달 밝은 저녁이면 때때로 한두 곡을 연주하여 스스로 즐겼다. 곧 그 기예가 옛사람들을 따르는 것은 말할 것도 없고, 그 풍채는 출중하고 훤칠하여 진송晉宋 시대의 고사高士들에게서나 구할 수 있을 것이다. 만약 저 이장형과 비교해 본다면 이미 더욱 뛰어나 미치지 못하는 바가 없을 것이다.

가만히 생각해 보니, 내가 늙고 쇠약한 몸으로 일찍이 군과 더불어 사포서司圃署7)에서 녹을 같이 먹은 적이 있었다.

사림士林에서 최고로 평가되었으며, 글씨는 소식蘇軾, 회화는 오중규吳仲圭의 영향을 받았다고 하는데, 원대 문인화가의 장점을 종합한 것으로 추정된다. 이유방이 수집한 산수화보를 증보하여, 청대淸代 초기 1679년에 이입옹李笠翁이 간행한 것이 『개자원화전芥子園畵傳』 초집初集이다.
7) 사포서. 조선시대 때 궁중의 원포나 채소 등에 관한 일을 맡아

매양 일이 있으면 군은 번번이 나의 노쇠함을 민망하게 여겨 그 수고로움을 대신해 주었으니, 이것은 더욱 내가 잊을 수 없다. 요즈음 군의 그림을 얻은 자들이 번번이 나에게 와서 한두 구절의 비평과 발문을 구하는데, 심지어 임금님 처소의 병풍과 권축卷軸에 이르기까지도 간혹 내가 쓴 제문과 후발이 있었다.

군과 나는 나이와 지위를 잊은 사귐이라고 말하더라도 좋을 것이다. 내가 「단원기」를 짓는 것을 사양할 수 없고, 또한 '단원'이란 호를 논할 겨를이 없어, 대략 군의 평생을 붙여 말하는 것으로 응한다.

옛 사람들이 『취백당기醉白堂記』를 "한백우열론韓白優劣論"[8]이라고 조롱하였는데, 지금 이 글도 사람들이 혹 "이김우열론李金優劣論"이라고 나를 꾸짖지나 않을까?

내가 사능과 더불어 사귄 것은 대개 전후로 세 번 변했다. 처음은 사능이 어린 나이로 내 문하에서 종유할 적에

보던 관청.
8) 한백우열론. 소동파가 『취백당기醉白堂記』에서 송대의 한기韓琦가 취백당을 짓고 흠모하던 백거이의 「지상池上」의 시로써 당堂의 노래로 삼았던 것을 소동파가 한기와 백거이를 비교하여 한기가 더 훌륭하다는 논리를 폈다. 바로 이러한 부분이 후대에 "한백우열론韓白優劣論"으로 비난을 받았다.

간혹 나는 그 재능을 권면하며 칭찬해 주기도 하였고, 또 그림 그리는 방법을 가르쳐주기도 하였다. 중간은 같은 관청에 함께 있으면서 아침 저녁으로 거처를 함께한 것이며, 마지막은 곧 함께 예술세계에서 노닐며 지기知己의 감정이 있었다.

사능이 나에게 글을 구하는 데, 다른 사람에게서 하지 않고 반드시 나에게 한 것은 또한 이유가 있었던 것이다.

단원기 우일본
檀園記 又一本

    찰방[1] 김홍도金弘道는 자字가 사능士能이다. 어릴 때부터 내 집에 드나들었다. 그 눈썹이 맑고 뼈대가 빼어나 음식을 지어 먹는 세속 사람의 분위기가 없었다. 일찍이 뛰어난 솜씨로 이름을 날려 도화서圖畵署의 화가로 이름난 진秦·박朴·변卞·장張 씨[2] 등이 모두 그의 아래에 있었다.

    그는 대체로 누각, 산수, 인물, 화훼, 벌레, 물고기, 짐승, 새 등을 그렸는데 그 모습이 매우 실물과 같았다. 종종 하

---

1) 察訪. 종6품의 외관직.
2) 진秦·박朴·변卞·장張 씨. 숙종과 영조대의 대표적인 화가를 가리키는데, 진재해(秦再奚 1691~1769)·진재기秦再起 형제, 진응복(秦應福, 진재해의 아들), 박동보朴東普, 변상벽卞相璧·변광복卞光復 부자, 장득만(張得萬, 1684~1764)·장경주(張敬周 1710~?) 부자를 말한다. 혹은 진재해, 박동보, 변상벽, 장득만을 이르기도 한다.

늘의 조화마저 빼앗을 정도의 솜씨를 보였으니 조선조 사백 년에 뛰어난 성취를 이루었다.

그는 풍속의 모습을 옮겨 그리는 것을 더욱 잘 하였다. 이를테면 사람이 살아가면서 수천 가지로 나타나는 것과, 길거리, 나루터, 가게, 시장, 시험장과 놀이마당 등 한 번 그리면 사람들이 모두 손뼉을 치며 기이하다고 외치니 이것이 바로 세상에서 말하는 김사능 풍속화다. 진실로 신령스런 마음과 지혜로운 식견으로 홀로 천고의 오묘함을 깨닫는 자가 아니라면 어찌 이렇게 그릴 수 있겠는가?

영조 말년에 왕의 초상화를 그리라는 어명에 따라, 당시 초상화를 잘 그리는 자를 뽑으니 김홍도가 적임자였다. 왕의 초상화를 그리는 임무를 끝내자 그 공이 알려졌다. 임금께서 노고를 위로하여 장공3)이라는 벼슬을 내리셨다. 이때 나도 김홍도와 함께 관직생활을 하였다.

지난날 어린아이처럼 보인 사람이 지금은 함께 벼슬을 하지만, 나는 낮추어 부르거나 원망 살 일을 감히 하지 않았다. 김홍도 또한 예절을 갖추어 고개를 숙이며 더욱 공손히 하면서, 여러 번 함께 있는 것을 영광스럽게 생각하였

---

3) 掌供. 궁중에서 식품을 공급하는 관직.

다. 나 역시 김홍도가 자만하지 않는 점을 감복하였다.

정조임금께서 즉위 5년에 자신의 성대한 사업을 추억하고 기념하여 초상화를 그리려 하였다. 반드시 뛰어난 화가를 불러 그릴 예정이었는데, 모든 벼슬아치가 한목소리로 "김홍도가 있으니 다른 사람을 구할 필요가 없습니다"라고 하였다.

김홍도는 어명을 받고 대궐에 올라 곧 감목4) 한종유5)와 함께 삼가 어명을 받들어 임금의 초상을 그렸다. 얼마 되지 않아 그는 경상도의 우마관郵馬官이 되었는데,6) 조정의 예능인으로 기록된 사람으로서 처음 있는 일이었으며, 김홍도 역시 벼슬하지 않은 처지로 큰 영광이었다. 김홍도는 임기가 끝나고, 본원에 근무했는데 때때로 내각7)에 들어가 맑고 공손한 관점으로 그림을 그렸다. 이는 같이 있는 사람

---

4) 감목監牧. 감목관監牧官으로 지방의 목장牧場에 관한 일을 맡아보는 종6품 관직이다. 부사府使나 첨사僉使가 겸직하였으며, 30개월을 임기로 하였다.
5) 한종유(韓宗裕, 1737~?): 조선 후기의 화가로 화가 집안의 후예다. 도화서 화원으로 감목관監牧官을 지냈다. 초상화 그리는 솜씨가 뛰어났다.
6) 1784년 정월부터 1786년 5월까지 안동의 안기찰방安奇察訪을 지낸 것을 말한다.
7) 內閣. 규장각의 별칭.

이 아니면 실제로 알기가 드물었다. 더욱이 임금께서 이처럼 미천한 화가조차 버리지 않으시자, 김홍도는 반드시 한밤에도 감격하여 울면서 임금의 은혜에 어찌 보답해야 할지 몰라 했다.

김홍도는 음률에도 두루 통달하였고 거문고, 젓대와 시, 문장에도 오묘한 솜씨를 보여주었으며 풍류 또한 호탕하였다. 매번 슬픈 노래에 칼을 두드리는 일이 있으면, 가끔 강개하여 혹 몇 줄기 눈물을 흘리기도 하였지만, 김홍도의 마음은 다만 아는 자만이 알았다.

그가 거처를 정할 무렵의 일을 들었는데, 그가 거처하는 자리는 깨끗하고 단정하며, 섬돌과 담장은 그윽하고 고요하였다. 세속에 있으면서도 곧 세상에서 벗어나고자 한 뜻이 있었던 것이다.

세상에 못나고 옹졸한 사람은 겉으로는 비록 사능과 어깨를 치며 "자네" 하면서 낮추어 보지만, 김홍도가 어떠한 인물인지 어찌 알 수 있으랴? 김홍도는 항상 이유방의 사람됨을 흠모하여 자신의 호를 바꿔 단원檀園이라 하고 나에게 기문記文을 부탁하였다. 김홍도는 본래 원하는 것이 없는지라 내가 기문을 지을 수 없어, 마침내 김홍도 소전小傳을 지어 벽 위에 이와 같이 쓴다.

강세황(姜世晃, 1713~1791)의 『표암유고』권4의 「단원기檀園記」라는 작품이다. 이것은 김홍도와 관련하여 널리 알려진 작품이다. 「단원기」와 「단원기우일본」은 연작의 글이다. 비록 기문記文의 형식을 취하고 있지만 실은 김홍도(金弘道, 1745~1806)의 일생을 간략하게 그려낸 전傳이기도 하다. 위에서 단원의 빼어난 풍속화와 영조와 정조의 초상화를 그린 일, 벼슬살이와 그 이후의 삶 등을 몇 대목으로 나누어 서술하였다.

강세황 자신이 「단원기」를 지으면서 "사능이 나에게 글을 구하는 데, 다른 사람에게서 하지 않고 반드시 나에게 한 것은 또한 이유가 있었던 것이다"라 언급한 것, 자신과 단원의 첫 만남 이후 단원의 생애를 세 시기로 구분한 것 등은 자신과 단원의 관계가 어떠했던가를 잘 보여주는 부분이다.

사실이 그랬다. 강세황은 단원을 누구보다 속속들이 알고 있었다. 강세황은 단원이 그림 제자로 입문하여 이후 망년지교를 맺기까지, 시종 김홍도의 역량을 높이 평가하고 그의 그림세계에 적극적인 지지를 보낸 후원자였다. 도화서 화원으로 추천한 이도 강세황이었고, 이후 김홍도가 자

[강세황 초상]

비대령 화원으로 정조의 특별대우를 받으며 자신의 재능을 마음껏 발휘, 일세를 풍미하는 화가로 세인들의 비상한 주목을 받을 수 있었던 것도 강세황의 든든한 후원이 있었기에 가능하였다.

 명문 가문 출신의 강세황, 그런 그가 환쟁이로 불렸던 화가들의 재능과 그림세계를 적극 인정하고 그의 삶을 산문으로 그린 것은 드문 사례기도 하거니와 인간적 교감이 없으면 불가능한 일이다. 흔히 알려져 있듯이 강세황이 풍속화를 긍정함으로써 단원의 풍속화 발전에 큰 힘이 되었다는 것은 유효한 설명이다.

 강세황은 「단원기檀園記」에서 김홍도의 그림세계를 누구보다 정확하게 이해하여 인물화와 풍속화가 보여준 단원의 경지를 창의적이며 자득한 것으로 고평하고 있다.

 강세황은 관념이 지배하던 필치가 아닌 인간이 살아가는

생활공간에서 일어나는 이러저런 모습을 사실대로 그린 김홍도의 화풍을 무엇보다 주목하였던 것이다. 그래서 그가 김홍도의 화풍을 새로운 세상을 개척한다는 의미를 담고 있는 '벽천황闢天荒'으로 지목한 것도 같은 맥락이다.

그러나 당시 일반 문인들은 단원이 그린 풍속화를 대체로 긍정적으로 바라보지 않았다. 효전孝田 심노숭(沈魯崇, 1762~1837)은 "속화를 그리는 자란 화가 중에서 가장 아래에 속한다. 그래서 비록 뛰어난 기예를 가졌다 하더라도 사람들이 모두 그것을 천시한다. 그러나 진실로 신묘한 경지에 이른다면 산수와 속화를 어찌 차별을 두겠는가? 속화를 그리는 자는 산수를 그리지 못하고 산수를 그리는 자는 속화를 그리지 못하니, 둘 모두 한쪽에 치우친 솜씨다. 속화란 화가의 하류다. 그래서 비록 뛰어난 기예를 가졌다 하더라도 사람들이 모두 그것을 천시한다"고 하여 김홍도 풍속화의 공과功過를 함께 언급하였다. 강세황의 평과 사뭇 다른 언급이다. 이러한 시각은 당대 문인들의 일반적 인식을 대변한다. 그런 점에서 김홍도 풍속화에 대한 강세황의 인식과 평가는 당대 일반적인 인식을 뛰어넘는 이례적인 것이다.

강세황은 "매번 슬픈 노래에 칼을 두드리는 일이 있으면 가끔 강개하여 혹 몇 줄기 눈물을 흘리기도 하였지만, 김홍도의 마음은 다만 아는 자만이 알았다"라 서술하여 그의 내면을 진정으로 읽었다. 그런 점에서 강세황은 김홍도 그림의 진정한 애호가자 영원한 패트런이었다. 당대 최고의 안목을 가진 사람과 최고의 재능을 가진 화가와의 남다른 만남에서 단원의 예술세계가 만개하였던 것이다.

늘 그렇듯, 기존세계가 구축해 놓은 궤도를 벗어나 새로운 길을 개척하는 자는 늘 외롭고 고통스러운 법이다. 김홍도가 흘린 눈물 역시 그랬을 것이다. 새로운 그림의 영역을 개척하면서 경험한 수많은 고뇌와 번민, 그리고 신분질서가 가로 막은 상황에서 예술적 자아를 실현시켜가는 과정이란 실로 험난한 길이 아니었을까?

마지막으로 하나 재미있는 사실을 첨언해 둔다. 일부 사람들이 김홍도가 정조의 밀명을 받고 일본으로 건너간 뒤, 생계를 위해 '우끼요에' 화가로 정착했다는 의견을 제기한 적이 있다. 김홍도의 화풍이 일본 막부[에도] 시기 에도(지금의 도쿄)의 풍물과 정경을 사실적으로 담고 있는 목판화 '에도그림－우끼요에[浮世繪]'를 그린 도슈사이 샤라쿠[東州齋寫樂]의 그것과 통하는 점이 많다. 그리고 김홍도의 밝혀지지 않은 일본에서의 생활이 샤라쿠의 우끼요에 창작활동과 겹친다는 사실에 착안하여 김홍도가 도슈사이 샤라쿠라고 주장한 것이다.

소설 같은 이야기지만 여기서 그 사실여부를 따지자는 것이 아니다. 그의 화폭의 깊이와 그림세계가 일국적인 것을 넘어설 수 있다는 사실에 주목할 필요가 있다는 점이다. 1794년 5월부터 겨우 10개월간 정열적으로 우끼요에 세계를 주름잡다 사라진 수수께끼 같은 존재, 도슈사이 샤라쿠[東州齋寫樂]. 김홍도와 그가 동일인물인가의 사실과 관계없이, 이는 화가 김홍도의 존재를 특별히 생각하는 것에 다름아니다. 이는 김홍도가 조선조 후기 불세출의 화가로, 여전히 특별한 존재로 주목받을 수 있기에 이러한 발상도 나올 수 있었던 것이 아닐까 한다.

그림에 미친 화가
崔七七傳

　세상 사람들은 최북崔北 칠칠七七[1])의 가계와 본관이 어딘지 모른다. 최북은 이름 중 북北자를 두 글자로 나누어 칠칠이라는 자字로 삼아 행세하였다. 그는 그림을 잘 그렸지만 스스로 눈을 찔러 한 쪽 눈을 잃었다. 그래서 화첩을 보고 그릴 적에는 한 쪽에 안경을 끼고 그렸다. 또 그는 술을 즐기며 떠돌아다니기를 좋아하였다.

　어느 날 최북이 구룡연[2])에 들어가 매우 즐거워하며 술을 마시고 잔뜩 취해 울고 웃다가 이윽고 큰소리로 부르짖었다.

　"천하의 명인名人 최북이 마땅히 천하의 명산에서 죽으리라"

---

1) 七七. 두 글자를 합치면 북北자와 비슷하다.
2) 九龍淵. 금강산金剛山에 있는 구룡폭포九龍瀑布를 말한다.

하고는 몸을 솟구쳐 못에 뛰어들려 하였으나, 곁에 구해 주는 사람이 있어 빠져 죽지 않았다. 그는 부축을 받으며 산 아래로 내려오다가 평평한 바위에 이르자 숨을 헐떡거리며 누워 있다가 갑자기 일어나 길게 휘파람을 불었다. 그러자 메아리가 산속에 울려 퍼져 숲에 깃들어 있던 매들이 모두 날아가 버렸다.

최칠칠은 하루에 대여섯 되씩 술을 마셨는데, 술파는 아이들이 술병을 가지고 오면 칠칠은 매번 집안의 서책이나 종이, 비단을 몽땅 가져다주고 술을 샀다. 집안의 재산이 날로 줄어들고 가난해지자, 드디어 평양에서 동래로 나그네처럼 떠돌며 그림을 팔았다. 그러자 두 지역의 사람들이 비단을 들고 끊임없이 문을 드나들었다.

한번은 어떤 사람이 산수화를 그려 달라 부탁했더니 최칠칠은 산만 그리고 물은 그리지 않았다. 그림을 그려 달라고 한 이가 괴이하게 여기면서 화를 냈다. 그러자 최칠칠은 붓을 놓으며 일어나 말했다.

"아, 종이 밖이 모두 물 아니요!"

자신이 그린 그림이 자기 마음에 드는데도 돈을 적게 주면, 최칠칠은 갑자기 성내고 욕설을 해대며 그림을 남김없이 찢어 버렸다. 혹 그린 그림이 자기 마음에 들지 않는데 값을 지나치게 쳐주면 껄껄거리면서 오히려 그 사람에게 주먹질하며 문밖으로 떠밀고 나서 손가락질하고는 '저 녀석, 그림 값도 모르는구나!'라고 웃었다. 이에 스스로 호號를 '호생자'3)라 하였다.

최칠칠은 성품이 매우 오만하여 남을 따르지 않았다. 하루는 서평군과 백금을 걸고 바둑을 두었다. 최칠칠이 한창 이기려 하자 서평군이 한 수 물러 주기를 청하였다. 최칠칠이 갑자기 바둑돌을 흩어 버리며 두던 손을 거두고 말했다.

"바둑은 본래 즐기려고 하는 것인데, 무르기를 그치지 않는다면 한 해가 다 가도록 한 판도 둘 수가 없을 것이오"

그 뒤 다시는 서평군과 바둑을 두지 않았다.

한번은 지체 높은 분의 집에 갔을 때, 문지기가 최칠칠의 이름을 부르기 곤란하여 들어가서는 최직장4)이 왔다 아뢰었다. 최칠칠이 노하여

"어째서 정승이라 하지 않고 직장이라 하느냐?"

하니, 문지기가 말했다.

"언제 정승을 지내셨소?

그러자 칠칠은

---

3) 毫生子. 붓으로 먹고 사는 사람을 뜻한다.
4) 直長. 조선시대 종7품의 벼슬. 의정부를 비롯하여 30여개의 중앙 부서에 두었다.

"내가 언제 직장을 지냈더냐? 차함5)을 해서 기왕에 나를 높여 불러 주려 했으면 정승이라 하지 어째서 직장이라 하느냐?"
라고 말하고는 주인을 만나보지도 않고 돌아가 버렸다.

최칠칠의 그림은 날로 세상에 알려져, 세상에서는 그를 '최산수崔山水'라 칭하였다. 그러나 꽃과 풀, 동물, 기이한 돌, 말라 죽은 나무를 더욱 잘 그렸고, 미친 듯한 솜씨로 장난삼아 그린 것도 보통 화가들의 솜씨를 훨씬 뛰어넘었다.

나는 이단전6)을 통해 처음 최칠칠을 알게 되었다. 나는 일찍이 최칠칠과 산방山房에서 만나 촛불을 태워 가며 담묵澹默으로 대나무 몇 폭을 그리는데, 최칠칠이 나에게 말했다.

"나라에서 수군水軍 몇 만을 두어 장차 왜倭에 대비한다 하는데, 왜는 본디 수전水戰에 익숙하나 우리는 그렇지 못합니다. 왜가 싸움을 걸더라도 우리가 응하지 않는다면 저들 스스로 물에 빠져 죽을 것인데, 어째서 삼남三南의 백성을 소란스럽게 만드는 것입니까?"

---

5) 借啣. 실제로 근무하지는 않고 직함職銜만 지니고 있음을 이른다.
6) 이단전(李亶田, ?~1790). 본관은 연안延安이다. 그의 아버지는 병조의 아전이었고, 어머니는 계집종이었는데 어머니를 따르는 법에 따라 천인이 되었다. 신분은 비천하였지만, 시를 잘 지었다.

그러고는 다시 술을 마시며 이야기를 주고받는데 창 너머로 동이 터 왔다.

세상 사람들은 최칠칠을 주정뱅이나 화가로 생각하거나, 심한 사람은 미치광이라 일컫기도 한다. 그러나 그의 말에는 때로 묘한 깨달음이나 현실에 쓸 만한 생각도 위의 경우와 같이 있었다.

이단전에 따르면 최칠칠은 『서상기西廂記』『수호전水滸傳』 등의 여러 소설을 즐겨 읽었고, 시를 지은 것도 기이하고 예스러워 읊을 만하였는데도 감추고 내놓지 않았다고 한다. 최칠칠은 서울의 어느 여관에서 죽었는데, 그때 그의 나이가 몇이었는지 기억할 수 없다.7)

이 글은 남공철(南公轍, 1760~1840)의 『금릉집金陵集』에 실려 있다. 『호산외기』와 『이향견문록』에도 최북의 전기가 실려 있다. 이글의 주인공 최북(崔北, 1712~?)은 오직 화가

---

7) 최북이 태어나고 죽은 해는 정확하지 않다. 하지만 이가환李家煥은 태어난 해가 1712년이라 하였고 조희룡趙熙龍은 『호산외기壺山外記』에서 49세에 죽은 것으로 보았다.

로 생을 마친 인물이다.

작품은 그가 보여준 몇 가지 기행과 일화를 통해 최북의 인간기질과 특이한 삶을 보여준다. 스스로 눈을 찔러 눈 하나를 잃은 일화, 금강산 구룡연에서 자살하려 한 사실, 바둑을 물리려던 것을 뿌리치고 바둑판을 엎어 버린 일 등, 일련의 기행奇行은 거의 벽僻에 가깝다. 지나친 벽은 병적인 증세다. 흔히 고도의 자의식을 지닌 인물이 현실과 자아가 조화되지 못할 때, '벽'은 탈출구로 기능하기도 한다.

"성품이 매우 오만하여 남을 따르지 않았던" 기질을 지닌 최북. 출중한 그림 솜씨로 도화서에 소속되어 세속적 평안함을 추구하지 않았던 인물. 시적인 재능과 문식까지 겸비한 화가. 이처럼 그는 이전에 없었던 새로운 화가의 삶을 보여주었다. 결코 관에 예속되어 자신의 재주를 팔거나, 돈과 권력에 자신의 그림을 제공하지 않았다. 잠시 국가의 요구에 응해 일본 통신사행의 일원으로 참가한 적은 있었다. 이현환이 지은 「송최칠칠지일본서送崔七七之日本序」와 「최북화설崔北畵說」을 보면 최북이 도화서 화원 자격으로 통신사행의 일원으로 참가하였다는 기록이 나온다. 하지만 도화서에서의 생활도 이때뿐이었다. 그는 결코 도화서에서 자신의 예술적 자의식을 구속시키고자 하지 않았다.

이후 최북의 삶은 기행奇行과 유랑으로 일관하고, 그의

사고와 행동은 세속적인 가치와 기준에 엇나간다. 세속과 자아의 모순. 이 때문에 그는 하루에 대여섯 되씩 술을 마시지 않고서는 화가로서의 삶을 지탱할 수 없었는지도 모른다. 이런 그를 사람들이 '미친 사람[광생狂生]'으로 지목하였다. 하지만 어느 누구도 예술적 자의식이 강했던 최북의 예술세계와 그의 내면을 이해할 수 없었다. 그저 술에 미친 화가로 알 뿐이었다. 그들은 술을 매개로 자신의 예술세계를 펼쳤고, 예술적 충동을 기행으로 달래야만 한 최북의 내면을 몰랐던 것이다. 이 대목에서 우리는 술을 마실 수밖에 없는 처지와 그의 기행奇行에 애잔한 연민의 정을 느낀다.

최북의 호는 "호생자毫生子"다. 그는 오직 붓으로 생활하였기 때문이다. 석북 신광수가 「최북설강도가崔北雪江圖歌」에서 "아침에 그림 한 폭 팔아 아침밥 먹고 저녁에 또한 폭 팔아 저녁밥 먹네朝賣一幅得朝飯, 暮賣一幅得朝飯"라고 한 것이 이를 말한다. 당시 그의 그림은 전국적인 수요가 있었다. 그는 평양에서 동래까지 대중적인 인기를 한 몸에 받고 있었다. 요즘말로 인기 화가였지만, 부를 위해 자신의 예술을 팔지 않았기 때문에 생계는 늘 궁핍하였다. 그럼에도 최북은 자신의 그림에 대한 자부심만은 대단하였다. 자신의 그림에 제값을 쳐주지 않으면 그림을 찢어 버렸고, 지나치게 쳐주면 그림 값도 모르는 녀석이라고 비웃은 것도 자신의 예술세계를 정당하게 대우해 주기를 바랐던 행동의 표현이었다. 오직 그는 자신이 그린 노력과 완성도에 따라 가격을 정하고 평가해주기를 바랬다. 자의식이 강했던 그로서는 당연한 일일지도 모른다.

최북이 그림으로 생활하면서 자신의 예술세계를 달성하려 한 길은 애초에 무리였다. 조선조 후기 현실은 여전히 그의 그림을 제대로 인정해 주지도 못했고, 예술가적 자의식을 펼칠 수 있는 그런 공간도 아니었다.

「최북화설」에 다음과 같은 내용이 있다. 이현환이 자신의 그림 세계를 높이 평가한 것에 대해 수긍하지 않고

"오직 그림은 내 뜻에 맞게 할 뿐입니다. 세상에 그림을 아는 자가 드물지요. 진실로 그대의 말과 같다면, 비록 백대 후의 사람이 이 그림을 보더라도 그 사람됨을 생각할 수 있을 것입니다. 저는 뒷날 저를 알아주는 사람을 기다리고 싶습니다"

라 하여 자신이 추구한 그림세계와 이를 진정으로 알아줄 날이 있을 것이라는 바람을 제시한 바 있다. 예술적 자유의 추구. 자신의 예술세계를 이해하는 사람의 부재. 이것이 최북의 고민이었다. 이는 최북이 산 현실공간에서 해결할 수 있는 성질의 것이 아니었다. 결국 최북은 이러한 현실과 자

신이 추구한 예술 사이에서 수없이 고뇌하다가 죽은 그림에 미친 참다운 화가였다.

불우한 천재화가 최북. 그는 오직 그림에 살고 그림에 죽었다. 그의 일화가 보여주는 기행적 삶과 예술활동은 화가로서의 삶을 보장받지 못한 당시 예인藝人들의 슬픈 자화상이다. 그러나 우리는 새로운 예술세계를 추구하여 시대적 공간을 건너려고 한, 진정한 자유인을 만나 행복할 수 있다.

제1부 원문

安龍福傳

　　安龍福者，東萊漁戶子也．長隷戰船，能櫓軍，性勁悍有機識，解文字，習倭語，勤於漁業，衣食亦自裕．肅廟癸酉夏，龍福從三人，操短舠，入海釣魚，遇暴風，漂至鬱陵島，時馬倭，指鬱陵爲竹島，謂屬日本山陰道之伯耆州．誘伯耆守人，迭來漁採於鬱陵，適見龍福等，反以爲犯境，而加束縛押，至馬府．龍福見馬守，抗聲曰：

"朝鮮人，自往朝鮮地，何干日本，拘我至此？"

守曰：

"汝所稱鬱陵島者，乃我伯耆州之竹島也．汝非犯境而何？"

龍福曰：

"我國之有鬱陵，輿圖昭昭，且在我國，則經日而至，在日本，則五日而至，不必遠引古書，卽其道里，雖兒童，一言可辨矣"

守不能屈, 遂解送伯耆州, 龍福對伯耆守, 遂指鬱陵事, 反復詳言, 且道馬人矯誣之狀, 守欣然聽之, 饋以銀幣. 龍福不受曰:

"吾非受銀者, 只要日本勿復言鬱陵事."

守義之, 遂馳報關白. 具抵萊府書契, 如龍福指禮而送之.

行至肥前州, 肥前守, 求見書契, 目奪不還, 遞送龍福於馬島. 是時, 馬倭, 方日至萊館, 强爭鬱陵爲竹島. 蓋事成, 當專鬱陵魚竹之利, 事不成, 猶得賺取萊府廩犧之供, 而關白及內州人, 實不知之. 及龍福還, 自知其情狀之或露, 拘龍福於馬島九十日, 益送差倭, 張皇恫喝於萊府, 萊府, 又日馳啓言狀, 而國中眞以生釁爲慮. 龍福拘在馬府, 行賂通消息於其家, 萊府爲言於館倭, 遂得解歸. 歸告實狀於府使, 且曰:

"伯耆書, 雖見奪於肥前, 彼國之人, 已略知馬倭之情狀. 若具書契, 嚴責馬守, 而絶其差倭日供, 發送搜討於鬱陵, 拘馬人之漁採者, 押送于馬島, 則鬱陵之爭, 自當永息矣."

府使不信, 而不以上聞. 明年, 接慰官至, 龍福又自訴於接慰, 朝廷亦不信龍福之言, 而差倭之肆喝, 日以益甚, 若將生事於朝夕. 龍福痛馬倭之愚弄, 憤己志之不伸, 遂自束

輕裝, 走至蔚山. 海濱有商僧雷憲等十三人, 操舟在岸側. 龍福誑之曰:

"鬱陵島饒海採, 且多珠貝寶物. 吾嘗一至, 而收千金之利, 汝輩欲往, 吾將指路."

憲等從之, 龍福操輪針, 自使鷁尾. 旣入深海中, 兩無際涯, 復約束舟人曰:

"此中倭人必至. 舟中之人, 從我言者, 生且有利, 不從我言者, 必死." 憲等大懼曰: "諾."

遂出裝中新鮮衣, 自作軍校樣, 約舟人, 頤指氣趣, '唯, 諾'惟謹. 旣至鬱陵, 倭舟亦自東而來. 龍福度方向, 知其爲伯耆人, 目舟人使縛之, 舟人惶怵不能動手, 龍福起立船頭曰:

"何故犯我境?" 倭曰: "本向松島行, 當去也."

遂張帆東向. 龍福亦隨發船與之, 偕泊于松島, 復厲聲大罵曰: "此乃芋山島也. 爾不聞我國有芋山島乎?"

擧杖擊碎其鬴鬻, 佯示束縛之狀, 倭大驚, 復揚帆東去. 龍福擧帆從之一日一夜, 偕至伯耆州, 自稱鬱陵島監稅官, 請與太守相見, 延之上堂, 以客禮待之. 時龍福毛笠具篩, 戰服稱身, 儀表堂堂, 州守與左右, 幷不知龍福爲昨年自馬島拘至者, 龍福亦不自言. 遂從容語守曰:

"吾受大將令, 監稅入鬱陵, 目見貴州人犯境者. 當拘上大將, 依律定刑, 於境上, 貴州人先自逃還. 故踵之至此. 請如法縛囚授我, 俾得籍手歸告."

守曰: "州人犯境罪, 固當死, 請容我自刑之, 以除兩國公幹觳之煩, 何如?"

龍福屢示持難, 而末乃許之. 且曰: "馬人之情狀, 貴國豈盡知之乎? 我國公貿, 木每匹準, 三十七尺, 兩端織靑絲, 而馬人截去靑絲, 指爲二十尺一匹, 米十五斗爲一斛, 而馬人以六斗爲一斛, 紙一束三折爲三束, 猶且減數, 以報江戶, 其餘作奸, 不可殫記. 今又陽操鬱陵事, 以賺取日供, 而屢年强聒於萊館. 我國以此, 益知貴國之無政, 大君果知之乎否?"

守曰: "大君何由知之? 吾方參府入江戶, 當詳奏於大君."

龍福曰: "誠然也. 吾將留待於此, 幸爲我達一書於江戶也."

守許之, 龍福退具書, 備言馬州爭鬱陵事, 略擧留館公貿等情狀, 封付. 伯耆守持往江戶, 時馬守之父留在江戶, 見龍福書大懼, 請於伯耆守曰: "此書一達, 吾兒不生. 幸爲我圖之."

守憐之, 竟不告關白, 歸語龍福以事由. 且曰:

"吾實不忍見馬守之受刑, 子其速歸馬島. 今後則馬島, 必自懲畏. 君之職掌, 乃鬱陵事也. 馬人若或復爭, 惟我伯耆州, 亦有咎焉, 君不必更來, 只差人賚書報我, 我當卽報於大君."

遂厚待龍福, 資送銀幣, 皆不受曰:

"吾雖以鬱陵事來此, 私受銀幣, 非禮也. 自今貴國人至鬱陵者, 當以賊論, 直斬殺之, 無有遺."

守曰: "諾."

遂候風從輪針而發, 五日而泊襄陽, 告于官. 又納伯耆州未達江戶之書本, 遂得上聞于朝. 未幾, 馬守抵書萊府曰: "不敢復遣人至鬱陵."

朝家, 亦釋鬱陵爭界之憂. 其後馬倭, 深恨龍福遂擧約條中, 自馬島向釜山一路外, 皆禁之文, 抵書萊府詰之事聞, 朝議, 皆以爲約條當信, 龍福不可不斬. 獨領敦寧尹趾完, 領中樞南九萬, 訓鍊大將申汝哲, 議以爲殺龍福適, 足爲馬島快意. 且其人傑黠, 非碌碌者, 宜留爲他日用. 遂流龍福於嶺東, 遣武臣張漢相, 往審鬱陵. 自是定爲令章, 三陟營將·越松萬戶, 間五年迭相往審. 後又以十年, 爲例. 安龍福, 竟以能櫓軍, 死於謫中.

愚嘗謂日本山陰道, 與我嶺東, 相對. 今以安龍福, 來往觀之, 果信矣. 伯耆州有米子城, 卽因燔州, 島取城主, 所兼領. 城主松平氏, 卽家康關白養孫, 源忠繼之後. 歷光仲綱

淸, 吉泰宗泰, 今重椐嗣. 龍福所見者, 必在此中,

觀其爲龍福周旋者, 忠厚裕綽, 與馬守輩, 不同. 然其內州之人, 實皆類此. 我國之人, 只習見馬人, 指謂倭俗實然. 故裔處其國, 遺醜其國者, 惟馬島爲然. 彼安龍福者, 以眇少一賤人, 灼見彼國內外人品之不同, 乃能擔國事爲已務, 喝開滄溟, 使舟如馬, 剛柔自濟, 智勇交周, 揚馬人之惡於內地, 張國威於一行, 凜然有藺相如, 甘延壽遺風. 噫! 亦人傑也已矣. 余故曰: '馬倭之尙不專恣者, 畏我國之復有安龍福也.'

『和國志』

崔必恭傳

(辛亥秋, 奉教製, 崔必恭, 初繫刑曹, 以革心仰對. 故特教差關西審藥官矣. 任滿後上京, 復踵前習. 辛酉, 邪獄大起, 終至伏法, 傳與論, 徒歸空言, 而留之不去者, 將以見我聖上, 先德化後刑辟之盛意也.)

孟子曰:"君子所過者化, 所存者神", 化可跡也, 神不可測也. 今於崔必恭事, 見之矣.

崔必恭者, 漢陽閭井人也. 家世隷醫司. 必恭爲人, 椎樸無他能. 少孤家貧, 不事産業. 聞西洋有天主學, 自中國來, 其徒多崇信者, 必恭, 大說之, 遂專心誦習焉, 妻死而不復娶, 自謂擧天下, 無可易此者.

時, 西學盛行於世, 雖冠儒冠者, 往往深中, 至有敗倫亂常之變. 今上辛亥, 臺臣, 請按治之, 上聞之驚, 命誅其首惡數人, 懸首以循. 於是, 獄起株連者多. 必恭, 亦被告拿繫司寇獄, 上憂邪說之譸惑人久, 不可一切繩以法, 乃大誥以曉衆, 命刑官, 召諸囚, 諭之曰: "覺者生, 否者死", 諸囚, 震慴感悔, 皆願棄邪歸正, 上悉命釋之.

獨必恭, 瞥不悔曰: "人生也直, 吾心實未變, 何可以詭辭免罪?" 刑官, 縛致庭, 喝曰: "諸囚, 皆一言脫死, 爾獨不畏死耶?" 榜掠無完膚, 必恭終不變, 刑官以聞, 上曰: "忍哉! 若人. 是不可以威服也", 諭刑官, 使其徒中早覺, 而有文辯者, 曉以邪正禍福萬端, 終不變.

其家人群族, 左右涕泣, 連日夜勸之, 又不肯. 其弟, 計無所出, 代草供云, '今已革心矣', 持獻刑官, 刑官, 大喜召問之, 必恭愕然曰: "小人實不知, 此乃癡弟僞撰也. 何敢欺天乎?"

刑官又以聞, 上曰: "予爲君師, 終不能化一必恭耶?" 命解械置曹中, 救其寒餓, 徐觀其所爲. 居五日, 必恭忽霍然而悟, 泣謂守卒曰: "我, 今日始改心, 其爲我告官" 守卒, 走告刑官, 卽召問曰: "爾眞悟耶? 何昔難而今易也?"

必恭, 叩頭泣曰: "小人自知當死, 中夜窮思, 死不足怕. 惟聖上, 寬臣於十死之中, 必欲生之賤微如螻螘者, 得此於君父, 迷不知變, 則是禽獸之不如也. 徒死無以報君恩, 願自今盡棄舊染,而惟聖上命".

刑官,知其言出於情,遂據實以聞,上曰:"有是哉! 良心之不可誣也. 斯足爲善人矣."卽命赦其罪, 復醫籍, 付之厚祿, 會有關西審樂官, 報瓜命攸司差遣, 必恭旣免死, 又得厚祿, 乃卜日娶妻, 挈家赴任.

觀察使洪良浩, 聞而奇之, 召與語, 從容問曰:"爾惑於邪學, 矢死不變, 一朝悔悟, 何由也?"

必恭曰:"小人不業儒, 然嘗讀小學書矣. 有曰:'人生於三事之如一' 今我聖上, 活我於必死之中, 是生我者父也, 授之厚祿, 使窮鰥而成室家, 是食我者君也, 去邪學而歸正道, 是教我者師也. 聖上之於小人; 父耳君耳師耳, 小人雖頑如木石, 於心有戚戚然, 不自知其感悟, 如睡一覺不省夢中事也. 且彼天主學者, 常稱教人不欺心而升天堂也. 今若負君而忘恩, 其罪大矣. 設如其言, 何足以升天堂耶? 是以不敢不歸正也."

良浩, 喟然歎曰:"大哉! 聖人之化! 如雷雨之鼓萬物, 鷙鳥變而豚魚孚, 而況於人乎?" 一必恭化, 而國中之邪學, 自滅, 所謂殺之而不怨, 利之而不庸, 民日遷善, 而不知爲之者, 是可以書諸策, 傳諸後, 遂作崔必恭傳.

史臣贊曰, 異端之名, 始於楊墨, 孟子比之於洪水猛獸,辭而闢之. 其學遂絶, 老氏佛氏之說, 出於其後, 大行於世, 與吾儒l幷稱三敎, 而世無孟子, 終不得闢而絶之.

彼西洋人者, 萬曆末, 始入中國. 初以善步天, 中國譯而用之. 其後, 文字流入者漸多, 遂有天主學之稱, 然中國士大夫, 未聞道其學者. 臣嘗見其書, 大旨, 不過曰, 生而事天主, 死則升天堂而已. 事天之說, 盖竊吾儒之昭事上帝等語也, 天堂之說, 襲佛氏功罪因果之語耳. 其言愈巧而其理實淺. 所謂天堂, 必待死而升, 則果孰見而孰傳之也? 其詭且妄, 不待智者而辨矣.

第其步天之術, 最爲精密, 人莫不奇之, 然周天之度, 不出羲和之範圍, 推步之數, 實本黃帝九章之法, 則皆吾儒之緖餘, 而彼能專治, 特一技藝之工耳. 至於九天之說, 屈原孫武, 亦嘗言之矣, 庸可謂發前人所未道乎? 東人見聞寡而喜新甚, 以致纏繞迷溺, 而甚至於棄天倫, 輕死生, 其禍烈於洪水猛獸, 而無人乎闢之.

我聖上爲世道深憂, 爲生民立敎, 不假刑威, 而使人自化, 如崔必恭之石頑金鎚者, 亦渙然開悟, 譬如許行屈, 而楊氏廢, 夷之伏, 而墨者散. 韓愈有言曰, 大聖人作爲, 出尋常萬萬, 詎不信歟?

『耳溪集』

崔天若傳

崔天若, 東萊人, 貌魁多鬚身長, 以善雕刻金石木名世. 或曰:

"會幻術."

以多勞國役, 屢恩擢至武功二品職. 余少時遇天若於笠洞李判書家. 天若曰:

"余東萊民家子, 少魯鹵無才技. 十餘歲出田野, 見人去沙之沈田, 人負沙出外, 勞而少功. 余教兩長木中繫空石, 兩人擔沙出, 一擔幾四五部. 長老皆讚."

余二十後赴京, 武擧不中, 時值辛亥大無. 行具盡, 進退難愁, 歇一藥局. 局人適棄蠹川芎. 余偶拔佩刀, 彫大芎一頭, 像山岳卉禽, 劃與芎勢, 隨手成功. 又刻一頭芎龍形, 與眞龍無異. 余心自驚怪. 局人見之吐舌曰:

"請君少坐. 吾將告西平君大監."

局人往, 少時西平君招之, 往見, 則扇懸兩芎頭搖之曰:

"吾閱中原雕刻, 其天然之刻, 始見於汝."

卽出琥珀, 使刻獼猴, 示獼猴畵本. 余揮刀, 箇箇肯形. 西平君擊節曰:

"此公輸般."

留家, 使造燈. 時近四月八日懸燈節. 余見前燈, 輒移法絶妙. 西平攝其絶品, 進大內, 造畢, 賞錢五十兩, 使余歸家, 卽復來京. 余依其分付爲之, 則已自大內待來, 卽進現伏差備門外. 英廟使進便殿, 出自鳴鐘落一釘者曰:

"京城匠手, 皆莫敢措手. 汝能改釘否?"

余一見, 卽入意匠, 卽鍊銀釘, 釘之如合符. 英廟諦視曰:

"天下良工."

仍下敎曰:

"汝效鑄此鐘乎?"

余周覽鐘勢, 意亦順匝, 卽伏對曰:

"平生初當刀刻役, 而意思則洞然."

命定治炭, 天若曰: "二十石足矣."

上笑, 加四十石. 冶畢, 炭果僅足, 天若始知天縱之聖. 自鳴鐘之成於我國, 始於天若. 自其後把刀於金木石, 則如水

之沛然. 屢隨北京行, 見中原手, 無踰天若者. 開城府立圃隱碑時, 天若刻之. 英廟覽模本, 下教曰:

"天若刻乎!" 嘗赴山陵役, 暴雨阻大川, 天若乘支架以渡. 支架者, 樵人擔背之木具諺名也. 天若嘗隨朝臣入對, 英廟命給一方板飲食曰:

"天若若一人手挾出一板飲食, 當賞一板之器皿."

方板, 以木片粧一方長器之俗名, 以盛飲食, 重可挾數人. 天若瞥出意思, 先持數器飲酒, 趨出置外, 又趨進擎出數器. 數三廻, 已盡半板器. 上大笑曰:

"智出凡人." 卽盡賜板器銀器若干盡鍮器云. 天若曰:

"吾當木石金, 意匠先立, 手始隨下, 把筆不能成畫, 把刀無不物形之曲盡, 吾亦不自知何然也. 吾之所不能, 惟松廣寺能見難思之莫效, 則木牛流馬之莫動移也云."

能見難思者, 安五木鉢於五層. 凡層器, 自上入者, 莫下入, 自下入者, 莫上入. 惟能見難思者, 易上下層皆入云.

『幷世才彦錄』

金引儀泳家傳

　　君名泳字季涵, 金海人也. 父某, 大父某, 世業農. 君少孤貧無依, 轉徙京師. 爲人疎戅, 有性氣, 長身癯容, 雙眸炯然. 於一切世俗便儇俯仰之態, 蔑如也. 讀書好, 沈湛之思, 不牽文句, 而能自得師. 偶閱泰西幾何原本, 而心悅之, 伏讀數月, 盡通其義, 遂專治曆象之學. 强探力索, 刻厲自持, 冬不鑪, 夏不扇者, 殆十五六年, 其學大進. 然人未有知之者, 君亦不求知於人也. 一日以所業, 謁先大夫文敏公, 文敏公與語大奇之, 亟稱於人, 自是君稍稍露頭角矣.

　　正宗己酉, 國家有遷園之役, 領觀象監事金公烇白上言: "下梓室時刻, 旣卜夜中. 臣監職宜校正更漏, 正更漏宜先考中星, 而恒星歲差已多. 及今測正然後, 可以審知吉辰之所値. 都下有金泳者, 曉解曆象, 請令造儀器, 以之測驗推步."

上可之. 於是, 君承命刱鑄赤道經緯儀・地平日晷各二坐, 又編『新法中星紀』・『漏籌通義』, 各一卷以進, 其赤道儀日晷一坐, 留之大內. 及夫啓欑之日, 君與監官等, 進詣園所, 以新造儀器, 如法測候中星, 報奏時刻. 禮成, 上推恩董事諸臣, 特差君本監三曆官. 舊例, 未有不由監科, 而超授是任者, 監臣據例覆難. 上判曰: "我國重科第, 清顯要職, 非科目, 則不許踐歷, 而唯山林宿望, 不在此限. 朝廷用人, 尙如此, 況本監乎? 今玆大禮順成, 金泳之勞勩旣多, 且其才可用, 何拘於常例." 仍促令供職, 君遂以白衣入仕, 轉陞至司宰監直長・通禮院引儀, 而曆官則常兼緄焉.

本監每有星曆大議, 一埤於君. 先是, 戊申五月朔日有食之, 監官等依 『曆象考成後編』 戴進賢法, 推步虧復時刻, 初虧至食甚, 爲十三分, 食甚至復圓, 爲三刻十四分, 兩距等, 而時刻太不相. 當時君未入監, 監官等來質於君, 君沈思良久, 乃通變推步, 虧復距食甚俱爲二刻六分, 盖戴書立文, 有誤也. 本監具二單, 以呈及燕京, 禮部咨來, 與君所籌合. 當宁辛未, 廷議以曆法無中氣入前月法, 而來癸酉冬至, 在十月晦日, 特選曆官, 隨聘使, 往質於中國, 而本監僉舉君. 君旣赴燕, 欽天監已以癸酉八月閏策, 移置於甲戌春仲爲閏二月, 癸酉冬至在十一月晦日, 君乃購得萬年曆幾卷以歸, 旣復命, 藏于本監. 君在本監, 所纂輯甚多. 先大夫提擧本監, 編次國朝曆象考·七政步法, 君皆與聞凡例. 又就丹元子步天歌, 繪圖以明之, 各疎其距度及星位之古有今無, 以便觀象, 旣成, 印行于世. 或値天象示警, 日有煇祲, 星現彗孛, 則君必直宿本監, 專任測候之役焉.

我東自羅麗, 承用中朝頒曆, 而國朝中葉以後, 閭巷之士, 或以治曆聞. 於是, 本監始傳交食推步法, 而挽近人才每下, 監官輩, 皆闒茸猥瑣之流, 夤緣干囑, 冒占竊祿而已. 其於天度曆法, 蓋懵如也. 君旣入監, 有事則推重, 事已則嫉其能, 囂然群起而撓之, 或面詰手敺於稠坐. 提擧聞之, 招致庭下, 而峻責之. 然君之雅意, 不願久縻於本監, 又不欲與此曹相較, 遂丐免甚力, 都相惜其去, 而無如之何. 妻孥仰斗祿以爲命, 而君亦不顧也.

君少用力於思索之工, 轉成氣疾, 到老彌劇, 乃謝棄舊業, 專治易象之學曰: "吾聞治心養性, 莫善於易, 吾其以一部大易爲桑楡之家計矣." 又曰: "律以數爲本, 秦漢以降, 度數不明, 故樂律終不可得以正也." 於是, 潛心玩索, 推論理氣法象之奧, 律呂倍半之術, 皆精湥要眇, 卓然可觀. 旣而歎曰: "人生上壽百歲, 從今以往, 假我三十年光陰, 則尙可以縱探玄微, 大闡物理之學, 爲斯世辦此一事業也." 其自任之重,如此.

君素清羸善病,斗祿既絕,飢困又乘之. 時過余湖上,垂首喪氣,涔涔如倦睡人. 余試以象數要訣,微挑之,則輒張目扺掌,精采燁然動人. 余侍者竊言曰:"金公之於數學,殆若有神助然." 君嘗勸余讀『幾何原本』曰:"此非子之家學耶? 此書也,九數之淵海,萬象之範圍,辭約而理該,其殆三代之逸典乎! 子盍勉旃?"余既卒業,君又時來叩問,歎曰:

"吾見多矣. 讀是書精深,罕有如子者."

每訪余,輒信宿留連,經典數法,或有訓詁失實處,必從余討論,而是正之. 于今十餘年來,相許爲莫逆交. 余自失君,悵悵焉,無朋友啓發之益. 每讀數理文字,竊不勝人琴之感也. 君生以己巳某月某日,圽以丁丑某月某日,得年六十有九,有一子二女幷幼.

余嘗謂君曰:

"君今老矣. 四十年辛苦之業,何不立一言自表見?"君曰: "古人著書,上可以立世教則筆之,下可以裨民用則筆之,不爾則皆苟也. 數學至西人而大備,無毫髮憾,又安用贅說爲哉? 但區區未卒之志則有之,點·線·面·體四者,卽幾何之緣起,而數法,終不如量法. 今以數理精蘊,線部變作面部,一以量法從事,則簡而易明,計盈朒商裒分,可以不布籌而瞭如指掌也. 西人視學之術, 不傳於中國. 故觀物度勢, 往往失眞, 今推明視學, 便觀天文, 察地勢, 與夫審立圓立方之體, 繪平面坳突之形, 皆得其眞象, 而物無遁情, 百工枝藝, 各極其精, 可裨於實用也. 今人言水車, 專尙龍尾車制, 其實龍尾遠不及龍骨車之便利. 今爲圖爲說, 機牙輻轂之制, 皆著尺寸, 按法成車, 可以興水利益農工也. 秦時之器, 如自鳴鍾時械之屬, 牙輪易澁, 稍久則必須更改, 終不如驗時儀墜子之往來自然, 而時刻不爽也. 亦具圖說詳著. 其制簡捷完久, 絶勝於鍾械諸儀, 而吉凶大禮, 可資以考時也. 凡此四條, 愚之夙所耿耿者, 今方不住編摩, 賴天之靈, 幸而卒業, 則可以少裨於民生日用之需, 而事鉅力綿, 但恐歲月不我饒也. 果未及脫藁, 而君病劇臨歿, 顧謂其子曰: "我之所艸亂稿溢於箱篚, 我必欲俟成書而出, 今焉已矣. 吾死之後, 愼勿他與, 往傳于三湖徐子, 可也."

君旣沒, 其子來告赴, 泣道其遺意, 余爲之失聲長慟, 亟令人取來書篚, 而已. 爲監生某所竊去, 尋求不得. 嗚呼! 其可惜也已.

贊曰: "周末, 疇人子弟, 散而之海外, 象數之學不傳, 久矣. 有明之季, 西國之士, 特以治曆, 聞於天下. 說者曰: "四海之域, 惟昧谷與中國通道. 故道術分散, 而西方往往有聞. 然自西法之入中國, 中國之學士大夫, 罕有能旁通其術者. 乃君奮起乎遐僻之鄕, 鑽硏故紙, 尋墜緖而紹術之, 通國之人, 皆推爲曆學之宗匠, 斯已奇矣. 而況遭逢我正廟盛際, 白衣登朝, 刱制儀象, 修明圖典, 以贊欽昊授時之治, 亦可謂不負所學矣. 是皆可傳也. 余故撰次爲文, 以俟太史氏采焉."

『左蘇山人文集』

鬻書曺生傳

曺生, 不知何許人. 以鬻書, 走於世久已, 故見者, 無貴賤賢愚, 皆能知生之爲生也. 生日出而出, 走於市, 走於巷, 走於庠塾, 走於官府, 上自搢紳大夫, 下至小學童子, 無不走見之, 而其走如飛. 其懷袖充然者書也. 書已售, 携贏走壚上, 沽飮醉, 日暮走而歸, 人未嘗知其處. 又未嘗見其飯食, 而一布衣, 一草履走, 更時年而不易也.

英宗辛卯, 以朱璘所著明紀輯略, 有汚衊太祖仁祖之語, 控于上國, 大蒐天下, 火其書, 戮賣書者. 於是, 國中鬻書者, 擧就誅, 而生先是走遠方, 以故獨免焉. 後歲餘, 生復來走如故, 人頗異之, 詰其故, 生笑曰: "生今在, 何走乎?"

或有問生年者, 生笑曰: "忘之已" 時或曰: '生年三十五'. 今年問者, 明年復問生年, "奈何不過三十五云爾", 生笑曰:

"人年三十五時好故，吾欲以三十五終吾年而不加數也。"好事者，或曰："生年已數百歲"生瞠曰："若安能知數百歲事耶？"人不能難．然酒後，往往道聞見者，默考之，則百十年故事也．

問生："苦賣書何爲？"曰："賣書以買醉耳。"書皆生有而亦解其義耶？曰："我雖無書，而某氏藏某書若干歲，某書自生賣之若干編矣．是以，雖不知其義，亦能知某書，爲某著某釋，幾套幾冊也．然則天下之書，皆吾書也．天下之知書者，亦莫吾若也．使天下無書，吾不走也．天下之人，不買書，吾不得日飲醉也．是天以天下之書命吾，而以吾了天下之書，且疇昔者，某氏之祖之父買書，而身貴顯，今也．其子孫，賣書而家窮窶，吾以書閱人多，而天下之智愚賢不肖，比類從群，生生不息，則吾豈特了天下書也．將以了天下人世也。"

經畹子曰：始余七八歲時，頗解屬文．先君子，嘗一日拉生至，買八家文一部，賜之曰："此鬻書曹生，而家藏書，皆從生來者。"以其貌，若四十者，而計其時，亦四十年，生不老，生固異於人也．時余喜見生，生亦愛余甚，數過余，余今髮種種，已抱孫數歲，而生則長軀朱頰，綠瞳烏髭，顧曩日曹生，吁已奇矣！余嘗問生，"何不食？"生曰："惡不潔也"又謂余曰："人欲長年，藥餌不及，惇行孝悌，陽德也．子爲我, 喩天下人, 毋使苦問我也." 噫! 生固有道, 而自隱玩世者也, 夫斯言也. 曾是老莊氏之所可得道也哉!
　『秋齋集』

金將軍忠善傳

將軍, 日本人也. 本姓沙, 名也可, 壬辰皈我朝. 宣廟賜姓金·名忠善·貫金海, 盖異數也.

將軍年纔髧齓, 已有遷喬之志. 嘗歎曰:

"人生而爲男子幸也. 而不幸不出於中華, 生此左袵之域, 豈非志士之恨也."

慷慨泣下者, 屢矣.

清正之入寇也, 以將軍爲右先鋒將, 時將軍年二十二. 心非其無名興師, 而素聞朝鮮號爲小中華, '今雖未能北學, 若因此事, 會一見小中華之地, 則玆又非大幸歟.' 欣然領部下兵三千. 於宣廟壬辰四月十三日, 越海, 雖搶攘之中, 見其衣冠文物, 熙熙然有三代之風, 心竊喜之, 卽日作書, 諭民安堵. 仍又皈附於本道兵使朴晉. 累立奇功, 兵使, 具由上聞, 上召見於行在所, 試藝曰, "能超授嘉善階." 使領其本軍, 防禦南垂.

此時賊水陸並進, 將軍進戰于利見臺中洋, 及鳳吉里小峰臺, 斬馘三百餘級. 都元帥權慄·御使韓俊謙, 並馳啓, 上特賜今姓名. 又超資憲階, 以我朝冠冕及靑布三千正, 褒賞之. 其後, 天兵追賊南下, 比之蔚山, 則倭醜, 已據西生城, 堅壁不出. 麻提督貴, 以我國慶尙左兵使金應瑞, 爲前部, 自爲後應. 左兵使, 以將軍爲先鋒, 連破賊陣. 賊勢窮, 擲財寶於城外, 衆軍爭趍拾之, 以致失伍. 賊登樓, 放丸, 天兵死者, 甚多. 提督怒, 欲斬應瑞, 將軍署狀曰,

"願斬賊首以贖應瑞之罪",

提督許之. 是夜二更, 將軍領兵百餘, 飛越入城, 以火攻之. 賊潰走, 將軍追斬數千餘級, 獻于提督. 提督甚壯之, 仍赦應瑞.

先是, 我國本無鳥銃. 故不知灸焰硝·搗火藥. 將軍飯化之後, 卽言于節度使, 始敎其制, 明年癸巳, 朝家, 別置訓練廳, 募入碧潼降倭三百餘名, 造藥做砲. 將軍又使軍官金繼守·繼忠等, 使之敎鍊, 將欲遍置於沿邊各陣. 而銃鐵甚艱. 適有破鍾, 埋在鍾街土中, 將軍聞之, 言于體察使, 以此鑄砲. 令各陣肄習, 居數月, 技皆精銳, 發無不中. 七年之間,

所向無敵, 俾獲全功, 遂爲國家萬世之利器, 由是言之, 將軍之功, 豈淺尠也哉!

仁廟癸卯, 虜警數起, 將軍自願, 仍防十年, 北虜乃弛. 特授正憲階, 御書八字以襃之. 甲子, 逆适肆凶, 移書于將軍, 將軍大怒, 裂其書, 駈逐适使. 适又使人脅之, 將軍卽斬之. 及适伏誅, 副將徐牙之, 素称飛倭也, 東西逃竄, 而以其驍勇, 故我國兵將, 皆畏避. 大駕還都後, 下令嶺南巡節兩營, 使之搜捉而終不得. 上命將軍捕之, 將軍度牙之有還飯故國之意, 使於傳舍, 諸處盛置酒肉以饋之. 躡至密陽嶺南藪相逢, 牙之似有逃避意, 將軍以溫言誘之, 留與飲酒. 將軍以綿絮置諸衣襟中, 佯飲而暗灌. 故終日不醉. 牙之酩酊, 而倒鼻息如雷, 將軍潛拔其二寶劒, 卽令縛, 致麾下. 平明大張軍威而數其罪, 並斬其麾下勇士十餘人, 獻馘于朝. 上大奇之, 以牙之籍沒田産賜之. 將軍, 上疏固辭, 請納爲守禦廳屯田, 至今收稅

丙子之亂, 將軍年近七十, 在鹿里鄕庄. 星夜馳突, 比至京城, 則召命始下. 而大駕已遷于南漢. 將軍因不下馬, 直赴雙嶺. 夜半轟震之聲, 自遠而近. 平明視之, 則鐵騎雲屯, 彌滿原野. 將軍, 以所領兵一百五十, 嚴整隊伍, 建旗於百步之外, 令曰, "胡馬, 若未入百步, 而放丸者, 斬!" 俄而前

馳進逼. 將軍親自援枹以鼓, 士氣自卯, 至辰, 鐵騎之中丸落馬者, 不許其數. 虜不能抵敵, 曳兵而退, 將軍從後放砲, 追至慶安橋, 十五里之間, 橫屍蔽地, 斬其鼻, 盛于戰帒. 欲入南城扈駕而和議已成矣. 將軍, 大憤恚, 投鼻帒於地, 而撫劍慟哭.

仍皈鄉舍, 扁以暮夏, 而見其志. 又著家訓鄉約, 以戒其子孫隣黨. 且其前後疏辭, 及與諸宰書, 慮深思遠, 忠愛款款, 此可見其義勇兼全, 內外俱美者也. 將軍身長九尺, 美鬚髥行步如飛, 至死不衰. 生于隆慶辛卯, 沒于崇禎壬午, 得年七十二. 娶牧使張春點之女, 生五男一女. 將軍之沒, 三道請享之疏, 屢出而未及上徹. 至六世孫漢祚, 士林建祠宇, 而俎豆之. 至今不輟, 噫其盛哉!

外史氏曰, "揚子雲云, '在門墻則麾之, 在夷狄則進之'. 今將軍生彼卉服之方, 乃能一心嚮往於中華文物之地, 若非灵心慧性自得於天者, 其果如是乎! 而況向化之後, 國耳忘身, 十年請防, 三亂奮挺, 其忠肝義胆, 足以垂訓於後世之爲人臣者. 而豊功偉積, 亦可以銘旂常而垂竹帛.

惜乎! 以其夷之也! 故一不登庸以試其所蘊, 而竟使沈沒于鄉里. 其亦有慊於進之之義, 而志士之恨, 庸有極哉! 聞將軍嘗往來京師, 其時同事之諸公, 欲薦拔其子. 問於將軍,則時有丈夫子五人, 而以無有答之. 此盖不欲爲伐功邀賞之計而遺後福於子孫也. 其謙挹之德, 尤可尙也已."

『蘗山全集』

제 2 부 원 문

碁者傳

碁小數也，然有妙焉，妙而至於通神，雖小，蓋亦難也. 宣祖時，有宗室德源令者，善碁. 德源七八歲時，已學碁，嗜碁異甚，於所居房室四壁，畫碁局，日日臥其中，以手點壁局作勢，已而得妙，出而碁，無敵. 每對人碁，輒痛飲酒，動手如飛，出奇無窮，顧笑燁然，閒暇自得，遇難處，始凝然思，熟視局，下必中敵至要害，對者若釘入骨，痛苦不能平氣坐，非至强者，不能堪一二局，以是無與德源碁者. 德源旣老壯，鬱鬱無盡才處，嘆曰:

"猛勢人不樂，低勢吾不忍." 遂廢碁，但飲酒，日酩酊，無所省. 萬曆中，明使有善碁者來，求東國一手，德源應選，往與碁. 人傳德源之與明使碁也，亦痛飲酒一大梡，跂坐垂目，兩肩聳立，如老鷲窺兔狀，耆然落一子，子活動如生物，光搖搖然, 已占一局大勢, 明使大驚推局, 拜問: "落子法, 何神也?" 德源笑曰: "龍至柔物也, 一怒廻蹠, 成潭於大石之上, 吾亦莫知其所以然." 德源死後五十年, 閭巷有庾纘洪, 亦以國碁名, 而神解不及德源遠甚云.

吾舅氏公亦善碁, 嘗曰: "記者云, '堯作碁, 教子丹朱, 以觀其智', 是則未可知, 然要必出於三代時也. 其法, 演河洛數, 象天地, 布羅方直, 以至靜行至動, 寄思玄遠, 萬化迭生, 寓理之器, 而上世雅戲, 非戰國以後澆漓淺智所能作也." 或言德源令, 少時遇異僧碁, 以而通其神, 然則其異僧, 亦深谿姥之類歟?

『春洲遺稿』

棊客小傳

鄭生者, 寶城郡人也, 以善棊名. 國朝以來, 善棊者, 自大夫士, 以至興儓市井, 咸推德源君爲第一, 德源君者, 故宗室子也. 生, 以遐土賤士, 一朝, 名出其右. 初, 生, 學棊於其從父兄某, 積五六年, 足不履戶外, 輒日忘其寢食, 某每曰, 弟, 毋多苦, 不若是, 尙足行也. 生, 猶益勤勵不止.

當是時, 德源君, 死已百年餘, 鍾期, 梁翊份之徒, 方擅譽於京師. 京師諸公, 亦皆以國手待之, 莫敢較訾, 顧生, 亦鬱鬱鄕里中, 無可与對手者, 於是, 徒步至漢陽, 欲求其素所擅譽者, 一与之敵. 比至, 聞漢陽人, 稍稍言鍾期, 國手無雙也. 然, 諸公中, 有巡察關西者, 適呼鍾期以往, 竟不逢, 遲回久之, 終無可与對手者. 時, 大將李章吾, 縣令鄭樸, 亦稍有能名而見生, 輒捫指退, 不敢以一子, 相抗衡也.

則於是, 生, 益無聊不自得, 遂跡期于關西, 至平壤, 留布政門外三日, 吏不肯納. 生, 喟然嘆曰: "士之抱才器而不相遇, 猶如是乎? 吾不忍返矣. 夫自吾所去之土, 距平壤, 幾數千里, 所以不憚亭堠之險, 羈旅覊旅之勞而艱難到此者, 欲以一藝, 与人決雄雌, 以供少須臾之快, 竟不遇而歸, 豈不奇哉?"

又三日不去, 巡察使, 聞而怪之, 謂鍾期曰: "此何爲者? 必有異也, 若, 其退須我命" 乃開門招生入, 語數接, 巡察使, 問曰: "聞生, 居於南國, 而今繭足踵門, 欲與鍾期一見, 豈生与期有舊乎?" 生曰: "否否". 曰: "果也則生之所欲見者, 僕, 已知之矣. 然, 奈期不在此何? 無已則, 此中, 有比期雖少遜, 亦能与期, 相上下者, 其可与先試之?" 生曰: "皇恐, 謹奉命" 於是, 巡察使, 呼期謂曰: "彼欲与鍾期角藝, 而今期不在, 將若之何? 而其代期某" 因目之, 期詭對曰: "皇恐, 謹奉命"

於是, 左右, 設奕具, 進子奩, 兩皆布陳均道, 一再轉, 期, 輒不自由, 生, 固晏如也. 巡察使, 恚曰: "往日, 与樗蒲奴, 對局, 輒鼓掌吐氣, 自以爲通國寡二, 今者, 乃蹙縮若失意人, 手勢不敢快, 何也?" 如是者, 良久, 期, 漸益怔惑, 竟莫能輸生, 生, 亦心易之, 謂期曰: "姑少休" 又問君, "較期,定何如,且今期安在?"期,默然無以膺,面發赤.巡察使,益憤恚,亦無柰彼何.迺告之實,復以白金二十兩,敬謝生.

居頃之,巡察使,罷歸,生,与期,俱在京師,日相遊衍.一日,天寒,大雨雪,鍾期,勑家人,盛置酒,夜邀鄭生飲,酒酣,鍾期,親執刀俎,切肉奉盃而進曰:"先生,誠賢豪長者,倘識此盃意乎?弟子有一言,敢以累先生"生,稱名謝曰:"運昌,不敢當公厚意,然,公,名譽悠揚一世,當今之公卿士大夫,皆莫不愛厚公,運昌,幸与公同輩行,竊想公,無可以俯敎於不肖者,敢請敎"期曰:"然.弟子,自早學棊,特專聲譽,出入諸公閒,已十年于玆矣.自得交先生來,諸公長者,悉皆翕然推詡,以爲如期者,不足預弟子之列,顧弟子,豈敢与先生抗?願先生,少讓我,但使得有其前名,可乎?"生曰:"諾!"遂竟夕盡歡而去.自是,每生,与期逢,若衆人在座則,輒兩相逡巡,誓不復相敵.

生,年四十餘,技日益精,潛神默量,必見其可者然後,乃敢下子,故,雖夏日,所竟,不過數局,或中局而橄之,更列無一錯也.生言生之從父兄,高於生數級,學於昌平之小兒,昌平之小兒,蓋不知所授云.生,亦嘗往來余門下,性狡詐,觀其皃,不似有所能者.然,余,亦知其素善棊,每欲一覿其妙,而余雅不解棊,門下諸賓客,亦皆無与生,相差等者,卒

不得見. 後, 生因得罪於(以下 省略)

『自問是何人言』

金鍾貴傳

金鍾貴以棊名，世人，稱國朝第一手．年九十餘而卒．鍾貴之浚淂三人焉，金漢興・高同・李學述，學述，尙存焉．漢興與鍾貴，並名而時方年少，自以爲無敵．嘗與鍾貴賭棋，觀者如蝟，漢興目光透局，橫縱背觸，如駿馬饑鷹，鍾貴手龍鍾，下子如不勝重．審其勢，輸已半局矣．

觀者，相與附耳，而語曰："今日一局，可讓漢興獨步"鍾貴推枰而歎曰："老且眊矣．留待明朝神稍淸"衆曰："古來名手，未聞以一局，作兩日着"鍾貴，以手擦眸，更攬局而坐，瞠視良久．忽出一奇，如截流斬關．竟以敗局取勝，一坐驚歎．此可謂不畏其不誤，而畏其誤者也．

壺山居士曰："古今之戲，流傳最遠，莫如棋．其開闔・操縱・進退・取舍・奇正・虛實・眞韜鈐之上乘也．奕秋・

杜夫子・王抗・王彪・王積薪・滑能之技, 未知云何. 尙所傳, 王積薪所遇姑婦之說, 事在有無之間, 荒誕不足信. 今之遺譜, 所謂大小鐵網・捲簾邊・金井欄之類, 以百計, 而此皆不可以倣而得之者也. 陸象山, 懸局仰觀, 而悟河圖數. 有聰明才辯之士, 或精心究之, 而不能者. 嚴滄浪云: "詩有別才, 非關學." 余於棋之道, 亦云.

『壺山外記』

제3부 원문

柳光億傳

天下穰穰，利來利往，世之尙利，久矣. 然以利生者，必以利死，故君子不言利，小人殉利. 京師工賈之所萃也. 凡可售之物，廛肆星羅而棊布. 有爲人賃手指者，有賣其肩與背者，有淘圊者，有鼓刃而血牛者，有華其面嫁者，天下之買賣，極于此矣. 外史氏曰："裸壤，無絲錦市. 搏生之世，無鬻甀. 有需之者，貨之者生. 大冶之門，不以鉗鎚衒，力農之家，負米者過而無聲，無諸己而後求諸人."

柳光億，嶺之陜川郡人也. 粗解詩，以善科體名於南，其家窶地又汚. 下鄕之俗，多以賣擧子業爲生者，而光億亦利之. 嘗中嶺南解，將試于京有司，有以婦人車要於路. 至則朱門數重，華堂數十所，面白而疎髥者，數人，方展紙試腕力，以聽其進退. 舘光億於內，日五供珍羞，主人公，三四朝敬之，若子之能善養者. 旣經會闈，主人子，果以光億文，登進士. 酒裝送之, 一馬一僕, 歸其家, 有以二萬錢來會者, 其所貸邑糴, 監司已償之矣. 光億之詞, 無甚高, 但沾沾以銛利爲才, 以是亦得意於試. 光億旣老, 尤有聲於國, 京試官過監司問: "嶺南才, 誰爲最?" 曰: "有柳光億者." 京試官曰: "今行, 吾必置壯元." 監司曰: "子之鑑然乎?" 曰: "能." 遂相與難, 以光億爲賭. 京試官旣登場, 出詩題曰: '嶺南十月設重九會, 嘆南北之候不同.' 俄有一券來呈, 其文曰: '重陽亦在重陰月, 北客强醉南烹酒.' 試官讀之曰: "此光億也." 以朱亂點, 等二下, 擢爲魁. 又有一券, 頗合作, 置之二. 又得一券, 爲第三, 及坼糊, 無光億名, 陰諜之, 皆光億受人錢貨, 以貨之多少, 而先後之也. 試官雖知之, 而恐監司不信己, 欲得光億招, 以爲契, 移關于陝, 使執光億送, 而未嘗有起獄意. 光億爲郡所收, 將被送, 自恐懼以爲: '我科賊也, 去亦死, 不如不去', 夜與親戚縱酒飮, 仍潛投江死. 試官亦聞而惜之. 人莫不憐其才, 而君子謂: '光億之死不在, 是宜矣.'

梅花外史曰: "天下無不賣物, 有賣身爲人奴, 至毛之微, 夢之無形, 皆有買賣, 而亦未有賣其心者, 豈物皆可賣, 而心不可賣耶? 若柳光億者, 其亦賣其心者耶? 噫! 誰謂天下至賤之賣, 而讀書者爲之乎? 法曰: '與受同罪'."

『潭庭叢書』

賈秀才傳

賈秀才者，不知何許人．常來往赤城縣清源寺中，賣乾魚爲業．長八尺餘，辮髮，貌甚黑．人或問其姓曰："我姓天名地，字玄黃"問者絶倒，強之曰："我賈也．姓賈也．"故一寺中，皆呼賈秀才云．每晨起，擔乾魚，赴遠近墟．日得銅錢五十，沽酒飲，平生未嘗啖飯也．

寺在縣南僻淨，縣中諸生，僦山房讀書．一日，天大雪新霽，賈足淋漓陷泥濘中，直上坐諸生間，諸生怒叱之．賈睨曰："爾威過秦始皇，我賈不及呂不韋，怕也怕也！"遂倒臥駒，諸生益怒，使僧牽出之．堅不可扛，翌日聞，佛殿上，有人讀李白遠別離詩，音甚瀏亮，諸生往視之，乃賈也．諸生始怪之 問賈："能詩乎？"曰："能""能筆乎？"曰："能"諸生給筆札，使賦，賈就硯池上，狂磨墨，左手蘸禿毫，向紙背亂

草如飛. 題曰:

青山好, 綠水好. 　　　綠水靑山十里道.
賣魚沽酒歸去來, 　　　百年長在山中老.

擲筆笑吃吃不止, 字畫似孤山黃耆老. 諸生始敬重之, 復請, 輒怒詬, 終不肯.

嘗大醉, 持鰒魚, 供如來佛卓上, 合掌禮拜. 諸僧驚逐之, 賈曰: "爾不讀佛經, 經道如來啖鰒魚" 僧曰: "在甚經?" 曰: "在菩提經, 我能誦" 輒向佛卓下, 跏趺坐, 說道, "如是我聞. 一時佛在西洋海中, 爾時如來向大衆中, 啖婆娑國獻大鰒魚. 佛於頂上, 放千萬丈無畏光明, 惟時比丘及諸大衆, 拜佛頂禮, 欽聽慈旨, 佛告大衆, '惟是鰒魚居大海中, 飮淸淨土, 喫淸淨水, 是爲如來無上妙味' 聞者, 皆大笑. 賈住寺, 凡一年餘去.

異矣夫! 夫秀才之爲人也! 抱奇偉之才, 負卓犖之志, 何爲是猖狂自恣, 使人悗然莫知其端倪也. 殆古所謂隱君子流耶! 駒城鄭叔, 訪余廬陵, 道其事甚詳. 余欲往見之, 及至寺, 去已三日矣.

『潭庭遺藁』

記滄海翁遊山事

滄海翁，姓鄭名瀾，嶺人也. 翁自嶺外，來訪余于南城. 余見其廣額隆鼻，眉宇澗而舒，衣冠裒博，非今世之制. 余已下而迎拜，而延之座. 試與語，奇情菀然，似有以浩浩乎自得之者. 翁之言曰："人之生，所遊者神也，所交者觀也，神滯則痞，觀狹則眇. 神觀俱蹋，而氣不宣矣. 老夫視居此人間世者，特泥蟠醯蝨耳." 余曰："甚矣，先生之言. 放矣，不能約也."

翁曰："子宜知之. 世以驪子爲無考原而譚猶然顧化. 夫推其虛，不若遇其眞，閎其語，不若大其眼. 海東之國，國雖小窮，吾觀亦足以夷曠吾神. 老夫三十，而以一驢一僮一橐一樸，被出南遊洛東，上德裕，探俗離，陟月出，窺方丈，西臨浿江，東覽大白小白，歷斷髮，再入金剛，浮海而歸. 惟是北之白頭, 南之漢挐, 尙無滄海翁脚跡. 然老夫今猶未衰矣." 仍出示其遊山記一卷, 大抵破壁懸厓, 倦極而休, 燃燈剝皮, 率意薄記. 其文不事雕琢覺情思, 躍躍不可拘促. 又或雜以圖畵, 尋山經, 辨水脉, 測深摹遠, 劃然心開. 余乃起而復曰: "塵囂凡夫, 不識先生, 始以先生爲崖異尙行之人, 幾失滄海翁矣. 吾今知先生其古之瓌奇倜儻, 飄然而遐擧者乎. 吾見先生, 不敢復以世之役役出沒, 見小利害, 輒遑汲然, 喪其生者, 以爲士也."

居歲餘, 有夜半而叩余門者, 迺滄海翁, 自白頭來矣. 仍爲余道其經歷之艱·遊覽之富, 山谿巖洞之奇·雲烟草木之變, 娓娓不休, 燭跋屢見. 及曉而覺, 已不見滄海翁矣. 嗚呼, 往者, 列禦寇莊周之倫, 所以獘吻焦舌, 稱說有道之人者, 不過曰'窮扶搖入窈冥, 以求其虛而遨遊者'其事必弔詭, 其意必洸洋, 自恣聖人之徒, 皆排擯焉. 曷不聞吾聖人之所以'得於心而寓其樂'乎? 苟以心之樂爲樂, 則仲尼·顔淵所樂, 亦可知. 然其必曰'道各不同, 從其所好'. 滄海翁之樂, 其得之於山水之間歟? 其不可測歟? 近有自耽羅來者言, '有人挂藜杖, 被短褐, 立于南海上'云. 噫! 其翁矣.

『重菴稿』

朴突夢傳

朴突夢, 其人貢人金家奴也. 自能言志于書字, 以地賤不得師受. 金家兒, 常坐堂軒讀書, 突夢從階上傍覽, 雖不解義, 然隨其讀而沒其字音 兒或忘音, 反質於突夢矣. 隣有丁先生者, 家居教授, 突夢旣髫, 就先生願受業, 先生許之. 突夢日晨興, 懷書候其門, 啓然後敢入, 趨造寢戶外, 肅竢先生枕起. 先生知其來, 隔牖而問曰: "突夢來乎?" 曰: "唯" 衆徒弟後至畢升堂, 突夢, 自嫌以毛笠齒衿觸間, 踧踖不敢升. 先生, 權令戴折風巾而進之.

授則還家, 供役如故, 金家莫之知也. 歲餘卒受小學語孟, 文識日進, 先生甚奇之. 其爲役乃縛炬斯橦而揮斤束滕之間, 不輟唔咿, 家人指爲癡僮.

常患苦痎, 金家爲之蠲役理病, 突夢, 私語其妻曰: "是吾讀書之秋也." 乃入其房冠總, 危坐讀書, 瘧氣發寒痒齒戰, 而愈益堅坐, 口不廢誦, 三日瘧則乃已.

後與妻洴澼於蕩春川, 川多石盤陀. 突夢, 輟漂之石上, 不冠裹褌, 赤脚而坐, 盤礴研墨石窪, 握大管書小學題辭, 淋漓石面, 日西迤, 乃蔭樹偃臥, 引聲長吟, 悠尒自得.

趙尙書家郎, 適遊春蕩春, 見其所爲, 心異之, 就而呼曰: "爾何爲者?" 突夢徐起而對曰: "家人奴也." 郎曰: 而主, 非人也. 豈有學經傳而爲人奴者乎? 吾爲爾, 責而主, 而免而身" 曰: "以奴, 故令老主觀閱, 義不敢出也." 郎尤重之.

金家兒長益挑達, 不勤學, 其父恚罵曰: "汝逸居肆姐, 禽鹿視肉, 反不若突夢" 數督過之, 兒無所起怒, 見突夢, 輒抶歐之, 突夢曰: "吾寧避之, 以定主家父子間" 乃辭以病不任役, 移居其妻之家, 兒憾毒不釋. 見主家陰以他事搆害之, 主家果疑其夫妻, 突夢乃歎曰: "命也. 敢誰怨乎?" 挈其妻, 流寓於南陽郡.

織籠爲生, 歲餘, 里正白郡編之束伍, 突夢曰: "織籠所以餬口也, 軍租顧安所輸入." 會郡都試鄕兵, 突夢, 以砲中試, 及會試不果. 因鬱鬱思京洛, 還歸金家, 居無何爲典獄吏, 年四十餘卒. 其作吏, 趙郎有力焉.

丁先生致厚其名, 爲人淳素篤學, 兼善風水說.. 少爲芸館小史, 未老以病謝歸, 閉門敎授.
　『里鄕見聞錄』

記金籉笠事

 近有一詩人, 如癡如狂, 擁袒褐, 躡芒屩, 面垢不洗. 竭來畿湖・關東間, 爲詩多警拔, 爲科體詩, 益精工. 人不厭其來, 來輒以盤飱供, 止其宿. 以强韻硬題難之, 步押平安, 篇章圓活, 隨呼隨應, 略不經意. 以是, 聲名太噪, 只言其姓. 又以其喜戴籉笠, 故呼爲'金籉笠'.

 余於東遊, 亦嘗見所爲詩村塾間, 冠童津津說其事, 誦其詩, 如隔歲古人. 又或手繙其詩, 奉爲繩尺. 又有言, '其人常游場屋, 或作詩數十篇, 或不作一篇而出.' 其狂如此. 又無所用財, 故人不敢以丐, 援於白戰. 臨科場, 益痛飲無醒, 皆畿湖・關東人士之所釀也. 場外酒肆, 亦愛其名, 而怕其狂乎酒, 輒盪來, 亦不敢索錢. 寒暑常挂白袷衣, 或以新綿製衣以贈, 則亦不辭, 摺卷其所着袷衣擔肩. 行遇路上寒凍者,脫身上綿衣,而給之,復着所擔之裌衣.風雪栗冽而不顧,蟣蝨磊落而不憚也.余之光怪其人,久矣.無以聞其名字里居,亦不欲詳扣,蓋以所傳不在於字名里居也.

今春病鬱,來游淸凉寺,李樂峰尙祐,適自郊居,來會.命韻賦詩,問余曰:"君知金鑾笠乎?"曰:"聞其名,久矣."樂峰曰:"龍仁村家,適値其來宿,見其擊鉢爲詩,試與之語.自言:'少日,力爲詩文,游京師爲進計,日下詩人名士,莫不相愛,而爾汝之安福卿膺壽·申士綏錫禧,名冠同社,與我交益厚,獎詡甚重,余亦恃此爲喜,後知余氏族爲廣州鄕品,見待浸薄.余自忖不容於此兩人,無以附尾而揚名,憂鬱不樂,遂至發狂,仍落魄不遇,放倒自恣.余之病,福卿·士綏爲之祟也.'仍歎曰:'公州半刺·集賢校理,今俱貴人也,不可見矣.'其居曰廣州,其名曰金鑾"云.

余時倚枕,不覺蹶然起曰:"此是而鳴也.惜乎,其才果可畏也!"而鳴金鑾之字也,福卿之客也.

余兄弟,果少與之游,而鳴時力於科體詩,範圍闊遠,拳踢矗大,皆以大手期之,又豈止科詩爲然也?留意作家典則,日讀書,咿唔不輟.抄寫百家不停手,筆法亦雅潔可喜.嘗以廣州柳氏所著文通,示余,其書,卽攷證經史者也.其用工之博,又如此.猶憶某歲上元,余訪福卿,而鳴在座,縱談詩文. 而鳴頗可余言, 余仍記其語, 以屬芷裳. 芷裳其自號也. 其後, 不來留福卿, 余問之, 曰: "病矣." 問何病, 曰: "病心." 問何祟, 則以不知辭. 余嘆惜不置. 于今數十年往來心中者, 以而鳴之才, 而無所成; 以而鳴之好心地, 而有是疾也.

今聞其行止, 荒忽無定. 其詩, 亦雖贍給而欠端莊, 奇警而少典雅, 可知其病不痊而才不充, 尤可嘆惜也. 嗟乎, 而鳴雖爲兩人所薄, 隱忍含糊, 從事其間, 其成就詩文, 豈可量哉? 兩人愛才下士者也. 何嘗以氏族之單寒, 而薄之也? 此而鳴之病, 不在見薄, 而在於憶其見薄也. 然而, 使而鳴終始客福卿交, 士綏名場詩社, 所就能幾何也? 未必使畿湖關東, 誦其詩, 而愛慕不已. 若恐不得見面, 及見其人, 而驚喜悄悅, 競具酒食而留之, 惟恐或去如今日之爲也. 士之播名於世, 固非一道, 而鳴之名, 於是播矣. 又何恨乎福卿·士綏之待之薄也?

余旣金鑾笠事, 將以遍遺畿湖關東, 而鳴所嘗往來之處, 欲使而鳴一讀, 而平其心易其氣, 霍然涊然, 作七發之廣陵濤.

壬子初春, 申記.

『海藏集』

제4부 원문

針隱趙生光一傳

醫居九流之一，盖雜流也．吾聞'上醫，醫國，其次，醫病'此何以稱焉？治國猶治病，有醫之道焉．然，士必顯而在上國，可得醫也．或窮而無所試，則寓其術於陰陽虛實藥石之間，其博施濟衆之功，亞於醫國．故古之賢而不遇者，往往隱於醫．

余嘗陰求其人，而不可得．近余僑居湖右，不能其風土，問土人以醫，皆曰：

"無良者"

強之，乃

"以趙生對．"

生名光一，其先泰安大姓，家貧客游寓居合湖之西涯，無異能以針名，自號曰針隱．生足未嘗跡朱門，門亦無顯者跡．

然吾嘗過生廬淸晨, 有老嫗藍縷匍匐, 而扣其門曰,

"某也某村百姓某之母也. 某之子病, 某病殊死, 敢丐其命."

生卽應曰 "諾. 第去吾往矣."

立起踵其後徒行, 無難色. 嘗遇諸塗時, 天雨道泥, 生頂蒻跋屐而疾行, 問:

"生何之." 曰: "某鄕百姓某之父病, 嚮吾一針而未効, 期是日將再往針之."

怪而問曰:

"何利於子而躬勞苦乃爾?"

生笑不應而去.

其爲人, 大略如此. 余心異之, 伺其來往, 遂得狎而交焉. 其人疎坦易直, 與物無忤, 惟自喜爲醫, 其術, 不治古方使湯藥, 常以一小革囊, 自隨中有銅鐵針十餘長短圓稜異制. 以是, 決癰疽, 治瘡痍, 通瘀隔, 疎風氣, 起跛癃, 無不立應, 盖精於針而得其解者也.

余嘗從容問曰:

"夫醫者, 賤技閭巷卑處也. 以子之能, 何不交貴顯取聲名, 乃從閭巷小民遊乎? 何其不自重也?" 生笑曰:

"丈夫, 不爲宰相, 寧爲醫. 宰相以道濟民, 醫以術活人. 窮達則懸功, 等耳. 然, 宰相得其時, 行其道, 有幸不幸焉.

食人食而任其責，一有不獲，則咎罰隨之，醫則不然．以其術，行其志，無不獲焉．不可治，則舍而去之，不吾尤焉．吾故樂居是術焉．吾爲是術，非要其利，行吾志而已．故不擇貴賤焉．吾疾世之醫，挾其術，以驕於人，門外騎相屬家，設酒肉以待，率三四請然後，肯往，又所往，非貴勢家，則富家也．若貧而無勢者，或拒以疾，或諱以不在，百請而不一起，是豈仁人之情哉？吾所以專遊民間，而不干於貴勢者，懲此輩也．彼貴顯者，寧少吾輩哉？所哀憐，獨閭巷窮民耳．且吾操針而遊於人，十餘年矣．或日療數人，月活十數人，計所全活，不下數百千人．吾今年，四十餘，復數十年，可活萬人，活人至萬，吾事畢矣．"

余始聞而瞠爾，旣而嘆曰：

'今人有一能，則求售於世，施人以薄惠，則操右券而責直，俯仰勢利之間，無所取，則唾而不顧．趙生，術高而不干名，施博而不望報，趨人急而必先乎窮無勢者，其賢於人遠矣．吾聞'活千人必食陰報'生其有後於是邦乎！'

於是，叙所聞見爲之傳，以應太史之求．

『耳溪集』

李同傳

　　李同, 不知名, 以小字稱. 目無一丁, 而以瘍醫, 名播一世. 其療治之法, 針炙之外, 不過爪髮尿屎津垢之屬, 雖有草木虫魚, 皆不値一錢者. 常語人曰: "一身之中, 自俱良藥, 何暇外物?"

　　正廟, 嘗有痔候, 命同視之. 同脫笠俯伏視候, 髮禿不勝髻, 上笑賜宕巾覆之, 平復之後, 賜度支錢十萬, 人爲之榮.

　　嘗至人家, 與主人語, 聞婦人咳嗽聲曰: "此病, 內癰人也." 主人驚曰: "此吾姊也, 尙健矣, 何病爲?" 曰: "聞其聲, 癰方膿矣. 過數日無救." 主人, 試延而視, 鍼脅間, 果吐膿數升而痊, 其神術類多如是. 老而眊, 以手摸之而療, 百無一爽.

　　壼山居士曰: "嘗聞, 同少時貧無以資, 爲林國瑞御夫, 聞緖論而得其術, 國瑞, 果何如醫也? 讀古方, 終身行之, 寥寥不聞有異能. 以同之不學, 縱得其術, 反下之, 烏能神其術乃爾? 以牛溲·馬勃·敗皷之皮, 作玉札·丹砂·赤箭·靑芝之用, 吁! 亦奇矣!

人或嗤之, 以非古而賤, 許胤宗之防風, 趙卿之芥醋, 錢乙之黃土, 葛可久之桐葉, 是豈古而貴乎? 同之所用, 人或用之, 不中, 輒詀之. 古人之對症投劑, 其書滿家, 今按古而施之, 天下之病, 復自如故何也? 故曰同症而異病, 同病而異症, 惟在醫者之以意得之之如何. 若有古人所不道之症, 且將何施乎? 意難於博, 博難於理, 醫得其意, 方稱國手. 賈耽之螠瘕, 徐嗣伯之針疽, 徐之才之蛤精, 周顧之蛟龍, 是已.

『壺山外記』

老學究傳

銅峴, 有一藥鋪. 一日, 有老學究, 弊衣草屨, 貌似鄕愿, 突如而入. 坐於室隅, 口無一言, 移晷不去. 主人, 怪問之, 學究曰: "某與客約, 會于此, 故, 今方若企. 淹留貴肆, 心竊不安."

主人曰: "何不安之有?" 至食時, 主人請飯則不應, 走出門外, 以囊錢, 買飯于市, 復來凝坐 如前. 如是數日, 所待之友, 終不見至. 忽有一庶人曰: "妻方臨産, 不省人事, 願以良藥, 救急." 主人謂 "以問醫後, 以方來示, 則當製給." 庶人苦求一藥. 學究曰: "若服藿香正氣散三貼, 則卽愈矣."

主人, 笑曰: "此是消痞解鬱之方, 若投産病, 則不可." 學究, 固執前言, 庶人曰: "事已急矣. 萬望製給此劑." 主人, 不得已製給. 向夕, 又有一庶人來謁曰: "某與某甲隣居, 某甲妻,方產垂絕,幸得良藥于此鋪,得以回甦.此必有良醫,故來謁.某之子,方三歲,患痘,方危劇,望以珍劑救活."學究曰:"亦服藿香正氣散三貼."主人,謂以大不可.庶人,固請,主人,又與之.既而庶人來告,果得立效.

自是,聞風者,踵門而至,學究,莫不以藿香正氣散應之,無不良已,捷於桴鼓.殆近數月,學究,未嘗去,所俟客,亦不至.一日,有一宰相之子,來藥鋪,以其親病沈綿,百藥無效.昨邀嶺南一儒醫,命補劑,請別擇新採,欲望收效云.仍問:"彼坐者,誰也?"主人,以此間有異事,述前狀.

宰相子,乃整襟詣前,備告其親病症候,仍請良方.學究,無所改容,但曰:"藿香正氣散最佳."宰相子,暗笑而退.歸向其親,語及學究事而一笑.宰相曰:"此藥,未必不是當劑,試服之."其子,及其門人,皆曰:"不可!"宰相,暗覆所進之藥,使左右,潛製正氣散三貼,合煎,分三服之,詰朝起坐則神清氣舒,病根已釋.其子,候起居則曰:"宿疴已袪體矣."其子曰:"某醫,真和扁也."宰相曰:"非也,藥肆之學究,未知何方人,而真神醫也."仍言覆藥,而服正氣散之事.又曰:"數朔貞疾,一朝氷釋,恩莫大焉.汝須親往迎之."

其子卽往,致感謝之意,仍請偕往,學究,拂衣而起曰:"吾誤入城闉,致此汙衊之言,吾豈作幕中之賓耶?".遂飄然而去. 宰相子, 憮然而退, 歸告其由, 宰相益歡, 其耿介拔俗之士矣. 旣而. 上候違豫, 輾轉況篤, 良醫迷其所向, 擧朝莫不焦遑. 其宰相, 時任藥院提調, 適感學究事, 因入診口達, 上曰:"此劑, 未必有益, 亦無所害." 仍命煎入進御, 而翌日乃瘳,. 上益嗟異之, 令物色而訪之, 終不可得.

識者曰:"此異人也. 盖醫書, 有年運之循環, 一時之間, 百病雖異, 而其根則, 年運之所使也. 苟知其年運, 而投襯合之劑, 則雖不相當之症, 無不有效. 近世業醫者, 全昧此理, 故但隨症而試藥, 治其末而捨其本, 所以殺人也. 此學究, 必預知上躬之當, 有讐度而非此劑, 則無以能救, 故假此而自達耳."

『里鄕見聞錄』

제5부 원문

萬德傳

萬德者, 姓金, 耽羅良家女也. 幼失母, 無所歸依, 托妓女爲生. 稍長, 官府籍萬德名妓案. 萬德, 雖屈首妓於役, 其自待不以妓也. 年二十餘, 以其情泣訴於官, 官矜之, 除妓案, 復歸之良.

萬德, 雖家居乎傭奴, 耽羅丈夫不迎夫. 其才長於殖貨, 能時物之貴賤, 以廢以居. 至數十年, 頗以積著名. 聖上十九年乙卯, 耽羅大饑, 民相枕死, 上命船粟往哺. 鯨海八百里, 風檣來往如梭, 猶有未及時者.

於是, 萬德捐千金, 貿米陸地諸郡縣, 棹夫以時至, 萬德取十之一, 以活親族, 其餘盡輸之官, 浮黃者聞之, 集官庭如雲. 官劑其緩急, 分與之有差, 男若女, 出而頌萬德之恩, 咸以爲活我者萬德. 賑訖, 牧臣上其事于朝, 上大奇之回諭

曰: "萬德如有願, 無問難與易, 特施之." 牧臣招萬德, 以上
諭諭之曰: "若有何願?" 萬德對曰: "無所願. 所願一入京都,
瞻望聖人在處, 仍入金剛山, 觀萬二千峯, 死無恨矣."

　盖耽羅女人之禁, 不得越海而陸, 國法也. 牧臣又以其願
上. 上命如其願, 官給舖馬, 遞供饋, 萬德一帆, 踔雲海萬頃,
以丙辰秋 入京師, 一再見蔡相國, 相國以其狀白. 上命宣惠
廳, 月給糧. 居數日, 命爲內醫院醫女, 俾居諸醫女班首, 依
例詣內閤門, 問安殿宮. 各以女侍傳教曰: "爾以一女子, 出
義氣, 救飢餓千百名, 奇哉." 賞賜甚厚. 居半載, 用丁巳暮
春, 入金剛山, 歷探萬瀑衆香奇勝. 遇金佛, 輒頂禮, 供養盡
其誠. 盖佛法不入耽羅國. 萬德時年五十八, 始見有梵宇佛
像也. 卒乃逾鴈門嶺・由楡岾, 下高城, 泛舟三日浦, 登通
川之叢石亭, 以盡天下瑰觀.

　然後, 還入京, 留若干日, 將歸故國, 詣內院, 告以歸, 殿
宮皆賞賜如前. 當是時, 萬德名滿王城. 公卿大夫士, 無不
願一見萬德面. 萬德臨行, 辭蔡相國, 哽咽曰: "此生不可復
瞻相公顏貌." 仍潸然泣下, 相國曰: "秦皇漢武, 皆稱海外
有三神山. 世言我國之漢拏, 卽所謂瀛洲, 金剛卽所謂蓬萊.
若生長耽羅, 登漢拏, 斟白鹿潭水. 今又踏盡金剛, 三神之
中其二, 皆爲若所包攬. 天下億兆之男子有能是者否? 今臨

別, 乃反有兒女子剌剌態何也?" 於是叙其事爲萬德傳. 笑而與之.

　『樊巖集』

任允摯堂

　任鹿門聖周妹, 任氏, 景廟辛丑生, 號允摯堂. 歸原州申士人光裕室, 早孂無育, 今承旨光祐兄嫂. 天才理學, 貫習經傳, 年近七十, 每日咿唔經傳, 如經生家. 著述, 則非經疑問證, 不有之. 經義論講, 則與兄弟鹿門與雲湖, 多往復. 蓋夫人居原州, 鹿門兄弟居公州故也. 他著述, 則家門內祭文與爲貞烈婦女立傳也. 余以任門之瓜葛, 故從其家, 習聞夫人理學與善文字. 見其祭文經義, 則見識文藻, 自成一家, 則非同於閨閤閣 間, 一詩一文之才, 直可與曹大家上下也. 其異才, 非直壼德之潛, 故不曰閨烈錄, 曰閨秀錄也. 其尺衡銘曰:

　"惟皇上帝, 降衷下民, 其衷惟何. 中正不偏, 蘊之爲體, 中和德行, 發之爲用, 時宜庸行, 惟聖所安, 惟衆所勉, 勉之曷遵, 有爾權度, 輕重長短, 酒汝之職也. 惟精惟一, 允也不差, 不精而一, 非楊則墨, 三過陋巷, 曰中之得, 爾目旣明, 體用畢該. 兢兢業業, 必敬必戒."其心箴曰:"心兮本虛, 神妙莫測, 從爾所之, 罔有紀極, 操則存, 捨則亡, 非誠曷存, 非敬曷養. 性發則微, 形觸則危, 微者擴之, 危者遏矣. 防微謹獨, 治心之則, 念茲在茲, 毋放晷刻. 克念作聖, 罔念作狂, 孰背孰仰, 背仰之辨, 三尺猶知, 知而不爲, 是爲自棄. 莫云難哉. 有爲若是, 宜修厥德, 罔敢或息. 上帝臨汝, 無貳爾心, 克念且敬, 惟心是鑑. 天之生民, 必有其則, 式告靈臺, 敬明其極."

『幷世才彥錄』

茶母傳

金召史, 京兆府茶母也. 歲壬辰畿甸湖海三路大饑, 京兆禁大小民無得釀酒. 犯者分重輕以配以贖. 吏故匿不捕釀罪, 其吏罔攸赦. 於是, 吏患無以悉捕, 罪且及已, 敎民潛告奸. 告者許分罰金十之二, 以故, 告者益衆, 吏發摘如神.

一日, 京兆吏隸, 至南山下, 某衙隱身窮僻處, 招茶母, 指略彴邊第幾家, 曰: "此班戶. 吾不敢直入. 爾第入內舍, 搜其窠捕釀. 大呼, 吾且踵入." 茶母如其言, 鵲行入搜奧, 果有缸恰受三升許, 桑落新醱醅. 茶母抱缸出, 主媼驚恸仆地, 眼眶落光, 口角吐涎, 四肢麻木, 面靑氣絶. 茶母捨缸抱媼急把熱湯, 灌其口, 少頃乃甦. 茶母叱曰: "朝令何如而身爲班 犯禁 何也?" 主媼謝曰: "吾家老生員素抱宿疴, 斷飮以來, 食不下咽, 病以益痼, 自秋徂冬, 絶火者屢日. 昨乞得數升米，爲老人調病地，不得已冒悚犯釀. 豈料見捕？萬望善心，菩薩惻隱，看我情，願結草."茶母心憐之，抱缸，瀉埃中灰，持磁椀，出門，隸問捕否？茶母笑曰："釀未捕. 尸將出."徑造豆粥肆，買一椀，歸遺主媼曰："吾哀媼不火 故進之."仍問"誰知此地潛釀？"媼曰："米也老身舂. 麴也老身和. 老身守，老身廬，人無知者."茶母曰："然則賣於何人？"媼曰："老身爲老生員調病地釀耳. 缸大僅容數椀，苟賣於人，將何餘瀝，及吾老生員. 白日在上，實不相瞞."茶母曰："誠如是 人有得嘗者否？"媼曰："少生員吾叔也. 昨朝適往省楸，貧家不能炊蚤飯，空腹發行，故吾手斟一甫兒，勸之，此外更不許他人飲."茶母曰："敢問少生員·老生員，是同胞昆季麼"媼曰："然"茶母曰："少生員年紀多少，何如狀貌，肥瘦何如，身長幾尺，髥生幾莖？"媼隨問俱對，茶母曰："理會得"遂出謂隸曰："班嫁實無釀. 主媼看我，驚倒氣塞，吾恐嚇殺媼，待甦方出，故遲遲耳."隨隸之府中，少生員負手，彷徨十字街上，待隸回. 容貌一如主媼指，茶母舉手，打其頰，唾罵曰："若兩班耶! 兩班 告嫂潛釀，要喫告奸例受錢耶!"大驚一街人，環觀如堵墻，隸怒曰："爾胡受主媼嗾，騙我潛匿釀，反罵告者."捽茶母，詣主簿前告. 主簿詰問茶母，茶母白其狀. 主簿陽怒曰："爾匿釀罪，難貸笞二十."酉罷.

衙至簿從頌召茶母, 給錢十緡曰: "爾匿我宥, 法不立, 故笞之, 然爾義人也. 吾嘉之, 故賞之." 茶母持錢, 夜往南山下某班家, 與主媼曰: "我瞞告官宜受笞, 然微媼釀, 賞何從生, 故以賞歸之媼, 吾見媼一寒如此. 持千錢, 半買柴, 半買米足以過冬免饑寒, 愼勿復釀." 主媼且慚且喜, 謝曰: "誠荷茶母見憐, 我免納贖, 亦足何顏受賞." 固辭. 良久, 茶母棄錢主媼前, 不願而去.

『朗山文稿』

제6부 원문

林俊元傳

　京城民俗, 有南北之異, 鍾街以南, 至木覓下, 是南部也. 多商賈富人, 好利纖嗇, 以鞍馬第宅 侈靡相高. 從白蓮以西, 至弼雲, 是北部也. 類皆貧戶游食之民. 然往往有任俠之徒, 意氣交游, 好施予, 重然諾, 救災恤患, 詩人文士, 時節相追逐, 窮林泉雲月之樂, 動有篇什, 誇多鬪麗, 豈亦有風氣使然者歟?

　林俊元者, 字子昭, 世居漢師北里. 爲人俊爽, 有奇氣, 好神姿, 善談辯. 少時, 受學於龜谷崔公之門, 頗有能詩之稱. 然, 俊元家貧, 有老親, 遂屈志爲內司掾, 勤幹解事務, 得任用司中, 以起富 家貲累千. 乃歎曰: "於吾已足矣. 寧可汩沒於世?" 卽謝仕家居, 以文史自娛. 日與其徒高會, 戶屨常滿, 盃盤絡屬. 其徒有庾公纘洪·洪公世泰·崔大立·崔承太·金忠烈·金富賢諸人.

庚公號曰春谷, 善碁, 洪公號曰滄浪, 善詩, 名聲俱冠當時. 餘人, 亦皆以氣槪詞翰見稱. 然庚公嗜酒, 能一飮數斗, 洪公母老而寠, 無以爲養. 俊元舘庚公爲置旨酒, 以盡其量, 而數以財周洪公, 使不至匱乏. 每遇良辰美景, 招呼諸人, 指某地爲期. 俊元爲主, 辦酒肴而隨之, 輒賦詩酬飮, 極驩而罷, 以是爲常, 久而不倦. 洛下稍有才名者, 以不得與其會爲恥.

俊元, 旣饒於財, 而好義樂施, 常如不及. 其親戚知舊之貧不能婚嫁喪葬者, 必以俊元爲歸. 故其平居往來, 候視執恭如子弟者, 亦數十人.

俊元嘗步遇六曹街上, 有一女子, 被官人驅去, 一惡少輩, 隨詰之, 女號哭甚哀. 俊元, 問其故, 叱曰: "可以微債, 辱女人至此耶?" 立償之, 裂其券, 遂去. 女隨而問曰: "公何如人? 家安在?" 子昭曰: "禮男女異路, 何必問我姓名?" 强之終不告. 自是, 子昭名震閭閻, 慕風願識者, 跡交其門.

龜谷崔公病沒, 喪不能擧. 其門徒會治喪, 無可以棺相助者. 時子昭, 從使臣入燕, 座客歎曰: "嗟乎! 使林子昭在此, 豈使先生死而無棺?" 言未旣, 門外有人運棺材來者, 問之, 子昭人也. 盖子昭行時, 念公老病, 戒家人者也. 於是, 人益服子昭高義能慮事也. 及子昭沒, 吊者如哭其至親, 其常所仰賴者 則曰: "吾何以爲生?" 有老寡女, 自來請助針線, 至成服乃去. 盖街上女也.

　子昭, 於詩雖無專工, 而得之天機, 淸艶有唐響, 與滄浪諸人唱酬者多. 子昭沒三十餘年, 而滄浪子, 采里巷逸詩, 名曰 '海東遺珠' 刊而行之. 庚林之作多見錄其中云.

　『浣岩集』

金壽彭傳

　金壽彭, 英廟時人. 俶儻多大節, 有古烈丈夫之風. 爲度支吏, 淸白自守. 有弟爲惠局吏, 嘗至其家, 盆盎列庭, 黛痕瀧瀧, 問何用, 弟曰: "妻爲艶染業." 乃怒而撞之曰: "吾兄弟, 皆厚祿而業此, 彼貧者, 將何業?" 令覆之, 靑決決流滿渠.

　嘗持牒, 至尙書家請署, 方與客棋. 點首棋如故, 凡數時不輟, 壽彭歷階而上, 以手撒棋而下曰: "死罪死罪. 然此國事, 不可緩. 請署, 付他吏行之." 卽辭去, 尙書謝止之.

　國朝之法, 以民間女, 充宮人. 壽彭女與其選. 壽彭排禁闥, 擊登聞皷, 本院究得, 情以聞, 批曰: "凡選宮女, 以掖屬女, 而民間女勿論." 命爲著式, 從壽彭願也.

　先時, 命宦者, 發度支錢十萬, 時夜四皷. 壽彭方在直, 拒而不從, 宦者叱督之. 壽彭徐步, 至尙書家, 得署然後, 方出錢, 日已明矣. 上聞而嘉之, 及是聞其名, 而有此異數.

贊曰: "想見其人, 如有風肅肅逼人. 聞幼時家貧, 其母躬爨炊之勞. 竈下得藏鏹, 還瘞如故, 售其家而之他家. 始語其夫曰: '暴富不祥, 故不取. 然在此家, 不能無懸懸于埋金處耳.' 非此母, 不能生此子."

『壺山外記』

書白永叔東脩事

　白永叔東脩, 水原人. 曾祖節度使時耇, 當景宗時, 與定策大臣受禍, 諡忠莊. 永叔生而勁武, 且名家子, 早中武科, 爲宣傳官. 然常不樂也. 顧好從狹邪遊. 嘗携其徒, 上北漢寺樓, 方引酒命伎歌, 有無賴子, 群逐之. 永叔卽瞋目奮袂而立, 鬢髯盡張. 無賴子怖而逃. 余固聞其名, 而未之遘也.

　戊申春, 靑莊李公德懋, 具絲竹, 以娛老親, 余往賀之. 座有睡者忽起, 偕醉眼扯. 善畵者金弘道, 乞老仙畵, 具談畵法甚悉, 卽永叔也. 余又奇其才也. 于時, 先君子就直秘省, 一時名士, 多載酒就之. 永叔亦時時來詣, 從容言古昔治亂興廢之源及華夏山川關防形便, 應輒如響, 纏纏不已. 又曰: "遇禮法士, 吾以禮法待之; 遇文詞書畵之士, 吾以文詞書畵待之; 遇卜筮醫藥方技術數之士, 吾皆有以待之. 吾爲子之好拘撿, 故亦歛容以相待." 余又歎其才之無不周也. 又曰: "吾常觀於世, 有不可於意者, 入春川山中, 躬耕墝瘠, 多種秫黍, 廣牧雞豚. 歲時釀酒, 招隣里父老, 歡呼酬飲, 竊欲長往不返. 旣而有離索之苦, 吾又盡室入都下, 僦屋以居, 訪會心人, 欣然談笑, 以取適, 亦一快也." 余又驚其志之有所不爲也.

正宗己酉, 設壯勇營, 上知永叔才, 除哨官, 命以武藝纂次之役, 役訖, 除庇仁縣監. 丁父憂歸久之, 爲博川郡守, 未幾, 解官. 永叔家素饒, 而好濟窮乏. 由是, 家業散佚, 然其施與不已. 嘗飢臥數間屋, 得錢幾緡, 欲償債家, 以其餘, 將爲食. 聞隣家名官沒而無以斂, 卽擧畀之. 在外邑時, 俸祿常竭於債, 而不足. 永叔旣老且病, 妻妾喪亡. 少小所交遊, 又少存者, 余悲其窮居無聊, 嘗往省之, 手足皆廢不能起. 然歡笑如平日曰: "吾雖病, 尙能進朝夕一盂飯. 吾命固有所制, 吾復何憂?" 余又惜其奇氣尙存也. 今聞其長逝, 古昔奇偉非常之人, 寧屈其跡, 而浮沈于時, 不能屈其志, 而媚權貴, 以取功名有志之士, 亦從而求之. 或得之. 輒酣嬉, 傾倒而不厭. 盖憫時慨俗之意也. 余嘗讀歐陽公製釋秘演詩序, 而有所感歎, 遂記永叔之終始. 惜乎! 不復見奇男子矣.

『研經齋集』

張五福傳

 張五福, 英廟時人也, 以游俠聞. 爲吏部吏, 一吏郞, 少而美姿, 五福, 撫其背曰: "生子當如是." 郞怒欲汰, 尋止之. 行街上, 逢人鬪競, 輒傍觀之, 凡以强凌弱, 理枉勒直者, 必抑强而辨理, 令人謝服然後乃已. 人以是畏之. 或有紛爭, 傍人不能解者, 輒嚇之曰: "張五福來."

 嘗醉行廣通橋, 有一屋轎過, 婢從甚都, 異夫見五福醉而蹇過, 以手搏之. 五福怒曰: "何物僕賤, 乃敢爾? 此乃轎中人故." 以刃刺轎底, 巧中夜壺, 錚然有聲. 一市皆驚, 此張元帥志恒嬖妾也. 元帥方帶捕將, 發卒縛致之, 欲殺之, 五福少無懼色, 大笑不已. 元帥怒問之, 五福曰: "將軍在上, 盜賊屛跡, 小人在下, 紛競漸熄. 一世丈夫, 惟將軍與小人, 以一賤姬之故, 欲殺丈夫. 一死不足畏, 竊笑將軍非丈夫也."元帥笑而釋之.

隣有皮鞋匠,月致一鞋於五福,五福怪問故,匠曰:

"竊有一事相干而未敢."

曰:"第言之."

曰:"某妓常所艷慕,而力未能致,願爲小人圖之."

五福曰:"難矣!第容思之."

一日,招匠而授一計曰:"大膽而行之,不則敗矣."明日,五福坐於匠心中姬家,群少滿堂,匠作浮浪狀,披衣扼腕而入,問群少曰:"張五福在否?"五福,聞而從後牖逃之.群少問曰:

"見張五福,何爲?"

曰:"彼狼爲閭里患,吾欲爲人除之."

群少相謂曰:

"此張五福之所畏,況吾輩乎!"皆散去.匠謂姬曰:

"吾將留宿,以伺五福."

姬待之如不及.以恣一宵之歡,歸謝五福,五福曰:

"趣歸業,愼勿言."

『壺山外記』

任自强傳

　肅廟朝, 兵曹胥吏任自强, 豪俠好氣, 兼有勇力. 甞以本曹事, 委往忠州邑, 乃與任俠者數人偕行. 曉入忠州地, 於道, 適見數十人, 擁去一轎子. 轎中有婦女呼泣籲天之聲, 任停馬微察, 則擔轎從行者, 皆是蓬頭無賴之流. 遠遠竊聽, 泣訴愈急, 必知其從者之爲賊. 任爲言同行, 欲擊之, 同[1])行者以衆寡難敵危之. 任曰:

"丈夫死於義, 亦快事."

　乃手劒大呼, 身先當前, 二人奮迅協力, 且搏且蹴, 數十輩, 投轎路左, 披靡潰散. 一處子, 搴帷泣曰:

---

1) '同'자는 전후 문맥으로 보아서 삽입한 것임.

"余某村某氏女也. 夜爲悍奴所劫, 驅迫以去, 悶急呼訴. 今爲義士之急難, 此天實佑之. 余家則死亡而無人, 奴屬皆賊, 不可還家. 此去某村, 有戚人之可依者, 惟願義士, 使余致此, 以垂終始之德也."

任乃於晨光, 取出裝中紙筆, 以某處賊變, 急作祕狀封表, 書以五牧親坼, 走送一人於地部, 俾陳形止, 及時追捕. 乃載轎於所騎馬, 又與一人, 前後牽扶, 卽往其家, 語以故托置之, 主人驚歎. 處子泣謝曰:

"父母生我, 義士活我. 今無父母, 請以義士結爲父女."

相面百拜, 請聞姓名, 以圖一報, 處子則年長而及笄者也, 任只稱過客, 不言姓名而去. 馳到邑衙, 倅已見狀發捕, 捕得賊黨. 蓋是境內士夫家, 而家貲極富, 主弱而奴强, 奴殺害殆盡, 而只有一女, 又將行劫, 而謀取其財也. 倅謂任曰:

"若眞義俠, 而善處變矣."

窮治其賊, 按以強盜之律, 盡殺尤無良者屢十輩, 考其家産, 屬之於女, 以嫁焉. 其後數年, 任以眚災, 屢月繫獄, 家産蕩盡矣. 被刑血脚, 遠配南島, 擔曳而路. 過鎭川, 飢甚病劇, 停在路傍, 村人坌集, 救以水醬曰:

"村中惟彼巨屋, 卽金姓士夫家, 而娶婦極饒, 宜往請救."

任自量氣息, 無緣趲程, 遂匍匐入其家. 請經宿以去, 主

人書生, 見而愍然. 方欲處廊下, 忽見內室, 少婦人, 顚倒出, 迎納於前曰:

"我爺何以至此."

蓋婦人窺戶而識其面也. 任蒼卒驚惶, 不敢仰視. 婦人顧謂其夫子曰:

"此乃平日所會義士也. 微斯人, 吾何致此."

問其來由, 相感抱泣. 卽扶而上堂, 殫誠調護, 歷屢日, 氣蘇而將行, 婦人傾財治具, 以給行資, 月以伴候於謫居. 又其放還, 必供衣食, 至任之歿, 事之如父焉. 任以吏文鳴於世, 亦以文識見稱云.

『松泉筆譚』

제7부 원문

閔得亮傳

　　閔得亮者, 湖西嘉林郡人也. 少好伽倻琴, 請學於琴者, 琴者曰:"始吾以善鼓琴, 幾不娶, 旣娶, 乃可矣." 得亮曰:"先生特偶耳." 第言之, 琴者善之, 盡與之法. 得亮亦自喜, 其所造業之甚勤, 往往與鄰里操之, 莫不稱善. 於是, 得亮以善鼓琴, 聞於旁郡邑. 得亮, 且好容貌, 嗜飮酒, 聞者, 多號爲輕薄喜酒色聲伎.

　　得亮年旣長, 無與婚姻者. 有求之, 必不肯曰:"是善鼓琴者, 閔氏子乎? 誰肯使吾女, 與彼薄命者乎?" 由是, 得亮竟不得娶, 娶賤人子爲人役者. 得亮無兄弟, 所娶女亦無子, 得亮憂之, 復求得宜子者. 然甚貧, 無能與之者. 會有一女子, 托鄰人, 久之無夫. 得亮私之, 有身, 其爲人役者, 無子. 女惡之, 訴其主, 撻有身者, 放焉. 時得亮適出, 不知其所往云.

得亮, 方久不娶, 絶其業, 以蘄其或娶焉. 旣年老矣. 乃復取其故琴, 鼓之曰: "鼓琴使我無妻乎. 夫鼓琴使我無妻乎. 天下誰復傳之哉. 今吾老矣, 不鼓琴, 何待. 寧吾鼓琴而樂之, 以終吾餘年." 得亮, 多藝能, 善放砲, 工刀鉅磨鐁之業. 狀貌甚奇, 其爲人能謹愼. 然得亮以輕薄聞.

往者, 余欲學琴, 人或非之曰: "學音聲者, 皆趨乎蕩者也, 不可學也." 余未信之, 亦未之學也. 夫鐘, 怒而擊之則武; 悲而擊之則哀, 心存乎中而物應之也. 昔者, 舜鼓琴於南薰之上, 爲聖人之樂, 伯牙鼓之, 峨峨而洋洋, 妓女得其淫泆之聲, 悅耳而蕩情矣. 其爲琴, 一也, 若是之不齊者, 所取之然矣. 故物固有所然, 而情固有難見, 形固有所同, 而心固有難明. 奚止乎得亮, 奚止乎吾之琴哉.

記樂工金聖基事

乙酉九月二十九日，雲谷金子耕，從權華叔聽琴，而來過余. 見余「聽琴序」，謂余曰："昔，吾性耽琴，久與朱瞽師遊，聞樂工金聖基事頗詳."云：

戊辰冬臘日，獨宿安國坊第，會大雪寒甚. 夜深忽聞敲門聲，急起開門，乃瞽師也. 驚問曰："風雪，何來爲？"曰："偶有興，聊爾來耳."語畢引酒，酌數盃，索素抱留琵琶. 問："他日每鼓時，有難色，今索之，何也？"曰："雪晴，月已高否？"曰："然."遂滅燈，呼曰："子且臥聽，吾將敲之."鼓商聲數曲，其鉤指結擊，極有力，使木聲絲聲均諧. 其所自出，屈折頓挫，幽眇悲壯，有動人者. 余臥復起，曲且闋，謂師曰："子殆有憤厲乎？何聲之異于前也？"笑曰："然."又喟然歎曰：

"此聲其絶于我乎！記少時從聖基，學琵琶頗久. 甲辰冬，聖基忽自湖舍入京城, 時國哀猶未畢, 獨携師手, 入空第密室中. 自燃煤, 悄然相對, 出琵琶鼓數曲曰: '此高麗舊調也. 舊調獨此曲存. 盖出松京妓眞, 而金成川家女婢不能絃, 以口度曲, 而授余者也.' 因嘘唏流涕曰: '余獨彈此曲, 得其妙, 嘗自愛, 不肯授人, 已老矣. 玆授爾, 勿輕與人, 可也.' 遂盡授其按撥運手之法. 余又老矣. 恨無人授此曲也. 後聞余彈琴, 驚曰: "子何以得此聲也? 幾矣, 猶未也." 略爲之指示其按絃發指之法. 其後瞽師歿, 而余遂斷絃不復鼓者, 已十餘年矣.

子耕又曰:

瞽師言, 聖基京城人, 隷掌樂院爲樂工. 爲人忼慨骯髒不屈. 辛丑年間, 築舍西湖上, 釣魚自娛. 妙解音律, 而尤善琵琶, 爲群工最. 貴豪爭邀去, 聽者, 常數十人. 睦賊方宴, 必欲聞聖基琵琶, 屢使人招之, 不赴. 卒迫之, 乃謝其人曰: '此會微我, 豈無人乎? 我聞若主善告變, 第告樂工金聖基爲逆也.' 其人愕然而去, 聖基亦少無懼色. 時年八十餘, 聖基旣老, 韶顏鬢眉若神. 日駕小艇載酒, 酒後獨漁釣於江干, 或信宿而歸. 歸時必吹簫鼓琴, 有飄然遺世意. 余過西湖, 湖上人猶傳誦之. 自京城歸數日, 忽微疾, 死于湖上. 瞽師名世瑾, 亦以善琵琶, 名于世. 琵琶之聲, 哀怨・淸楚, 而獨師能作雄深・幽古意, 類玄琴聲. 其手法, 盖出聖基. 明年冬病歿. 歿果不傳焉. 子耕名畦臣, 固城人. 少與瞽師同居京城, 今流落湖中, 與余隔麓而居. 時時步屨相從, 間嘗評文說古事, 尙能紀其聲調云.

『雲巢謾稿』

檀園記

古今畫家, 各擅一能, 未能兼工. 金君士能, 生於東方近時, 自幼治繪事, 無所不能, 至於人物山水仙佛花果禽蟲魚蟹, 皆入妙品, 比之於古人, 殆無可與爲抗者. 尤長於神仙花鳥, 已足鳴一世而傳後代. 尤善於摸寫我東人物風俗, 至若儒士之攻業, 商賈之趁市, 行旅閭閻, 農夫蠶女, 重房複戶, 荒山野水, 曲盡物態, 形容不爽, 此則古未嘗有也. 凡畫者, 皆從絹素流傳者, 而學習積力, 乃可髣髴, 而創意獨得, 以至巧奪天造, 豈非天賦之異, 逈超流俗耶! 古人謂'畫鷄大難, 畫鬼神易'以其目所易見者, 不可杜撰瞞人也. 世俗莫不驚士能之絶技, 歎今人之莫及. 於是, 求者日衆, 至於縑素堆積, 督索盈門, 至不暇於寢啖焉. 英廟朝圖繪御眞也, 士能被召相役, 又於當宁朝, 承命寫御容, 大稱旨, 特授督郵之任. 歸而治一室, 淨掃庭宇, 雜植嘉卉, 軒楹瀟灑, 一塵不起, 牀几之間, 惟古硯精毫佳墨霜絹而已. 乃自號檀園, 要余作記, 余惟檀園, 乃明朝李長蘅之號也. 君之襲以爲已有者, 其意何在? 不過慕其文士之高朗, 繪事之奇雅而已. 今者士能之爲人, 眉目姣秀, 襟懷脫灑, 見者皆可知爲高雅超俗, 非閭巷庸瑣之倫. 性且喜琴笛雅音, 每當花月之夕, 時弄一兩操, 以自娛, 卽無論其技藝之直追古人, 風神軒軒霞擧, 可以求於晋宋間高士, 若方之於李長蘅也, 則已遠過而無不及矣.

顧余老朽, 曾與君爲圖署之同寀, 每有事, 君輒悶其衰而代其勞, 此尤余所不能忘. 近日得君之畵者, 輒就余求一二評跋, 以至於大內之屛幛卷軸, 亦或有拙字之題後. 君與余, 雖謂之忘年忘位之交, 可矣. 余於記檀園, 不能辭, 亦不暇就園之號, 而着語畧叙君平生以應之. 昔人以『醉白堂記』謂'韓白優劣論'嘲之, 今此記, 人或不以'李金優劣論'誚我耶?

余與士能交, 前後凡三變焉. 始也士能垂齠而遊吾門, 或奬美其能, 或指授畵訣焉. 中焉同居一官, 朝夕相處焉. 末乃共遊藝林, 有知己之感焉. 士能之求吾文, 不於他, 必於余者, 亦有以也.

檀園記 又一本

　金察訪弘道, 字士能, 童卝而遊余家, 見其眉淸骨秀, 有非烟火食者氣韻. 早擅絶藝, 院中所稱秦・朴・卞・張殆在下風. 凡樓閣・山水・人物・花卉・蟲魚・禽鳥, 無不酷肖其形像, 往往有奪天造. 我東四百年, 雖謂之闢天荒, 可也. 尤長於移狀俗態, 如人生日用百千云爲, 與夫街路・津渡・店坊・鋪肆・試院・戲場, 一下筆, 人莫不拍掌叫奇. 世稱金士能俗畵是已. 苟非靈心慧識, 獨解千古妙悟, 則烏能爲是哉?

　英廟季載, 命畵御眞, 擇一世之善於傳神者, 君實膺焉. 告功敍勞拜掌供之官, 時余從仕得與君, 爲寮寀. 向者兒視之者, 今與比列, 余不敢爲嗟卑之恨, 而君則折節愈恭, 輒有與有榮之意焉. 余亦服君之不自多也.

惟我聖上, 臨御五載, 克追, 聖祖盛事, 摸畵天日, 必待神手, 縉紳大夫咸曰: "金弘道在焉, 不可他求." 承恩上殿, 遂與韓監牧宗裕, 祇服丹靑之役. 未幾出爲嶺郵馬官, 朝家之錄藝, 固爲曠絶, 而在君亦爲布衣之極也. 秩滿歸仕本院, 時入內閣, 點染淸謙之觀. 外人實所罕知, 而聖明之不棄微陋, 君必感泣中夜, 不知所以圖報矣.

士能, 旁通音律, 琴笛韻詞, 極盡其妙. 風流豪宕, 每有擊釖悲歌之思, 慷慨或泣下數行. 士能之心, 自有知者, 知矣. 聞其居, 几格淸整, 階塢窈窕, 闤闠之中便有出塵想. 世之庸陋齷齪者, 外雖與士能拍肩, "爾汝" 而亦何能知士能之爲何如人也? 士能, 常慕李流芳爲人, 移其號曰: '檀園', 請余爲記, 士能固無園矣. 余不可爲記, 遂敍金弘道小傳, 寄題壁上如此.

『豹菴遺稿』

崔七七傳

　崔北七七者, 世不知其族系貫縣, 破名爲字, 行于時. 工畫眇一目, 嘗帶靉靆半, 臨帖摹本. 嗜酒喜出遊, 入九龍淵, 樂之甚, 飮劇醉, 或哭或笑, 已又叫號曰: "天下名人崔北, 當死於天下名山." 遂翻身躍至淵, 旁有救者, 得不墮. 舁至山下盤石, 氣喘喘臥, 忽起劃然長嘯, 響動林木間, 棲鶻皆磔磔飛去.

　七七飮酒, 常一日五六升, 市中諸沽兒攜壺至, 七七輒傾其家書卷紙幣, 盡與取之. 貲益窘, 遂客遊西京萊府賣畫, 二府人持綾綃踵門者相續. 人有求爲山水, 畫山不畫水, 人怪詰之, 七七擲筆起曰: "唉紙以外皆水也." 畫得意而得錢少, 則七七輒怒罵裂其幅不留, 或不得意而過輸其直, 則呵呵笑, 拳其人, 還負出門, 復指而笑, 彼豎子不知價, 於是自號毫生子.

七七性亢傲不循人. 一日與西平公子圍碁賭百金, 七七方勝, 而西平請易一子. 七七遽散墨白, 歛手坐曰:"碁本於戲, 若易不已, 則終歲不能了一局矣." 後不復與西平碁. 嘗至貴人家, 閽者嫌奉姓名, 入告崔直長至, 七七怒曰:"胡不稱政丞而稱直長?" 閽者曰:"何時爲政丞?" 七七曰:"吾何時爲直長耶? 若欲借啣而顯稱我, 則豈可捨政丞而稱直長耶?" 不見主人而歸.

七七畫日傳於世, 世稱崔山水. 然尤善花卉翎毛怪石枯木, 狂草戲作, 翛然超筆墨家意匠. 始余因李佃識七七. 嘗與七七遇山房, 剪燭寫澹墨竹數幅, 七七爲余言:"國家置水軍幾萬人, 將以備倭, 倭固習水戰, 而我俗不習水戰, 倭至而我不應, 則彼自淨死爾, 何苦三南赤子騷擾爲." 復取酒打話, 窓至曙.

世以七七爲酒客爲畫史, 甚者目以狂生. 然其言時有妙悟實用者類此. 李佃言七七好讀西廂記水滸傳諸書, 爲詩亦奇古可諷, 而秘不出云. 七七死於京師旅邸, 不記其年壽幾何.

『金陵集』